Hans-Ferdinand Angel
Martin Bröking-Bortfeldt
Ulrich Hemel
Monika Jakobs
Joachim Kunstmann
Manfred L. Pirner
Martin Rothgangel

Religiosität

Anthropologische, theologische und sozialwissenschaftliche Klärungen

In memory to our
wonderful meetings
and conversations
in Vienna 2005

Hans-
Ferdinand

Verlag W. Kohlhammer

In Memoriam

MARTIN BRÖKING-BORTFELDT

Dem Freund, Kollegen und anregenden Gesprächspartner
unserer Regensburger Symposien

Alle Rechte vorbehalten
© 2006 W. Kohlhammer GmbH Stuttgart
Umschlag: Data Images GmbH
Gesamtherstellung:
W. Kohlhammer Druckerei GmbH + Co. KG, Stuttgart
Printed in Germany

ISBN 978-3-17-019326-0

Inhalt

Religiosität – Die Neuentdeckung eines Forschungsgegenstands

Hans-Ferdinand Angel

I.

(1) Lange Zeit dominierte bei der Beschreibung der religiösen Befindlichkeit westlicher Gesellschaften das Säkularisierungstheorem: Die Religion gebe – so war die Meinung – nach und nach ihre Funktionen an profane Systembereiche ab, woraus sich die Diagnose nahe legte: Religion stirbt! Die Vorstellung war überwiegend im Blick auf die westeuropäischen und nordamerikanischen Gesellschaften entstanden. Doch in jüngster Zeit wird es selbst für diese Gesellschaften und ihre Mitglieder immer fraglicher, ob sie sich tatsächlich in Richtung zunehmender Abkehr vom Religiösen bewegen. Die Befunde werden widersprüchlicher, und manche Beobachter sprechen gar von einer Wiederkehr des Religiösen oder einer Wiederverzauberung der Welt. Als Anzeichen hierfür könnte man ausgebuchte Managerkurse in klösterlichen Schweige-Seminaren, überfüllte Hallen während der verschiedenen Kirchentage oder die Hunderttausende von Teilnehmerinnen und Teilnehmern bei einem Papstbesuch ins Feld führen. Doch es sind weniger die christlichen Phänomene, die von der Religionssoziologie und empirischen Religionspädagogik als Indiz hierfür angesehen werden. Eine Wiederkehr des Religiösen vollzieht sich – wenn überhaupt – so vor allem außerhalb der christlichen Kirchen (Polak 2002, Ziebertz u.a. 2003)[1]. Neben „säkularen" Erscheinungsformen des Religiösen zeigt sich eine große Bandbreite religiöser Gemeinschaften (Hirnsperger u.a. 2001) und Bewegungen, aber auch von Sekten, die in teilweise sogar aggressiver Weise an Einfluss zu gewinnen suchen (Dehn 2005).

Die Frage, ob Gesellschaften religiös bleiben oder gar wieder zunehmend religiös werden oder eben auch nicht –, kann man längst nicht mehr für eine harmlose Diskussion unter Wissenschaftlerinnen und Wissenschaftlern halten. Der Prozess der Integration Europas zeigt deutlich, dass sich „das Religiöse" zu einem der Kernthemen der EU-Erweiterung herauskristallisiert (Tomka / Zulehner 1999, Angel 2004). Die Frage des Gottesbezugs in der Präambel einer zukünftigen EU-Verfassung, die orthodoxen Traditionen in der erweiterten Europäischen Union (Heppner / Larentzakis 1996, Larentzakis 2000) oder die Be-

---

[1] Vgl. hierzu Pirner in diesem Band.

deutung, die (etwa im Falle der Türkei) der religiösen Tradition für eine potenzielle Mitgliedschaft in der Europäischen Union zugemessen wird, machen dies schlaglichtartig deutlich. Deswegen verwundert es nicht, dass sich auch das europäische Religionsrecht zu einem der besonders heiklen Problembereiche entwickelt (Vachek 2000, Mückl 2002, Müller-Graff / Schneider 2003), in dem zahlreiche hochbrisante Themen wie Nicht-Diskriminierung oder nationale Minderheiten zusammenlaufen (Weninger 2006). Doch spätestens dort, wo die Wiederkehr religiöser Semantik Einzug in die weltpolitischen Diskussionen hält, wird vollends erkennbar, welche Brisanz in dieser Thematik steckt: Es sind „religiös" motivierte Gewalttäter, die organisiert Terror verbreiten; im Aufwind befinden sich Verfechter einer „religiös" grundierten Kreuzzugsmentalität, die erneut gegen das (meist islamistische) „Böse" zu Feld ziehen; es wächst die Bereitschaft, aus Angst vor religiös aufgeladenem Terrorismus mühsam errungene Freiheitswerte zu opfern. Selbst das Gelingen eines alltäglichen Nebeneinanders von multireligiöser Vielfalt, traditionellen Glaubensformen und religiöser Distanzierung in Ballungszentren scheint der medialen Berichterstattung schon wieder erwähnenswert. Dies alles lässt erkennen: Die religiöse Thematik tritt mit einer bis vor kurzem kaum für möglich erachteten Sprengkraft in Erscheinung. Gesellschaftliche Friktionen, nationale wie globale ökonomische Verteilungskonflikte oder internationaler Terror werden offensichtlich mit Hilfe von Deuteschemata greifbar, in denen implizit oder explizit Vorstellungen über *„das Religiöse"* zum Ausdruck kommen.

(2) Die Semantik des Religiösen ist allerdings komplex und kann geradezu irreführend sein. Auffällig ist in der Alltagssprache, aber auch im wissenschaftlichen Sprachgebrauch eine eigenartige Vermengung der Begriffe Religion, religiös und Religiosität (Angel 1999), ohne dass die Unschärfe bisher größeres Aufsehen erregt hätte. Bei der wissenschaftlichen Auseinandersetzung mit dem Phänomen des „Religiösen" richtete sich der Blick in der abendländischen Philosophie- und Theologiegeschichte vor allem auf „Religion". Der schon aus der Antike überkommene Begriff kam vor allem im Gefolge der reformatorischen Wirren des 16. Jahrhunderts zur Blüte. Seit der *Religions*-Kritik der Aufklärungszeit führte man die Diskussionen in *Religions*-Philosophie, *Religions*-Wissenschaft, *Religions*-Soziologie, *Religions*-Phänomenologie, der *Religions*-Geschichte, der *Religions*-Psychologie usw. „**Religion**" konnte sich einen festen Platz im wissenschaftlichen Repertoire der europäischen Sprachen sichern. Es entbehrt deswegen auch nicht einer gewissen Logik, dass etwa Samuel Huntington gerade den *„Religionen"* eine markante Bedeutung an den „Demarkationslinien" der Kulturen zuweist (Huntington 1996).

Religiosität gehört demgegenüber bislang so gut wie nicht
zum Inventar und Gegenstand wissenschaftlicher Theoriebildung.

(3) Der Ausdruck „Religiosität" ist – wie Religion – ein Konstrukt menschlichen Denkens und menschlicher Sprache und verweist auf ein hochkomplexes

Phänomen. Im Deutschen gehört Religiosität zu jenen Ausdrücken, die man problemlos in der Alltagssprache verwenden kann. Dies ist nicht selbstverständlich. In den verschiedenen Sprachen ist das Äquivalent für „Religiosität" in ganz unterschiedlicher Weise beheimatet. Wenn im Englischen auf „religiousness" oder „religiosity" zurückgegriffen wird oder wenn gar im Französischen von „religiosité" die Rede ist, klingt das antiquiert bzw. von der Alltagssprache abgehobener als dies im Deutschen der Fall ist. Der ungarische Terminus „vallásosság" ist deutlicher mit dem Bekenntnis- und Zugehörigkeitsaspekt verbunden. Im anglo-amerikanischen Sprachgebrauch wird der Ausdruck „spirituality" favorisiert; der ist jedoch nur sehr bedingt mit dem Ausdruck „Religiosität" gleichzusetzen. Da Sprachen und ihre Begrifflichkeit immer Ausdruck und Folge von Denktraditionen sind, könnte die deutsche Sprache für die wissenschaftliche Annäherung an das Phänomen menschlicher „Religiosität" besonders geeignet sein. Gerade angesichts der zunehmenden Dominanz des Englischen als Wissenschaftssprache ist darauf aufmerksam zu machen, dass der deutschen Sprache hier eine besondere Möglichkeit offen steht. Allerdings diagnostiziert *Ulrich Hemel* auch im Deutschen für das Phänomen Religiosität das „Paradox einer großen Selbstverständlichkeit des alltäglichen Sprachgebrauchs ohne besondere fachwissenschaftliche Reflexion und Diskussion in Theologie, Philosophie und Religionspädagogik" (Hemel 2001, 1840).

Der Religiositätsbegriff lässt sich nicht völlig von Definitionsproblemen des Begriffs „Religion" abkoppeln. Das ist jedoch sekundär, da der Ausdruck „Religiosität" ein semantisches Potenzial enthält, das ihn – in Absetzung zum Religionsbegriff – besonders attraktiv erscheinen lässt: Zum einen ermöglicht er eine Diskussion auf der Ebene der Anthropologie. Zum zweiten ist er besonders geeignet, individualisierte und pluralisierte Formen von religiöser Orientierung phänomenal zu erfassen; diese Perspektive wird erkennbar, wo etwa von dimensionierten Konturierungen von Religion die Rede ist (Huber 1996), aber auch dort, wo die Religionssoziologie sich mit religiösen Erfahrungen in der Gesellschaft auseinandersetzt[2]. Schließlich erlaubt er in grundlegend konzeptioneller Weise, Nähe und Distanz zu institutionalisierter „Religion" in den Blick zu nehmen. Dass Religiosität in dieser Hinsicht ein interessantes Phänomen darstellen könnte, zeigen Ansätze, die etwa nach der „Zentralität" religiöser Erfahrungen (Huber 2003) fragen. Aus diesem Grund war das schon vor Jahren geäußerte Postulat berechtigt, „dass ‚Religiosität' in viel deutlicherer Klarheit, als es gegenwärtig der Fall ist, als religionspädagogische Kategorie zu betrachten" sei (Angel 1995, 120).

(4) Obwohl *Religiosität* in der Literatur mittlerweile öfter verwendet wird, findet der Begriff innerhalb der *Religions*-Pädagogik noch immer keine größere Aufmerksamkeit. Die Religionspädagogik ist sogar noch immer markant daran beteiligt, die semantische Unschärfe des *Religiösen* zu kolportieren. Religionspädagogische Texte fallen häufig dadurch auf, dass sie sich oszillierend zwi-

---

[2]   Vgl. hierzu Jakobs in diesem Band.

schen „Religion", „Religiosität" und „religiös" hin- und her winden[3]. Auch die
wissenschaftstheoretische Grundlagendiskussion des Faches lässt überdeutlich
erkennen, welche geringe wissenschaftliche Wertschätzung der Begriff Religiosität genießt. Nach den großen Verwerfungen im Gefolge der 1968er Jahre wurde der Versuch gemacht, die Religionspädagogik ausdrücklich auf den *Religions*begriff zu gründen, auf evangelischer Seite z.B. durch Gert Otto (Otto 1972),
auf katholischer Seite etwa durch Erich Feifel (Feifel 1974). In diesem Zusammenhang fand zwar der Religiositätsbegriff vereinzelt Beachtung (vgl. z.B. Esser 1975), doch noch bis heute gelingt es dem Fach – trotz einiger Ausnahmen
(Hemel 1984, Hemel 1988, Bucher / Reich 1989, Fraas 1990, Grom 1992, Grom
2000, Kunstmann 2004) – nur zaghaft, Religiosität tatsächlich als grundlegende
Kategorie neben Religion wahrzunehmen. An der konzeptionellen Entwicklung
eines Religiositätsbegriffs ist die Religionspädagogik so gut wie unbeteiligt.
Dies ist um so erstaunlicher, als gerade dort, wo es – wie in Deutschland, Österreich und der Schweiz – eine enge Verknüpfung zwischen Religionsunterricht
und christlichen Kirchen gibt, bei den Adressatinnen und Adressaten religionspädagogischer Bemühungen seit längerem eine zunehmende Fremdheit zu „Religion" festzustellen ist. Insofern wäre es für die Religionspädagogik heute ganz
besonders dringlich, subjektive und individuelle Einstellungen, Haltungen, Erfahrungen usw. zu reflektieren, die mit dem Begriff „Religion" nicht mehr unbedingt abgedeckt sind. Religiosität drängt sich deswegen in ihrer Bedeutung
für religiöse Entwicklung sowie religiöse Lern- und Bildungsprozesse geradezu
als grundlegende Kategorie auf, wobei zwischen „Religiosität" und „Glaube"
ausdrücklich zu unterscheiden ist (Hemel 1984, 365). Das Fehlen einer Theorie
von Religiosität ist irritierend, da sich viele religionspädagogisch drängende
Probleme ohne diesen Bezugspunkt nicht einmal adäquat formulieren lassen
und Religiosität zu jenen faszinierenden Phänomenen zu gehören scheint, die
sich gegen alle einseitigen Modernisierungs- und Fortschritts-Ideologien auch in
der späten Moderne behaupten.

II.

(1) Vor dem Hintergrund der skizzierten Problemlage trafen sich an der Universität Regensburg seit Frühjahr 1998 Wissenschaftlerinnen und Wissenschaftler
aus dem Bereich evangelische und katholische Religionspädagogik mit Erfahrungen aus unterschiedlichen Ländern (Deutschland, Österreich, Schweiz, Lu-

---

[3]   Mit etwas Schärfe könnte man geradezu von einem „Rosinenbrei-Syndrom" sprechen:
anscheinend völlig wahllos und mit kaum erkennbarer Differenzierung werden in vielen
Veröffentlichungen die drei Begriffe wie Rosinen in einen kommunikativen Sprachbrei
eingerührt und nach Belieben (zumindest ohne erkennbare Logik) einzeln wieder heraus-
genommen. Bisweilen erscheinen sogar identische sprachliche Wendungen einmal mit
dem Wort „Religion", ein andermal mit dem Wort „Religiosität". Dann wieder ist in einem Text nur von „religiös" und „Religion" die Rede, obwohl die Überschrift „Religiosität" lautet (weitere Beispiele bei Angel 1999).

xemburg und Ungarn) zum „Symposium Religiosität", um sich intensiver mit dem Phänomen Religiosität zu beschäftigen. Mehrfach nahmen auch Neurowissenschaftler an den Diskussionen teil. Aus der Komplexität des Religiositätsphänomens resultierten anfangs massive Kommunikationsschwierigkeiten, die zu den besonders eindrucksvollen Erfahrungen der Diskussionsteilnehmerinnen und -teilnehmer gehörten. Es hat eine erhebliche Zeit gedauert, bis die gemeinsame Grundlage für eine konstruktive Diskussion erarbeitet worden war[4]. Die Ergebnisse des gemeinsamen Diskussionsprozesses liegen hier in Buchform vor. Die Publikation ist innerhalb eines religionspädagogischen Wissenschaftshorizontes angesiedelt, sie fokussiert aber auch interdisziplinäre Perspektiven. Dahinter steht die Überzeugung, dass ein komplexes Phänomen wie Religiosität nur multiperspektivisch erfasst werden kann. Erkennbar wurde während der Regensburger Symposien aber auch: (Noch) ist es nicht gelungen, eine Religiositätsdefinition zu entwickeln, in der all jene Aspekte integriert sind, die in den heterogenen Diskussionen der verschiedenen Disziplinen zum Tragen kommen. Diese Spannung wurde für die Publikation bewusst in Kauf genommen, und die Beteiligten haben der Versuchung widerstanden, theologischen und religionspädagogischen Harmonisierungsbedürfnissen nachzugeben.

Die Unterschiedlichkeit der möglichen Perspektiven lässt sich auch als Chance sehen: Der Religiositätsbegriff kann als ein Brücken- und Grundlagenkonzept hervortreten, das theologisch und religionspädagogisch in vielfältiger Weise fruchtbar zu machen ist. Hierauf möchte die Publikation aufmerksam machen und zu einer weiter gehenden, intensiven und offenen Diskussion anregen.

(2) Religiosität ist in der Literatur häufig implizites Thema, ohne dass der Begriff selbst verwendet wird. Das irritierende Phänomen zeigt sich auch beim Blick auf die theologische und religionspädagogische Tradition.

- Mit der *Begriffsgeschichte* von Religiosität beschäftigt sich Martin Bröking-Bortfeldt – der zu unserem großen Bedauern die Fertigstellung dieses Buches nicht mehr erleben konnte – in seinem Beitrag „Religiosität in theoriegeschichtlich-kulturhistorischer Perspektive". Er diagnostiziert eine große Vielfalt von Definitionen und Positionen, die z.T. aufeinander aufbauen bzw. sich ergänzen oder aber im Widerspruch zueinander stehen, was die Religiositäts-Debatte – glücklicherweise – daran hindere, sich nur auf eine einzelne Konstruktion der Wirklichkeit mit Hilfe religiöser Interpretamente einzulassen.

- Die *jüngere empirische Forschung* zum Phänomen Religiosität, mit der sich Manfred Pirner auseinandersetzt, weist im theoretischen Bereich teilweise Unschärfen, teilweise aber auch aufschlussreiche Differenzierungen und konzeptionelle Weiterführungen auf. In seinem Beitrag arbeitet Pirner einige zentrale Grundlinien einer empirisch ‚brauchbaren' Theorie von Religiosität heraus und setzt dabei Akzente für die weitere Forschung.

---

[4]   Verschiedene Aspekte der Problematik waren schon in Theo-Web (www.theo-web.de) öffentlich diskutiert worden.

- Relativ überraschend ist das neu erwachte *Interesse der Neurowissenschaft* am Phänomen des Religiösen. Die Forschungen werden allerdings von einigen der amerikanischen Protagonisten mit dem irreführenden Etikett „Neurotheologie" versehen. Der Terminus hat zur Folge, dass die neurowissenschaftlichen Forschungen im Umfeld des Religiösen schnell in Misskredit gerieten, sowohl auf Seiten der Neurowissenschaft als auf Seiten der Theologie. Die Aversion gegen diese Forschungen kam zu früh. Die z. T. heftigen Attacken auf diesem Feld verlieren weithin ihre Basis, wenn man „neurotheologische" Forschungen (bzw. generell neurowissenschaftliche Forschungen zum Phänomen des Religiösen) als Beitrag zu einer „Neurobiologie der Religiosität" versteht. Hans-Ferdinand Angel ortet in seinem Beitrag „Das Religiöse im Fokus der Neurowissenschaft: Die Emergenz von Religiosität als Forschungsgegenstand" gerade in den spannenden Auseinandersetzungen *innerhalb* der Neurowissenschaft bislang unentdeckte Potenziale zur Formulierung einer Religiositätstheorie. Vor dem Hintergrund der Kontroverse, ob religiöse Erfahrungen eher affektiver oder eher kognitiver Art seien, präsentiert er im zweiten, daran inhaltlich direkt anschließenden Beitrag „Religiosität als menschliches Potenzial. Ein anthropologisches Modell der Religiosität im Kontext der neurowissenschaftlichen Diskussion" den *Entwurf einer Religiositätstheorie*, der die bisherigen Perspektiven durchbricht.
- Ulrich Hemel wirft einen Blick auf die Diskussion in der *Religions-Philosophie*, in der Religiosität im Sinne einer subjektiven Lebenshermeneutik bisher keine überragende Rolle spielt. Ausgehend von religiöser Sprache als Zugang zu religiöser Deutung von Wirklichkeit, befasst er sich mit der Entstehung von religiösem Bewusstsein im Individuum, das aber seinerseits unter dem Einfluss prägender Kulturen und Lebensgemeinschaften steht. Als geeigneten Schlüssel zu einer Annäherung an die Breite des Phänomens „religiöses Bewusstsein" sieht er eine Typologie religiöser Lebensstile, die Ausdrucksformen wie Religiosität als Zugehörigkeit zu einem religiösen Milieu, Religiosität als Praxis gelebter Frömmigkeit, Religiosität als narzisstisch geprägte Identität eines religiösen Individuums und Religiosität als geschlossene religiöse Identität voneinander unterscheidet. Gerade die Übersteigerung religiöser Identifikation im Modell geschlossener religiöser Identität verhilft zu einem besseren Verständnis fundamentalistischer Strömungen, führt aber auch zur Frage nach der Ambivalenz gelebter Religiosität und zur Suche nach Kriterien für menschenfreundliche Lebensformen, um den Geltungsanspruch von Religionen im praktischen Leben, u.a. aber auch in religiöser Erziehung, umzusetzen.
- Monika Jakobs zeigt auf, dass sich die *religionssoziologische Diskussion* um den Forschungsgegenstand keineswegs auf die funktionale Perspektive von Religion beschränkt, sondern schon früh in der verstehenden Soziologie (Weber / Simmel) Ansätze aufweist, die wichtige Verständnismöglichkeiten nicht nur für Religion, sondern auch für Religiosität eröffnen. Schon

hier wird unterschieden zwischen Religion als System und individuellen religiösen Dispositionen. Insbesondere Simmel enthält diesbezüglich viel unerforschtes Potenzial. Andrerseits zeigt die Rezeption der funktionalen Betrachtungsweise, dass diese bei einem umfassenden Verständnis von Religiosität nicht ausgeklammert werden darf.

- Wie kommt es zur *Entwicklung von Religiosität*? Hans-Ferdinand Angel geht dieser Frage nach, für die sich bedauerlicherweise die Psychologie (noch immer) wenig interessiert, selbst wenn sich in jüngerer Zeit – etwa über die Gesundheits- oder Copingthematik – eine zaghafte Öffnung für religiöse Phänomene abzuzeichnen beginnt. Dabei könnte die Psychologie aus der theoretischen Verbindung von Entwicklungskonzepten mit Konzepten der Religiosität Nutzen ziehen. Gleichzeitig lassen sich der Entwicklungspsychologie wesentliche Perspektiven zur Formulierung einer Religiositätstheorie entnehmen, in welcher auch Themen wie Gesundheit, Normalität oder Aggressivität integrierbar sind.

- Joachim Kunstmann sieht im Verhältnis von *Bildung* und Religiosität eine gegenseitige Verwiesenheit, die konkrete Konsequenzen für beide nach sich zieht und darum pädagogisch folgenreich ist. In einer höchst komplexen Welt- und Kultursituation, in der traditionelle Bindungen und Autoritäten weitgehend weggefallen sind, wird Bildung zunehmend zur Nötigung für das einzelne Individuum. Gleichzeitig brechen am Ort subjektiver Orientierungsversuche die religiösen Fragen wieder auf. Darum kann von einer Parallele zwischen Religiosität und Bildung ausgegangen werden, die bereits bei den Klassikern der Bildungstheorie angelegt und auch für die moderne Pädagogik aufschlussreich ist. Religiosität und Bildung legen sich gegenseitig aus.

- Die Reflexion von Religiosität spielt bislang auch in der *Theologie* nur eine marginale Rolle. Martin Rothgangels Diskussion der evangelisch-theologischen Entwürfe von Schleiermacher, Barth, Tillich und Pannenberg dokumentiert dieses Desiderat. Jedoch lassen sich auf dem Hintergrund seiner Überlegungen Kriterien für einen theologisch verantworteten Sprachgebrauch von Religiosität gewinnen.

Die Forschergruppe ist sich darin einig, dass „Religiosität" mit gutem Grund nicht nur als Basistheorie der Religionspädagogik gelten kann, sondern auch für das Gespräch aller religionsbezogenen Wissenschaften.

(3) Dankbar sind wir der Universität Regensburg, in deren Räumen die Diskussion stattfinden konnte, und speziell Frau Maria Schmidmeier, die seit vielen Jahren als Sekretärin am Lehrstuhl für Religionspädagogik tätig ist und die an allen Wochenenden die Treffen des „Regensburger Symposiums Religiosität" in zuvorkommender Weise logistisch unterstützte.

Gleichermaßen gilt der Dank den Göttinger Mitarbeiterinnen von Martin Rothgangel – Frau Margret Lessner, Frau Silke Adam, Frau Sandra Bröhl und Frau Isabell Meske –, die das vorliegende Manuskript Korrektur gelesen und redaktionell bearbeitet haben.

Graz, den 9. Oktober 2006

Literatur

Angel, H.-F.: Der religiöse Mensch in Katastrophenzeiten. Religionspädagogische Perspektiven kollektiver Elendsphänomene, Frankfurt/M. 1995.
Angel, H.-F.: Die Religionspädagogik und das Religiöse. Überlegungen zu einer „Theorie einer anthropologisch fundierten Religiosität", in: Körtner, U. / Schelander, R. (Hg.): GottesVorstellungen. Die ‚Frage nach Gott' in religiösen Bildungsprozessen. Gottfried Adam zum 60. Geburtstag, Wien 1999, 9–34.
Angel, H.-F.: Religion in Europa. Ein Literaturbericht, in rhs 4/2004, 221–230.
Bucher, A.A. / Reich, K.H. (Hg): Entwicklung von Religiosität, Freiburg/Schweiz 1989
Dehn, U.: Panorama der neuen Religiosität, Gütersloh 2005.
Esser, W.G.: Studien zur Säkularisierung und Religiosität. Hintergrundanalysen zu einer anthropologisch begründeten Religionspädagogik, Düsseldorf 1975.
Feifel, E.: Die Grundlegung der Religionspädagogik im Religionsbegriff, in: Handbuch der Religionspädagogik, Bd.1 (1973),34–48.
Fraas, H.-J.: Die Religiosität des Menschen. Ein Grundriss der Religionspsychologie, Göttingen 1990.
Grom, B.: Religionspsychologie, München / Göttingen 1992.
Grom, B.: Religionspädagogische Psychologie des Kleinkind-, Schul- und Jugendalters, 5. vollst. überarb. Aufl., Düsseldorf 2000.
Hemel, U.: Theorie der Religionspädagogik, München 1984.
Hemel, U.: Ziele religiöser Erziehung, Frankfurt/M. / Bern / New York 1988.
Hemel, U.: Religiosität, in: Rickers, F. / Mette, N.: Lexikon der Religionspädagogik, Neukirchen/Vluyn 2001, Bd. 2, 1839–1844, hier 1840.
Heppner, H. / Larentzakis, G. (Hg.): Das Europa-Verständnis im orthodoxen Südosteuropa [Grazer Theologische Studien, Bd. 21], Graz 1996.
Hirnsperger, J. / Wessely, Chr. / Bernhard, A. (Hg.): Wege zum Heil? Religiöse Bekenntnisgemeinschaften in Österreich: Selbstdarstellung und theologische Reflexion [Theologie im kulturellen Dialog Bd. 7], Graz / Wien / Köln 2001.
Huber, St.: Dimensionen der Religiosität, Bern 1996.
Huber, St.: Zentralität und Inhalt, Opladen 2003.

Huntington, S., Der Kampf der Kulturen. Neugestaltung der Weltpolitik im 21. Jahrhundert, München / Wien 1996.

Kunstmann, J.: Religiosität, in: Ders.: Religionspädagogik. Eine Einführung, Tübingen 2004, 313–326.

Larentzakis, G.: Die orthodoxen Kirchen. Ihr Leben und ihr Glaube, Graz / Wien / Köln 2000.

Mückl, S.: Religions- und Weltanschauungsfreiheit im Europarecht [Schriften der philosophisch-historischen Klasse der Heidelberger Akademie der Wissenschaften 24], Heidelberg 2002.

Müller-Graff, P.-C. / Schneider, H. (Hg.): Kirchen und Religionsgemeinschaften in der Europäischen Union, Baden-Baden 2003.

Otto, G.: Schule und Religion. Eine Zwischenbilanz in weiterführender Absicht, Hamburg 1972.

Polak, R. (Hg.): Megatrend Religion? Neue Religiosität in Europa, Schwabenverlag Ostfildern 2002.

Tomka, M. / Zulehner, P.M.: Religion in den Reformländern Ost(Mittel)-Europas, Ostfildern 1999.

Vachek, M.: Das Religionsrecht der Europäischen Union im Spannungsfeld zwischen mitgliedstaatlichen Kompetenzreservaten und Art. 9 EMRK [Studien und Materialien zum öffentlichen Recht 11], Frankfurt/M. 2000.

Weninger, M.: Europa ohne Gott? Die europäische Union und der Dialog mit den Religionen, Kirchen und Weltanschauungsgemeinschaften, Baden-Baden 2006.

Ziebertz, H.-G. / Kalbheim, B. / Riegel, U.: Religiöse Signaturen heute. Ein religionspädagogischer Beitrag zur empirischen Jugendforschung, Freiburg 2003.

Religiosität in theoriegeschichtlicher Perspektive

Anmerkungen zur Entstehungs- und Entwicklungsgeschichte

Martin Bröking-Bortfeldt

1. Einleitung

Die Fragen nach wissenschaftsgeschichtlichen Debatten zu Religion und Religiosität, deren terminologische Abgrenzung weder einheitlich noch eindeutig ist, spiegeln das erkenntnisleitende Interesse wider, nicht nur einen Überblick über die Religiositäts-Debatte in mehreren geistes- und handlungswissenschaftlichen Disziplinen zu gewinnen und zu kommunizieren, sondern kategoriale und insbesondere für eine gleichermaßen empirisch forschende und theoriebildende Religionspädagogik weiterführende Impulse auszuarbeiten. Harmonisierende oder eindimensionale Zielsetzungen sind in diesem Forschungsprozess weder wünschenswert noch angestrebt. Die Vieldimensionalität der Theoriegeschichte zeigt sich evident in den zahlreichen Versuchen einer definitorischen bzw. forschungspraktischen *Unterscheidung zwischen Religion und Religiosität*. Christoph Bochinger gibt zum Stichwort „Religiosität" (2004, 413f. [RGG[4]]) die folgende Definition: „Der Begriff ‚Religiosität' bezeichnet die individuelle, subjektive Seite des Religiösen – im Unterschied zu ‚Religion' als einem objektiv Gegebenen, zu professionellen Theologien, Dogmen und Lehrmeinungen oder zu religiösen Institutionen, Kirchen und Religionsgemeinschaften". Diese Unterscheidung erscheint auf den ersten Blick einleuchtend und forschungspraktisch weiterführend. Hinsichtlich der vielgestaltigen Geschichte des Begriffs *Religiosität* erfasst Bochinger allerdings nur ein begrenztes Segment der theoriegeschichtlich-kulturhistorischen Debatte. Die folgenden Hinweise, die immer noch selektiv bleiben, wollen das pluriforme historische Spektrum des Religiositäts-Phänomens exemplarisch erhellen und zugleich den anderen Beiträgen eine Plattform bieten, von der aus insbesondere die religionsphilosophischen, bildungstheoretischen, soziologischen und sozialwissenschaftlich-empirischen Positionen und Anregungen mit ihren wissenschaftshistorischen Voraussetzungen verknüpft werden können.

Die theologische Diskussion über *Religion* und *Religiosität* (vgl. Rothgangel in diesem Band) ist eher von Disparatheit als von Einlinigkeit gekennzeichnet; für die Praktische Theologie und darin für den Diskurs der Theologie mit den Sozialwissenschaften können allenfalls Mindestanforderungen an einen Re-

ligions- bzw. Religiositätsbegriff gestellt werden, die Reiner Preul (1997, 546[1])
unter zwei Zielsetzungen formuliert: „Da die Praktische Theologie Regeln zu
entwickeln hat, wie die Kirche mit religiösen Erscheinungsformen in der gegenwärtigen Gesellschaft und in heutigen Lebensgeschichten umzugehen hat,
muss das gesuchte Religionsverständnis *erstens* bereits Elemente der beobachtbaren Phänomene einschließen. Es muss also schon einen solchen Grad von
Konkretheit aufweisen, der eine völlige Indifferenz des Religionsbegriffs gegenüber den Formen gelebter Religion ausschließt. [...] *Zweitens* muss das er-
kenntnis- und handlungsleitende Vorverständnis so angelegt sein, dass es die
Unterscheidung zwischen dem, was theologisch als Religion gelten darf, und
dem, was als Pseudo- oder Ersatzreligion, als vielleicht funktionales, aber doch
inadäquates Äquivalent einzustufen ist, ermöglicht. [...] Eine Möglichkeit, beiden Bedingungen zu entsprechen, besteht in der Besinnung auf Wesen und
Funktion *religiöser Sprache*." Grundlegend ist bei Preul eine – gerade auch
theologisch legitime bzw. durch interdisziplinäre, empirische Forschung legiti-
mierte – Erkenntnisbasis, auf der die theologische (und dabei insbesondere die
ekklesiologische) Theorie der Religionsinstanz Kirche gegenüber gesellschaftlichen und biographischen *religiösen Erscheinungsformen* in einen produktiven
Diskurs eintreten kann, der sich zwischen einem engeren (= institutionengebun-
denen) und einem weiteren (= personal-funktionalen) Religionsbegriff ergebnis-
offen hin und her zu bewegen vermag.

Eine ähnlich grundlegende Anforderung an den Religiositäts-Diskurs formuliert Ulrich Hemel (2001, 1842): „Die Allgemeinheit und transkulturelle U-
niversalität religiöser Lebensäußerungen lassen die Hypothese zu, dass Religiosität als die Fähigkeit zu religiöser Selbst- und Weltdeutung in vorgegebenen
theologischen und soziologischen Kontexten zur biologischen und anthropologischen Grundausstattung des Menschen gehört [...]. Menschen müssen aufgrund ihrer Instinktoffenheit ihre Welt deuten (Weltdeutungszwang), und sie
verbinden ihre Deutungshandlungen mit übergreifenden, u.a. auch religiösen
Sinnstrukturen." Diese Hypothese enthält den weiterführenden Verweis auf eine
adäquate (gleichsam *empirische*) Hermeneutik; über sie kann geprüft werden,
ob bzw. wie eine anthropologische Konstante wirksam wird, die Individuen und
Gruppen zu *religiöser Selbst- und Weltdeutung* befähigt. Dieser hermeneutische
Impuls ist zugleich ein Einspruch gegen jede dogmatisch-institutionelle Festlegung und ein Plädoyer für einen personalen Zugang zu Religion, zu ihren Lehr-
gehalten und zu religiöser Praxis, wie Thomas Rentsch (1995, 577) im Blick auf
die drei großen monotheistischen Religionen unterstreicht: „In den großen prophetischen Buchreligionen Judentum, Christentum und Islam hat sich die religiöse Praxis der hermeneutischen, der theoretischen (theologischen) und der phi-
losophisch-kritischen Reflexion ausgesetzt". Daraus ergibt sich die unausweichliche Notwendigkeit, die Religiositäts-Debatte subjektorientiert zu führen –
denn nur von den handelnden und reflektierenden Subjekten kann die Deutung

---

[1]   Kursiv im Original.

ihrer religiösen Praxis ausgehen – und interdisziplinär zu öffnen. Daran ist die
Theologie mit ihren Teildisziplinen beteiligt, sofern diese den Dialog miteinander und mit den Humanwissenschaften zu führen bereit sind.

Die folgenden Beispiele für eine solche (selbst-)kritisch-dialogische Reflexion über Religion und Religiosität erweisen die Vielstimmigkeit religiöser oder
religionstheoretischer „Musikalität", die sich allen Monotonien, Monokausalitäten und Sinndeutungsmonopolen widersetzt. Der knapp und exemplarisch aus-
wählende theoriegeschichtlich-kulturhistorische Überblick zum Konstrukt „Religiosität" wählt als Einstieg den markantesten Einschnitt in die europäische
Geistesgeschichte: die abendländische Kirchenspaltung des 16. Jahrhunderts
und ihren zentralen Protagonisten Martin Luther, um von dort aus weitere Stationen der Religiositäts-Debatte insbesondere in der Wirkungsgeschichte der
Aufklärung mit Stationen aus dem 18. bis ins 20. Jahrhundert nachzuzeichnen.

2. Religiosität historisch-phänomenologisch betrachtet

2.1 Martin Luther (1483–1546)

Der Reformator, dessen theologische Grundpositionen ganz wesentlich in seinen
Auslegungen biblischer Schriften herausgearbeitet werden (gemäß seinem theo-
logisch-hermeneutischen Prinzip „sola scriptura" – *allein durch die Heilige
Schrift*), interpretiert in seiner Jesaja-Vorlesung von 1527/29 Jes 65,1[2] folgen-
dermaßen: „Die Religion ist das beste unter allen menschlichen Werken, und
doch wird sie verdammt, wenn sie sich nicht auf das Wort Gottes gründet" (WA
25, 383, 10–12). Der biblisch-prophetische Text selbst ist ein Beispiel für eine
biblische Umschreibung des *Religiösen* in der unaufgelösten Spannung von Suchen und Finden, von Selbstoffenbarung und Unbekanntheit Gottes, von erwar-
teter Zugehörigkeit und unerwarteter Neuöffnung einer Gruppe, die für die jüdische Gottes- und Glaubensgeschichte seit der kryptischen Offenbarung Gottes
Mose gegenüber[3] konstitutiv ist. Luther arbeitet in Kenntnis dieses Spannungs-
verhältnisses die Bedeutung der Religion – gerade für die immer wieder nicht
intentional Gott Suchenden, wie dem Prophetenwort entnommen werden kann –
als *das beste unter allen menschlichen Werken* heraus. Er unterstreicht damit,
dass Religion ein Menschenwerk von hohem Wert, aber kein Gotteswerk ist,
aber steht ihr zugleich kritisch gegenüber, sofern sie ihre Begründung nicht im
Wort Gottes der Bibel sucht. Der Satz im Prophetenbuch Jesaja dient Luther als
Warnung, dass die biblische Theologie jedem menschlichen religiösen Konstrukt Grenzen setzt und insbesondere Macht und Einfluss einer höchsten institutionellen Lehrautorität widersteht. Sein Hinweis auf das *Wort* Gottes unter-

---

[2]   „Ich ließ mich suchen von denen, die nicht nach mir fragten, ich ließ mich finden von
       denen, die mich nicht suchten. Zu einem Volk, das meinen Namen nicht anrief, sagte ich:
       Hier bin ich, hier bin ich!"

[3]   Ex 3,14: „Ich werde sein, wovon gilt, dass ich sein werde" – mit einem Wortspiel im
       Hebräischen zum Gottesnamen JHWH.

streicht zugleich die Bedeutung der *Sprache* bei der intersubjektiven Verständigung und Positionierung über Religion; diese Verständigung kann nur zwischen Personen und nicht durch autoritative Instanzen zustande kommen.

2.2 Johann Gottfried Herder (1744–1803)

Herder nimmt eine deutliche Trennung zwischen Religion und Religiosität vor und stellt sie in einen „scharfen Gegensatz" (Fritsche 1992, 776), jedoch führt er beide durch das Konstrukt wieder zusammen, dass er Religiosität als „das Gefühl für echte Religion" (ebd.) charakterisiert, wie er 1798 in seinem Werk „Von Religion, Lehrmeinungen und Gebräuchen" ausführt, wobei sein konfessionstheologisches Fazit am Ende des 18. Jahrhunderts lautet, dass am ehesten der Protestantismus das zu einem System von Lehrmeinungen erstarrte Christentum auf den Weg zurück zur wahren Religion führe (vgl. ebd.). Konkret fordert Herder als kirchlich-theologische Aufgabe eine religiöse „Erziehung des Menschengeschlechts" (zit. bei Herms 1986, 84). Die Wirkung der göttlichen Offenbarung zielt auf die „Bildung des einzelnen Menschen zur ‚Humanität', d.h. zum reifen Selbstbewusstsein ihrer Bestimmung (der Glückseligkeit des ewigen Lebens) und zur Habitualisierung der Fähigkeit, die eigene Lebensführung auf dieses Ziel auszurichten"[4] (ebd.). Herders zentrale Intention ist eine pädagogische, insofern er die Erziehung des Menschen durch einen Prozess religiöser Lernimpulse konstituiert sieht. Zu seiner kulturhistorisch-theologischen Bedeutung kann zusammenfassend festgehalten werden: „Herder ist der erste Theologe, der die überlieferte christliche Lehre – und zwar in ihrer lutherischen Fassung – im Medium des aufgeklärten Bewusstseins und unter der Erfahrung der sich steigernden Komplexität der bürgerlichen Gesellschaft expliziert hat als: die wahre Behauptung der Angewiesenheit aller Vernunfterkenntnis und -praxis auf das vorgängige Offenbarungshandeln Gottes, auf dessen sprachliche Bezeugung, auf die institutionalisierte Tradierung dieses Offenbarungszeugnisses und auf seine immer neue geschichtliche Bewährung; und der diese Explikation der christlichen Lehre zugespitzt hat auf eine Beschreibung und Einschärfung der fundamentalen sozialpädagogischen Aufgabe der Kirche und ihres Amtes unter den sich zunehmend komplizierenden gesellschaftlichen Bedingungen ihrer Gegenwart" (ebd., 91). Herder ist einer der ersten, die eine eigenständige Kategorie von *Religiosität* konzeptionell vorbereiten, indem er auf die Sprache als das intersubjektive Medium hinweist, durch das ein Austausch über „gefühlte, erlebte Tatsachen" (ebd., 83) stattfindet, mit Hilfe dessen religiöse Elemente der Wirklichkeit bzw. ihrer Deutung auch jenseits institutioneller Religion generiert werden. Bedeutsam bleibt ferner Herders Einbeziehung der komplexer werdenden gesellschaftlichen Bedingungen für religiöses Lernen, das Menschen befähigt, durch die Tradierung des göttlichen Offenbarungshandelns und dessen ethische

---

[4] Bei Herms hier etliche Verweise auf Herder-Texte.

Interpretamente das Humanum als Norm für das gesamte Menschengeschlecht zu entdecken und aktiv handelnd zu fördern.

2.3 Johann Gottlieb Fichte (1762–1814)

Herders jüngerer Zeitgenosse Fichte versteht Religiosität in einem frühen religionsphilosophischen Entwurf um 1792 „als Handeln unter göttlichen Geboten aus Achtung vor Gott, Gott als Willen, in dem nichts herrscht als das Sittengesetz, und Offenbarung als Ankündigung Gottes qua moralischem Gesetzgeber in der Welt" (Janke 1983, 166). Ähnlich wie bei Herder findet sich hier als Gegenstand der Religiosität eine Verknüpfung von Gottesoffenbarung und Moralität, die dem Menschen als religiös Empfindendem und sittlich Handelndem zugänglich ist, bei Fichte seit seiner Jugend immer verknüpft mit seiner von Lessing kommenden Skepsis gegenüber kirchlicher *Orthodoxie*. Diese Position wird von Fichte freilich ein Jahrzehnt später radikalisiert bzw. sogar in Frage gestellt, indem er – in seinem ganzen Denksystem stark von Kants Philosophie und den geistesgeschichtlichen Folgerungen aus der Französischen Revolution beeinflusst – 1804 in den „Grundzügen des gegenwärtigen Zeitalters" Religiosität definiert „als ,das *undeutliche Gefühl*' [...] nach dem Übersinnlichen, kurz: als ,den doch einmal nicht auszurottenden Sinn für das Ewige'. Die ,innere, wahre Religiosität [...] vollendet ihn innerlich in sich selbst. [...] Wie vor der Moralität alles äußere Gesetz verschwindet, so verschwindet vor der Religiosität selbst das innere'" (Fritsche 1992, 775[5]). Fichtes jetzt distanziertere Stellung zur Religiosität ist unüberhörbar, in der er sie nurmehr als (inneres) Instrumentarium des geschichtlich denkenden Menschen sieht. Freilich bleibt sein Erkenntnisinteresse bis in seine letzten Lebensjahre davon gekennzeichnet, dass er am göttlichen Wirken in der Welt festhält, für ihn insbesondere in der johanneischen These belegt: „Im Anfang war das Wort (Joh 1,1), d.h. das Bewusstsein als Äußerung und Dasein Gottes und so die ewige Einheit von Sein, Offenbarung und Welt" (Janke 1983, 167). Religion bleibt damit für Fichte die letztlich für den aufgeklärten Menschen nicht obsolete Klammer zwischen Gott und Welt, zwischen Transzendenz und Immanenz.

2.4 Karl Wilhelm Freiherr von Humboldt (1767–1835)

Humboldt plädiert demgegenüber für eine Trennung zwischen Religiosität und Moralität. 1792 stellt er in den „Ideen zu einem Versuch, die Grenzen der Wirksamkeit des Staates zu bestimmen" heraus: „Die Verbindlichkeit einer moralischen Handlung entspringe aus etwas Allgemeinem, nämlich ,der Natur der menschlichen Seele', eine vergleichbare Allgemeinheit aber könne der Religion gar nicht zukommen, denn sie sei ,im strengsten Verstande subjektiv'. Zwischen dem Individuum und den verschiedenen Religionssystemen steht Religiosität als ,religiöse Gefühle', ,religiöseste Stimmung' oder auch ,Sehnsucht nach religiö-

---

[5]   Kursiv im Original.

sen Ideen'" (zit. bei Fritsche 1992, 775f.). Zum einen ist hier Humboldts religi-
ons- und kirchenkritische Grundposition unverkennbar, die ihn nicht nur für
eine Trennung zwischen Religiosität und Moralität eintreten lässt, sondern letz-
terer einen wesentlichen Bedeutungsvorrang einräumt. Zum anderen gibt Humboldt – als einer der ersten um die Wende vom 18. zum 19. Jahrhundert – ein
deutliches Votum für eine Subjektorientierung bei der Entstehung und Wirkung
von Religiosität; die von ihm verwendeten Attribuierungen (*Gefühle, Stimmung,
Sehnsucht*), klingen so (post-)modern, dass sie mühelos in der kulturhistorischen
Debatte über Religiosität an der Wende vom 20. zum 21. Jahrhundert wieder
aufgegriffen werden können.

2.5 Friedrich Daniel Ernst Schleiermacher (1768–1834)

Auch Schleiermacher trennt in seiner weit verbreiteten frühen Schrift von 1799
„Über die Religion. Reden an die Gebildeten unter ihren Verächtern" „Religion
und Religiosität scharf von Lehrmeinungen und Dogmen, noch entschiedener
aber von Moralität. Religion sei – gegen den Begriff der natürlichen Religion in
der Aufklärung – keine Theorie des Universums und bilde es auch nicht mora-
lisch-praktisch fort, ihr Wesen sei vielmehr je individuell geprägte und eigen-
tümlich sich darstellende ,Anschauung und Gefühl', ,Sinn und Geschmack fürs
Unendliche'" (zit. bei Fritsche 1992, 776). Anders als Humboldt minimiert
Schleiermacher die anthropologische Bedeutung von Religion und Religiosität
nicht, auch wenn er ihren je individuellen Zugriff betont, sondern räumt ihnen
eine eigenständige Bedeutsamkeit ein: „Die religiösen Gefühle sollen wie eine
heilige Musik alles Tun des Menschen begleiten; er soll alles mit Religion tun,
nichts aus Religion" (zit. bei Nowak 2001, 102/533 Anm. 59). Eine umfassende
Bedeutung und Wirkung der religiösen Dimension des Menschseins zeigt sich in
dieser Aussage, die zugleich einen ästhetisch-wahrnehmbaren Aspekt (*heilige
Musik*) mitenthält. Denken und Handeln machen sich diese religiöse Dimension
zunutze („alles mit Religion"), aber sie entstehen und erwachsen nicht daraus
(„nichts aus Religion").

Schleiermachers Hochschätzung einer eigenständigen menschlichen Rezeption von Religion erfährt in der Theologiegeschichte verschiedentlich Widerspruch, insbesondere weil Schleiermachers System Gottes autonomes Offenbarungshandeln gering schätze, am vehementesten vorgetragen von Karl Barth
und der Dialektischen Theologie seit den 1920er Jahren: „Die unüberspringbare
Differenz zwischen Gott und seinem Geschöpf, dem Menschen, falle dahin. Bei
Schleiermacher komme eine Selbsterlösung in Gang, in der die Theologie zur
Anthropologie umgefälscht werde. Das religiöse Subjekt kreise selbstverliebt
und verlogen um sich selbst. Die Theologie habe nicht beim ,frommen Selbst-
bewusstsein' des Menschen anzusetzen, sondern beim Offenbarungshandeln
Gottes" (Nowak 2001, 476). In dem Maße, in dem spätestens seit den 1980er
Jahren diese scharfen Barthschen Verdikte und überhaupt die Wirkungen der
Dialektischen Schule theologiegeschichtlich in den Hintergrund treten, wird

Religiosität geradezu in einer *Schleiermacher-Renaissance* als Topos theologischer Positionsbildung neuerlich bedeutsam, freilich – anders als zu seinen Zeiten zwei Jahrhunderte zuvor – im intensiven und permanenten, empirisch-praktischen und theoriebildenden Diskurs mit den Sozial- bzw. Humanwissenschaften.

2.6 Georg Wilhelm Friedrich Hegel (1770–1831)

Ausgangspunkt bei Hegel ist sein striktes Primat der Vernunft, der er gleichermaßen Moralität und Religiosität unter- bzw. nachordnet. In seiner Geschichtsphilosophie, in deren Kontext auch seine Religionsphilosophie zu sehen ist, versteht er „Geschichte als Gang des absoluten, nicht in die Reflexion hineinzuziehenden Geistes [...], der die je eigene Existenz und Denkmöglichkeit in einer unvordenklichen Weise betrifft. [...] Insofern ist Hegel der erste Denker der Geschichtlichkeit der menschlichen Existenz" (Simon 1985, 538). Er arbeitet am Christentum heraus, dass in ihm im Gegensatz zu anderen Religionen erstmals der absolute Geist „im Medium der *Vorstellung* des Absoluten" verharrt (ebd., 539[6]), was für ihn Folgerungen für die Bedeutung der Individualität und Einzigartigkeit des Menschen in diesem Erkenntnisprozess hat – freilich immer verbunden mit dem menschlichen Selbstbewusstsein der Begrenztheit und Endlichkeit, was Hegel gleichwohl als Freiheitskategorien interpretiert. Im Hegelschen Sinn kann „hier von einer Aufhebung der Religion als Vorstellung des Absoluten" (ebd.) gesprochen werden, insofern diese Vorstellung nun im einzelnen Menschen selbst vorhanden, gleichsam eingenistet ist, allerdings in immer wieder anderer, ja geradezu exklusiver Weise, als diese zuvor vorfindlich ist. In diesen Zusammenhang religiösen Selbstbewusstseins ordnet Hegel auch seinen (christlichen) Gottesbegriff ein: „Er versteht sich nicht als bloße Erweiterung eines von der traditionellen Philosophie seit der Antike vorgegebenen Gottesbegriffes auf einen christlichen hin, etwa durch das prädikative Zusprechen weiterer Eigenschaften. Das Denken der Absolutheit als der Notwendigkeit des Daseins ist in ihm zugleich das Denken Gottes als Liebe von Person zu Person. [...] Theologisch gesprochen heißt das, dass Gott Mensch geworden sein muss [...], dass Gott als das Absolute sich selbst aus der Vorstellung eines Jenseitigen, zu dem kein Zugang möglich sein soll, vollkommen in eine historisch bestehende ‚Sittlichkeit' als ein Verhältnis zwischen Menschen entäußert, bis zum Tode als der wirklichen Vollendung menschlicher Endlichkeit" (ebd., 540). Dieses Interpretament Hegelscher Religionsphilosophie erweist seine Nähe zur biblischen, vor allem paulinischen Christologie, die sich am markantesten im Philipperhymnus zeigt[7]. Der so herausgearbeitete, spezifisch christliche – inkarnatorische[8] – Gottesbegriff ist für Hegel unmittelbar mit seinen Vorstellungen von

---

[6]   Kursiv im Original.

[7]   Phil 2,5–11, vor allem V. 7f.: „Er entäußerte sich selbst [...]. Er erniedrigte sich selbst und ward gehorsam bis zum Tode, ja zum Tode am Kreuz."

[8]   Vgl. Joh 1,14.

Moralität und „Sittlichkeit" verknüpfbar: Die Kategorie der Liebe ist grundlegend für zwischenmenschliches Verhalten, abgeleitet von Gottes inkarnatorischer Zuwendung zur Menschheit.

Ein weiteres Element Hegelscher Religionsphilosophie ist für die Entwicklung des Religiosität-Begriffs von Belang: seine Vorstellungen vom religiösen Kultus; er ist „als wirkliche Ausübung der Religion 1. Glaube, 2. besondere Form des Kultus und 3. Verhältnis der Religion zum Staat. Im Kultus treten die Personen wirklich in ein Verhältnis zu dem, was sie sich in der Vorstellung als unerreichbar vorstellen. Sie widersprechen damit ihrer Vorstellung durch ihr Tun. D.h. sie leben in dem Selbstbewusstsein, dass Gott da ist" (ebd., 541). Hier wird Hegels dialektische Sicht von Vorstellung und Praxis besonders greifbar, insofern im Kultus Glaubensvorstellung und religiöse Praxis aufeinander bezogen sind, sich gegenseitig in ihren Begründungszusammenhängen bedingen, aber niemals ineinander aufgehen. Hinzu tritt als dritte Bezugsgröße das Verhältnis zwischen Staat und Religion, und zwar in doppelter Weise: Der Staat hat zum einen die Aufgabe, die freie Ausübung des religiösen Kultus zu gewährleisten; zum anderen begründen die religiösen Vorstellungen des Christentums die Verpflichtung des Staates, die Freiheits- und Versorgungsrechte der Menschen in der (bürgerlichen) Gesellschaft zu gewährleisten. Hegels religions- und rechtsphilosophische Grundpositionen begründen also zumindest in Teilbereichen die seit der Wende zum 19. Jahrhundert zustande kommenden und rund 150 Jahre später international kodifizierten Grund- und Menschenrechte.

2.7 Rudolf Otto (1869–1937)

Mit Rudolf Otto kommt ein erster bedeutender religionswissenschaftlicher Protagonist des 20. Jahrhunderts mit seinem Hauptwerk „Das Heilige" (1917) zur Sprache. Aufschlussreich ist, wie ihn Mircea Eliade (1998, 13[9]), von dem noch die Rede sein wird (s.u. 2.9), rezipiert: „Rudolf Otto [...] entdeckt das *Gefühl des Schreckens* vor dem Heiligen, vor dem *mysterium tremendum*, vor jener *majestas*, dem Moment des Übermächtigen; er entdeckt die *religiöse Scheu* angesichts des *mysterium fascinans*, in dem sich die ganze Fülle des Seins entfaltet. Alle diese Erfahrungen nennt Otto *numinos* (von lat. *numen*, ‚Gott'), weil sie aus der Offenbarung eines Aspektes der göttlichen Macht herrühren. Das Numinose steht abseits von allem, es ist das ‚Ganz andere': Nichts Menschliches und keine Erscheinung des Weltalls ist ihm vergleichbar. Dem Numinosen gegenüber fühlt der Mensch seine völlige Nichtigkeit, er hat die Empfindung, ‚nur eine Kreatur' zu sein oder, wie Abraham zum Herrn sagte, nichts als ‚Staub und Asche' (Gen 18,27). Das Heilige manifestiert sich immer als eine Realität, die von ganz anderer Art ist als die ‚natürlichen' Realitäten." Otto, der seit den 1890er Jahren zahlreiche Auslandsreisen unternimmt, u.a. nach Süd- und Osteuropa, Nordafrika, Vorder- und Ostasien, und dabei ein starkes religionsvergleichendes Interes-

---

[9]   Kursiv im Original.

se entwickelt, gibt mit dieser Darstellung seine nicht nur für das Christentum geltende Antwort auf die Frage nach der Entstehung alles Religiösen; diesen Ursprung findet er in der Kategorie und Explikation des *Heiligen* am zutref-fendsten und umfassendsten dargestellt. Es bildet sich im Gegensatz zu allen anderen Realitäten heraus, in denen Menschen gleichwohl das *Numinose erle-ben* und als religiöse Erfahrung interpretieren können. Otto weist zentral hin auf „die psychische Resonanz des Heiligen im menschlichen Erleben und [...] be-stimmt das Heilige indirekt mit einer vorwiegend religionspsychologisch ausge-richteten Schau. Er analysiert die subjektiven Gefühle, die im Menschen durch die Begegnung mit dem Heiligen ausgelöst werden, den Reflex also, wie er sagt, des Heiligen im Kreaturgefühl des Menschen" (Lanczkowski 1985, 696). Mit dieser Festlegung auf die *subjektiven Gefühle*, über die das Heilige dem Men-schen wahrnehmbar ist, vermag Otto keine Verbindung zur Rationalität herzu-stellen, über die seine Kategorien des Religiösen theoriebildend geworden wä-ren.

Sein Hauptwerk macht ihn weltweit bekannt und wird immer wieder rezi-piert, nicht zuletzt in der Liberalen Theologie, gleichermaßen auch von Karl Barth und seiner Dialektischen Schule sowie in der Religionspädagogik. Rekur-se auf ihn könnten auch die gegenwärtigen interreligiösen Debatten befruchten.

2.8. Max Scheler (1874–1928)

In tendenzieller Nähe zu Otto arbeitet Scheler in seiner Religionsphilosophie die Kategorie des *Heilig-Göttlichen* (vgl. Scherer 1999, 89) heraus, die wesentlich durch ein religiöses Motiv zustande kommt: „die Sehnsucht nach Geborgenheit und Erlösung in Gott. Der religiöse Akt ist ein gesamtmenschliches Verhalten, das den Menschentyp des *homo religiosus* prägt" (ebd., 89f.[10]). Diesem kann zwar die Bezugsgröße Gott niemals ansichtig[11] werden – Gott bleibt gleichsam immer verhüllt (vgl. ebd., 90) –, „wird aber an den Dingen miterfahren wie ein Künstler an seinem Werk. Heiligkeit bezeichnet das schlechthin Wertvolle, die innerste Wesensgüte, Gott als Liebe. [...] Es gibt genauso ein religiöses Fühlen wie Erkennen oder Wollen und eine leibliche Dimension in Sprache, Gebet und Kult, worin auch ihre soziale Seite zum Ausdruck kommt" (ebd.). Scheler fasst hier seine religionsphilosophischen Positionen vor allem mit der Zielsetzung zusammen, das schon vielfach korrumpierte Menschenbild seiner Zeit, vor-nehmlich der Zwischenkriegszeit, durch dessen wesensmäßige Komponenten als *homo religiosus* neu zu klären. Seine Anthropologie ist davon stark geprägt, insofern „grundlegende Bestimmungen des Menschen als Person, der Liebe fä-higes Wesen und als transzendierende Bewegung über sich hinaus" (ebd., 91) durch dessen religiösen Zugang zur Wirklichkeit bestimmt werden. Religiosität und Transzendenz können als wesentliche Bezugsgrößen in Schelers (religions-)

---

[10] Kursiv im Original.
[11] Vgl. das biblische Motiv der Unsichtbarkeit Gottes, z.B. Joh 1,18; 1Joh 4,12.

philosophischem System gelten[12]. Die dabei durchscheinende *Ortlosigkeit* des Menschen, die gerade auch von religiösen Selbst- und Weltinterpretamenten nicht überwunden, sondern eher noch verschärft wird, wirft schon ein Licht auf den ebenfalls in der Zwischenkriegszeit und insbesondere in der nihilistisch-menschenverachtenden Epoche bis 1945 entstehenden Existentialismus, den z.B. Albert Camus literarisch mit der Konklusio aus *Absurdität und Revolte* aufgreift und beantwortet.

2.9 Mircea Eliade (1907–1986)

Eliade, dessen Biographie ähnlich wie Ottos (s.o. 2.7) kosmopolitische Züge hat, kann als einer der wirkungsvollsten vergleichenden Religionswissenschaftler des 20. Jahrhunderts gelten, und zwar gleichermaßen im angelsächsischen, französischen und deutschen Sprachraum. Seiner Grundüberzeugung nach lässt sich kulturhistorisch und geistesgeschichtlich letztlich jede Sinngebung auf religiöse Motive zurückführen. Dies wird nicht zuletzt in einem seiner Hauptwerke, „Das Heilige und das Profane. Vom Wesen des Religiösen", 1956 erstmals erschienen, deutlich. Auch wenn darin seine Hauptthese eine strikte Unterscheidung bzw. den Gegensatz zwischen dem Heiligen und dem Profanen postuliert (vgl. Eliade 1998, 14), wirft er gleichwohl die Frage auf, die bis heute die kulturhistorisch-theoriegeschichtliche Debatte über Religiosität befruchtet: „In welchem Maße kann das ‚Profane' selbst ‚heilig' werden?" (ebd., 9), woraufhin er zumindest als Arbeitshypothese in den Raum stellt, „dass eine Bewusstwerdung des radikal profanen Charakters der Welt und der menschlichen Existenz [...] imstande ist, dank einer geheimnisvollen und paradoxen *coincidentia oppositorum* einen neuen Typus der ‚religiösen Existenz' zu begründen" (ebd., 10[13]). Diese Formel kann zumindest als *eine* hermeneutische Verstehensbrücke zwischen der Profanität der Welt und ihrem offenbar *unausrottbaren Sinn für das Ewige* (Fichte; s.o. 2.3) dienen, die der unabgeschlossenen Debatte über die Säkularisierungsthese von Nutzen sein könnte – gleichsam im Sinne einer Arbeitshypothese von *profaner Religiosität*, über deren Gehalte Dietrich Bonhoeffer in seinen Gefängnisbriefen 1943/44 zum Stichwort „religionsloses Christentum" (vgl. Bonhoeffer 1998, 405[14]) reflektiert hat.

---

[12]   Vgl. Scherer 1999, 91: „Der Mensch tritt aus der Natur heraus und stellt sie sich gegenüber. In seinem ‚Seinskern' übersteigt er alles, um nach seinem Standort in der Wirklichkeit zu fragen. So wird er ‚weltexzentrisch'. Er kann weder in sich selbst noch in der Welt seinen Mittelpunkt gewinnen. Sucht er ihn, muss er über sich selbst hinausgehen."

[13]   Kursiv im Original.

[14]   In einem Brief an Eberhard Bethge v. 30.4.1944: „Wie sprechen (oder vielleicht kann man eben nicht einmal mehr davon ‚sprechen' wie bisher) wir ‚weltlich' von ‚Gott', wie sind wir ‚religionslos-weltlich' Christen, [...] Herausgerufene, ohne uns religiös als Bevorzugte zu verstehen, sondern vielmehr als ganz zur Welt Gehörige? Christus ist dann nicht mehr Gegenstand der Religion, sondern etwas ganz anderes, wirklich Herr der Welt. Aber was heißt das? Was bedeutet in der Religionslosigkeit der Kultus und das Gebet?"

Eliade selbst kommt nach einer geradezu interkontinentalen religionswissenschaftlichen Übersicht zu Elementen des Heiligen in Geschichte und Gegenwart zu dem religionsübergreifenden Fazit: „Der *homo religiosus* glaubt
immer an die Existenz einer absoluten Realität, an die Existenz des *Heiligen.*
[...] Er glaubt, dass das Leben heiligen Ursprungs ist und dass die menschliche
Existenz alle ihre Möglichkeiten insofern aktualisiert, als sie eine religiöse Existenz ist, d.h. teilhat an der Realität" (Eliade 1998, 174[15]). Dass menschliche
Existenz seit Jahrtausenden ihre Wirklichkeit als religiöse Existenz empfunden
und gedeutet hat, dass jede Biographie an ihren Einschnitten, Brüchen und Neu-
anfängen religiös gehaltvolle Passageriten genutzt hat (vgl. ebd., 160-170) und
dass in der Moderne „auch der offenkundig areligiöse Mensch im Grunde seines
Wesens ein religiös orientiertes Verhalten bewahrt" (ebd., 181) – alles das ist für
Eliade unabweisbar. Aber welche Zukunftsprognose Eliade dem Konstrukt Religiosität in der unaufgelösten Spannung zwischen *dem Heiligen und dem Profanen* stellt, bleibt merkwürdig undeutlich, bildhaft und nicht festgelegt: „So
empfängt der areligiöse Mensch der modernen Gesellschaften zwar immer noch
Nahrung und Hilfe aus der Tätigkeit seines Unbewussten, aber die eigentlich
religiöse Welt vermag er nicht mehr zu sehen und zu erleben" (ebd., 183). Mit
diesem Fazit wirft Eliade am Schluss eher neue Fragen auf, als dass er sie beantwortet: Ist die *religiöse Welt* so etwas wie das versunkene Atlantis, von dem
nurmehr in Sagen die Rede ist und dessen Bezugsorte allenfalls spekulativ loka-
lisiert werden können? Ist das Religiöse, das ins Unbewusste gesunken ist, für
die Rationalität moderner Welt- und Lebensdeutung irreversibel unzugänglich?
Oder ist das *Nicht-mehr-sehen-können* bzw. das *Nicht-mehr-erleben-können* der
religiösen Welt nur eine Chiffrierung für die immer schon bekannte und verwendete Sprache der Symbole, die in der – vermeintlich – areligiösen Welt der
(Post-)Moderne als Fremdsprache neu und mühsamer als früher gelernt werden
muss, aber zur intersubjektiven und interkulturellen Verständigung notwendiger
als je zuvor ist? Eliade mag diese Fragen „den Philosophen, den Psychologen
und den Theologen" (ebd.) überlassen wollen; aber auch wenn das versunkene
Atlantis aus den Tiefen nicht wieder auftaucht, bleibt sein Bild semantisch zugänglich, weil Sprache zu religiösen Dechiffrierungen immer fähig ist und weil
über Sprache Wirklichkeit und intersubjektive Verständigung immer wieder neu
zustande kommen.

3. Fazit: Religiosität im interdisziplinären Diskurs

Der vorangegangene Überblick benennt ausgewählte theoriegeschichtlich-
kulturhistorische Stationen und Positionen seit der Reformation des 16. Jahrhunderts, die Verhältnisbestimmungen zwischen Religion und Religiosität sowie
zwischen religiösen Elementen menschlicher Lebenswirklichkeit und -deutung
einerseits sowie nichtreligiös-profanen Deutungselementen andererseits zum

---

[15]   Kursiv im Original.

Ausdruck bringen. Die angetroffene Vielfalt der Definitionen und Positionen, die z.T. aufeinander aufbauen bzw. sich ergänzen oder aber im Widerspruch zueinander stehen, hindert die Religiositäts-Debatte – glücklicherweise – daran, sich nur auf eine einzelne Konstruktion der Wirklichkeit mit Hilfe religiöser Interpretamente einzulassen.

Aus vornehmlich religionspädagogischer Perspektive liegt es nahe, abschließend nach den Möglichkeiten eines interdisziplinären Diskurses vor allem unter dem Aspekt zu fragen, wie vor dem Hintergrund der Entwicklungsgeschichte des Konstrukts Religiosität religiöse Lernprozesse in der gesellschaftlichen Entwicklung wahrgenommen und interpretiert werden können. Dass sich dieses wissenschaftliche Frageinteresse mit kirchlicher Selbstwahrnehmung und -interpretation, die sich die empirischen Sozialwissenschaften zunutze machen, verbinden lässt, zeigen die Mitgliedschaftsstudien der evangelischen Kirche seit den 1970er Jahren. Die Verbindungen zwischen religiösen Deutungselementen generell, der institutionell gewordenen Religion in Kirchen und Konfessionen und den gesellschaftlichen Konstitutionsbedingungen, die gleichermaßen auf *Religiosität* und auf *Religion* basieren und diese fortentwickeln, sind in den Studien seit 1974 immer wieder thematisiert worden. In der Interpretation der Erhebung von 1993 findet sich eine Positionsbestimmung, die auf diese vielfältigen Verbindungen eingeht:

„In Identifikation, Anknüpfung und Widerspruch bezieht sich die Kommunikation unserer Gesellschaft auf Symbole wie das Kreuz, klassische Texte der Bibel wie die Zehn Gebote und die Bergpredigt, die Erzählungen vom verlorenen Sohn und vom barmherzigen Samariter, ethische Grundhaltungen wie Nächstenliebe und Barmherzigkeit, die Riten der biographischen Begängnisse, das Brauchtum an Festen und die damit erinnerten Gehalte des Evangeliums. In dem allen werden Wirklichkeitsdeutungen deskriptiv und präskriptiv tradiert, die als Übereinkünfte der Sozialisation und Individuation, der Handlungsleitung und Kontingenzbewältigung dem einordnenden, aber auch kritischen Weltverständnis vorausliegen. Dass dies auch in Zukunft möglich bleibt, liegt nicht allein im Interesse der Kirche, sondern dient sowohl dem Zusammenhalt der Gesellschaft als auch ihrer Vermenschlichung" (Engelhardt u.a. 1997, 349).

Zentrale biblische Inhaltsmotive werden nicht nur als gleichsam allgemeinbildende Kognitionen verstanden, sondern beeinflussen das kommunikative Handeln der gesellschaftlichen Werteverständigung. Biographische Passagen werden ebenso wie die kulturellen Festzyklen durch christlich-religiöse Riten, Kulthandlungen und theologische Interpretamente konstituiert, wobei lediglich *erinnerte Gehalte des Evangeliums* eine eher schwache und schmale biblisch-theologische Basis dokumentieren, denen in konkreter religiöser Praxis bisweilen doch eine *Vergegenwärtigung des Evangeliums* gegenübersteht – das ist jedenfalls eine wesentliche Intention religionspädagogischer Konzepte für religiöses Lernen in Schule, Kirche und Gesellschaft, auch in Zeiten manifester oder vermuteter religiöser „Traditionsabbrüche". Religiöses Lernen ist Teil sozialisatorischer und identitätsbildender Prozesse, die dem Individuum nicht weniger als dem gesellschaftlichen Ganzen zugute kommen. Diese Bedeutung religiösen Lernens – in intentionalen ebenso wie in okkasionalen Kontexten – für das Hu-

manum einer Gesellschaft greift ein fast 40 Jahre altes Theorem auf, das der
Staatsrechtler, Rechtsphilosoph und ehemalige Bundesverfassungsrichter Ernst-
Wolfgang Böckenförde (2000, 112) so formuliert hat: „Der freiheitliche, säkularisierte Staat lebt von Voraussetzungen, die er selbst nicht garantieren kann". In
seinem Rekurs auf die Säkularisierung des Staates fragt er ausdrücklich nach
dessen Konstitutionsbedingungen und erlernbaren Wertorientierungen, die diese
Säkularität selbst nicht generieren kann. Ob diese *Voraussetzungen* nur durch
religiöse Sinn- und Deutungsgehalte gespeist werden, lässt Böckenförde hier
offen; dass diese *Voraussetzungen* auf Religiosität im engeren und im weiteren
Sinn unausweichlich angewiesen sind, steht außer Frage[16]. Keineswegs zufällig
greift Jürgen Habermas in seiner Debatte mit dem damaligen Kardinal Joseph
Ratzinger (und späterem Papst Benedikt XVI.) Anfang 2004 Bockenfördes Theorem auf und erneuert die Vermutung, dass der demokratische Verfassungsstaat
„auf autochthone weltanschauliche oder religiöse, jedenfalls kollektiv verbindliche ethische Überlieferungen angewiesen ist" (Habermas / Ratzinger 2005, 16).
Die theoriegeschichtlich-kulturhistorische Perspektive, über Religiosität zu de-
battieren, ist damit nicht an einem Schlusspunkt angelangt, sondern zunehmend
auf weiter führende Perspektiven mitten in der vermeintlichen oder tatsächli-
chen Säkularität angewiesen. Diese Inhaltsmotive kreisen um die Bedeutungs-
gehalte des Konstruktes Religiosität, wie sie in diesem Überblick zur Sprache
kommen. Die Unabgeschlossenheit seiner Darstellung kann den weiteren Diskurs über Religiosität eröffnen und bereichern.

Literatur

Bochinger, Christoph: Art. „Religiosität", in: RGG Bd. 7, Tübingen ⁴2004, 413f.
Böckenförde, Ernst-Wolfgang: Die Entstehung des Staates als Vorgang der Sä-
    kularisation [1967], in: Ders., Recht, Staat, Freiheit. Studien zur Rechtsphi-
    losophie, Staatstheorie und Verfassungsgeschichte, Frankfurt/M. ³2000, 92–
    114.
Bonhoeffer, Dietrich: Widerstand und Ergebung. Briefe und Aufzeichnungen
    aus der Haft, hg. v. Gremmels, Christian u.a. DBW Bd. 8, Gütersloh 1998.
Clayton, John: Art. „Tillich", in: TRE Bd. 33, Berlin / New York 2002, 553–
    565.
Eliade, Mircea: Das Heilige und das Profane. Vom Wesen des Religiösen
    [1956], Frankfurt/M. / Leipzig 1998.

---

[16]   Über diese Frage hat der Verf. im Oktober 2005 mit rumänisch-orthodoxen Studierenden
       an der Babeş-Bolyai-Universität in Cluj Napoca (Klausenburg) intensiv diskutiert; ge-
       meinsames Fazit war, dass sich selbst Atheisten bzw. Angehörige einer atheistisch deter-
       minierten Gesellschaft religiösen Elementen der Wirklichkeitsdeutung nicht entziehen
       (wollen).

Engelhardt, Klaus / Loewenich, Hermann von / Steinacker, Peter (Hg.): Fremde Heimat Kirche. Die dritte EKD-Erhebung über Kirchenmitgliedschaft, Gütersloh 1997.

Fritsche, Johannes: Art. „Religiosität", in: Ritter, Joachim / Gründer, Karlfried (Hg.): Historisches Wörterbuch der Philosophie Bd. 8, Darmstadt 1992, 774–780.

Habermas, Jürgen / Ratzinger, Joseph: Dialektik der Säkularisierung. Über Vernunft und Religion, Freiburg i.Br. / Basel / Wien [2]2005.

Hemel, Ulrich: Art. „Religiosität", in: LexRP Bd. 2, Neukirchen-Vluyn 2001, 1839–1844.

Herms, Eilert: Art. „Herder", in: TRE Bd. 15, Berlin / New York 1986, 70–95.

Janke, Wolfgang: Art. „Fichte", in: TRE Bd. 11, Berlin / New York 1983, 157–171.

Lanczkowski, Günter: Art. „Heiligkeit I. Religionsgeschichtlich", in: TRE Bd. 14, Berlin / New York 1985, 695–697.

Luther, Martin: Vorlesung über Jesaja. 1527/29, in: Esaiam Scholia ex D. Martini Lutheri praelectionibus collecta. 1532/34, WA Bd. 25, 87–401.

Nowak, Kurt: Schleiermacher. Leben, Werk und Wirkung, Göttingen 2001.

Preul, Reiner: Art. „Religion III. Praktisch-theologisch", in: TRE Bd. 28, Berlin / New York 1997, 546–559.

Rentsch, Thomas: Art. „Religion", in: Mittelstraß, Jürgen (Hg.): Enzyklopädie Philosophie und Wissenschaftstheorie Bd. 3, Stuttgart / Weimar 1995, 577–579.

Scherer, Georg: Art. „Scheler", in: TRE Bd. 30, Berlin / New York 1999, 87–92.

Simon, Josef: Art. „Hegel/Hegelianismus", in: TRE Bd. 14, Berlin / New York 1985, 530–560.

Religiosität als Gegenstand empirischer Forschung

Manfred L. Pirner

0. Vorbemerkungen

Empirische Forschung braucht eine erkenntnisleitende Theorie, welche Fragestellungen aufwirft sowie Auswahl- und Interpretationsprozesse ermöglicht.
Dieser Beitrag soll der Frage nachgehen, in welcher Weise „Religiosität" als
theoretisches Konzept nach dem gegenwärtigen Forschungsstand konstruktiv
für empirische Untersuchungen genutzt wird und werden kann. Dabei werden
nicht so sehr bestimmte Theorien oder empirische Studien vorgestellt, sondern
es wird versucht, gleichsam *auf einer Meta-Ebene* zu skizzieren, welche Aspekte eine für die Empirie „brauchbare" Theorie berücksichtigen müsste. Hierzu
wird zwar immer wieder exemplarisch sowohl auf Theorien als auch auf empirische Untersuchungen verwiesen, wobei ein Schwerpunkt auf der soziologisch-
kulturwissenschaftlichen Perspektive liegt. Ein Gesamtüberblick über die gegenwärtige empirische Forschung zum Thema Religiosität ist jedoch weder an-
gezielt noch in dem knappen vorgegebenen Rahmen möglich.

Jedenfalls aber soll hier einer in der (jüngeren) Forschung feststellbaren Erscheinung entgegengewirkt werden, die sich als *Tendenz zum Pragmatismus*
charakterisieren lässt und mit der komplexen, prinzipiell unlösbar erscheinenden
Problematik einer gültigen Definition von „Religion" bzw. „Religiosität" (vgl.
auch Bröking-Bortfeldt 2002 und in diesem Band) begründet wird. Bereits
Charles Y. Glock vertrat bekanntlich die Ansicht, es gebe unter wissenschaftlicher Perspektive keine wahren und falschen Definitionen von Religion, sondern
„lediglich solche, die mehr oder weniger fruchtbar und ertragreich sind" (Barz
1992, Bd. 1, 118). Eine schon fast paradoxe Zuspitzung erfährt der Forschungs-
pragmatismus, wenn lapidar festgestellt wird, Religiosität sei letztlich eben das,
was das Untersuchungsinstrumentarium messe. Ich will hier nicht das Recht und
den Sinn in Frage stellen, für empirische Untersuchungen eine jeweils zum For-
schungsdesign passende Arbeitsdefinition in Anschlag zu bringen. Es soll allerdings betont werden, dass eine solche nur auf der Basis gründlicher theoretischer Reflexion so erstellt werden kann, dass Nachvollziehbarkeit gewährleistet
und eine unkontrollierte „Übernahme unreflektierter Voraussetzungen" (Pollack
2003, 29) vermieden wird. Im Folgenden werden zentrale und insbesondere –
nach meinem Eindruck – tendenziell unterbelichtete Aspekte benannt.

1. Subjektivität und erkenntnisleitendes Interesse

Bei einem stark existenziell und emotional getönten Gegenstand wissenschaftlicher Forschung wie Religion bzw. Religiosität – zu dem man sich nicht nicht verhalten kann – kann eine Vernachlässigung der kritischen Selbstaufklärung von WissenschaftlerInnen zu problematischen Konsequenzen führen. So hat z.B. Sylvia Thonak überzeugend nachgewiesen, dass in den viel zitierten und politisch einflussreichen Shell-Jugendstudien eine forschungskonzeptionelle und -methodische Marginalisierung und Engführung des Themas Religion festzustellen ist, die teilweise in frappierendem Kontrast zur Vielfalt und Bedeutsamkeit religiöser Aspekte insbesondere der Selbstaussagen der Jugendlichen im qualitativen Untersuchungsteil stehen (vgl. Thonak 2003). Aber auch empirische Untersuchungen im Bereich von Kirche, Theologie und Religionspädagogik bedürfen einer besonders aufmerksamen Selbstaufklärung der beteiligten ForscherInnen über ihre erkenntnisleitenden Interessen, gerade weil diese WissenschaftlerInnen häufig ein enges Verhältnis zum Untersuchungsgegenstand haben. Nicht zu Unrecht fordert Heiner Barz im Anschluss an einen Forschungsüberblick: „Wenn katholische und evangelische Theologieprofessoren und kirchentreue Religionssoziologen Studien zum Stellenwert von Religion und Glauben in der heutigen Welt verantworten, sollte man genau hinschauen ..." (Barz 2003, 30). Gleiches gilt allerdings umgekehrt für kirchen- und religionskritische Forscher! Beide, religionskritische und religionsaffine WissenschaftlerInnen, neigen manchmal immer noch einerseits zu einem positivistischen Verständnis von Empirie und andererseits zu einer Überschätzung der eigenen Fähigkeit zur – die subjektiven Vorverständnisse „einklammernden" – Distanznahme. Stattdessen legt der aktuelle Stand der erkenntnistheoretischen Diskussion viel eher nahe, dass ForscherInnen sich selbst und ihren LeserInnen die unausweichliche Perspektivität ihrer Untersuchungen eingestehen und sie bei der Interpretation der Daten in Rechnung stellen (vgl. hierzu u.a. Meinefeld 1995).

Bereits in den 1980er Jahren hat Benjamin Beit-Hallahmi sehr eindrücklich gezeigt, wie stark die Forschungen von bekannten (Religions-)Psychologen wie Freud, Fromm, Allport und Zilboorg durch deren eigene subjektive und gesellschaftlich geprägte Einstellungen zum Thema Religion/Religiosität beeinflusst waren:

„One's religious tradition is going to have an effect on one's work as a psychologist of religion in terms of the choice of questions for research, the interpretation of findings, and the formulation of a general theory of religion." (Beit-Hallahmi 1985, 20, zit. nach Huber 1996, 66).

Dies betrifft natürlich in besonderer Weise auch das „erkenntnisleitende Interesse" von empirischen Untersuchungen. Die Gründe, warum man sich einem Untersuchungsgegenstand unter dem Begriff „Religiosität" zuwendet, können sehr unterschiedlich sein und z.B. von exklusivistischen (wir brauchen „ordentliche' Religion statt nebulöse Religiosität), inklusivistischen (es gibt mehr Religiosität als Religionskritiker denken) oder anthropologisch-apologetischen (Religiosität

ist eine anthropologische Konstante und darum auch in einer säkularisierten Gesellschaft bedeutsam) Motiven geleitet sein. Das Beispiel von G.W. Allport
zeigt, dass eine ausgeprägte subjektive Religiosität und ein starkes erkenntnis-
leitendes Interesse sich durchaus erkenntnisfördernd auswirken können: Allports
Unterscheidung von intrinsischer und extrinsischer Religiosität erwies sich als
ein tragfähiges Konzept, auch wenn – oder gerade weil – es deutlich aus dem
Bemühen geboren wurde, Zusammenhänge zwischen Religiosität und rassisti-
schen Vorurteilen zu widerlegen (vgl. Huber 1996, 64f.). Dies unterstreicht zum
einen die Forderung, eigene subjektive Einstellungen und erkenntnisleitende
Interessen als ForscherIn möglichst umfassend und selbstkritisch offenzulegen
statt lediglich die eigene Distanz und Neutralität bzgl. des Untersuchungsge-
genstandes zu beteuern, auch wenn eine professionelle Distanzierungsbemü-
hung konstitutiver Standard wissenschaftlicher Forschung bleiben muss. Zum
anderen wird deutlich, dass gerade dezidierte disziplinäre (soziologische, psychologische, theologische usw.) und erkenntnisleitende Perspektiven unterschiedliche und charakteristisch-spezifische Zugänge zum Thema Religiosität
eröffnen und eine facettenreiche Erforschung der Phänomene ermöglichen.

Ein positives Beispiel für den Umgang mit subjektiver Voreingenommenheit und erkenntnisleitenden Interessen geben Ziebertz / Kalbheim / Riegel, die an mehreren Stellen ihrer Studie ihre
praktisch-theologische und religionspädagogische Perspektive offen legen, deren „Entde-
ckungs- und Verwendungszusammenhang mit dem Interesse an einer Zukunft von Religion
verbunden ist" (2003, 14; vgl. v.a. auch: Kap. 5).

2. Wer konstruiert „Religiosität"?

Monika Jakobs betont im Anschluss an Joachim Matthes zu Recht, dass Religiosität immer diskursiv und kontextuell zu bestimmen ist (Jakobs 2002 und in
diesem Band). Für einen konkreten empirischen Forschungsansatz bedeutet
dies, dass erstens über die Beteiligung und Gewichtung von „Diskurspartnern"
zu entscheiden und Rechenschaft zu geben ist und zweitens die semantischen
Differentiale bei der Verwendung von Begriffen zu beachten sind.

    Zum Ersten: Es lassen sich strukturanalytisch grob fünf typische Diskurs-
partner unterscheiden, nämlich a) die forschende Wissenschaftlerin / der Wissenschaftler / die Wissenschaftler-Gruppe, b) die „Wissenschaft" als in sich differenziertes Diskursfeld, c) die institutionalisierten Religionen mit ihren Traditionen, d) die „Lebenswelt" als wiederum in sich differenziertes Kommunikati-
onsfeld des „common sense" und schließlich e) die untersuchten Individuen.
Überlegt werden muss, von welchem Diskursteilnehmer aus das Verständnis
von Religiosität primär entwickelt werden soll, wie eine kommunikative Anschlussfähigkeit zwischen unterschiedlichen Begriffsverständnissen erreicht
werden kann und wer schließlich das „letzte Wort" hat. Denkbar sind eher *de-
duktive Modelle,* die aus der wissenschaftlichen Theorie oder von traditioneller
Religion her Konzepte von Religiosität entwickeln und auf Probanden „anwen-
den", ohne deren Selbstverständnis als „religiös" oder „nicht religiös" sowie

deren inhaltliches Verständnis von „Religiosität" maßgeblich zu berücksichtigen. *Eher induktive Modelle* werden stärker vom lebensweltlich geprägten (Selbst-)Verständnis der Probanden bzw. von deren Beobachtung oder Selbstbeschreibung her Verbindungslinien zur wissenschaftlichen Diskussion und Definition von Religiosität suchen. Wie oben angedeutet, könnte man beispielsweise den Leitern der Shell-Studien vorwerfen, dass sie zu deduktiv von einem stark verfalls- bzw. säkularisationstheoretisch bestimmten Paradigma von Religiosität ausgegangen sind und zu wenig induktiv von den Pre-Tests und dem vorgefundenen Datenmaterial her ihre Untersuchung konzipiert sowie deren Auswertung vorgenommen haben. Auch ein grundsätzlich notwendiges *rekursives Verfahren*, das die empirischen Ergebnisse noch einmal kritisch auf das Theoriedesign zurück bezieht bzw. in einen kommunikativen Prozess zwischen Theorie und Empirie überführt, scheint hier zu wenig gegriffen zu haben. Besonders deutlich wird unter diesem Aspekt, dass solche Verfahrensmodelle durchaus mit inhaltlichen Fragen zusammenhängen, was im nächsten Abschnitt noch genauer beleuchtet werden soll.

Zum Zweiten: Es empfiehlt sich, ein besonderes Augenmerk auf die semantischen Differentiale, d.h. die unterschiedlichen inhaltlichen Bestimmungen von Begriffen in unterschiedlichen Kontexten und von unterschiedlichen Gruppen, zu richten. Dies betrifft nicht nur die Begriffe „Religiosität", „Religion" und „religiös", die z.B. in der wissenschaftlichen Religionssoziologie manchmal anders verstanden werden als in lebensweltlichen Kontexten oder wie sie von bestimmten Individuen gesehen werden, sondern auch zentrale Item-Begriffe, die zur Erfassung von „Religiosität" entwickelt werden. So neigt z.B. die theologische Wissenschaft dazu, Gott in der Frage „Glauben Sie an Gott?" selbstverständlich als personale Größe zu verstehen, während viele unserer Zeitgenossen mit dem Namen eine eher nebulöse höhere Kraft verbinden. Ebenso lässt die Frage „Glauben Sie an ein Leben nach dem Tod" eine ganze Bandbreite von Interpretationen zu, die von einer christlichen Auferstehungshoffnung bis zu einer östlichen Wiedergeburtsvorstellung reichen. Diese Gefahr einer fälschlicherweise unterstellten Gleichsinnigkeit von gleichen Begriffen verweist u.a. forschungsmethodisch auf die Grenzen quantitativer Befragungen.

3. Kultur als Referenzpunkt von „Religiosität"

„Religiosität" ist im Kontext der soziologischen und (sozial-)psychologischen empirischen Forschung als ein begriffliches Rahmen-Konstrukt bestimmbar, das einen Spielraum für unterschiedliche inhaltliche Füllungen und Akzentuierungen lässt, also positiv gesehen Flexibilität ermöglicht angesichts der sich verändernden gesellschaftlichen Situation. Mehrere Beiträge des vorliegenden Bandes machen zudem deutlich, dass die Entwicklung des Religiositätsbegriffs selbst als Teil und Ausdruck der gesellschaftlichen Veränderungen begriffen werden kann, die meist mit Schlagworten wie Ausdifferenzierung, Pluralisierung und

Individualisierung sowie Distanzierung von traditioneller Religion gekennzeichnet wird.

Formal-systematisch lassen sich zwei Pole ausmachen, zwischen denen sich
das Bedeutungsfeld von „Religiosität" aufspannt:

Die Kultur, in einem weiten Sinn verstanden als die Welt der Bedeutungen, die
dem Menschen vom Beginn seines Lebens an begegnet und deren Basis das soziale Zusammenleben der Menschen als Gesellschaft ist.

Das Subjekt, d.h. das menschliche Individuum in seiner Einzigartigkeit, das von
seiner Natur und Kultur bestimmt wird, aber dennoch über einen interaktiv er-
spielten Freiheitsraum relativer Autonomie verfügt.

Diese Pole können nicht nur schwerpunktmäßig der soziologischen und der
psychologischen Untersuchung von Religiosität zugeordnet werden, sondern aus
dieser sehr groben Bestimmung lassen sich auch weitere Schlüsse für die Forschung in beiden (und anderen) Disziplinen ziehen. Eine Konzeptualisierung
von Religiosität ist demnach *erstens* angewiesen auf eine Kultur- und Gesellschaftstheorie, welche eine möglichst umfassende Bandbreite und Vielfalt von
„Religion" in den Blick zu nehmen erlaubt.

Die traditionell getroffene Unterscheidung zwischen „Religion" und „Kultur" / „Gesellschaft" neigt dazu, zu verkennen, dass einerseits Religion selbst
eine kulturelle Größe darstellt und andererseits in einer ausdifferenzierten Gesellschaft „Religion" zwar grundsätzlich als eigenständiger Kulturbereich in
Erscheinung tritt, gleichzeitig aber auch in vielfältiger, z.T. fragmentarischer
oder transformierter Weise in anderen Kulturbereichen „vorkommt". Auch die
Alternativstellung institutionalisierte Religion – individualisierte Religion ten-
diert zur Ausblendung der mannigfachen kulturellen und sozialen Bezüge. Die
häufig zitierte christentumstheoretische Unterscheidung von Dietrich Rössler
zwischen kirchlichem Christentum, gesellschaftlichem oder öffentlichem Christentum und individuellem oder privatem Christentum (Rössler 1986, 81f.) ist
dagegen hilfreich, wenn und insofern sie eine weitere Differenzierung pluraler
innerkirchlicher und außerkirchlicher christlicher und religiöser „Kulturen" bzw.
„Milieus" nicht verhindert sowie die Frage nach Wechselwirkungen zwischen
den drei Formen des Christentums mit impliziert. Insbesondere sind hier die
Bereiche der „impliziten Religion" bzw. der „religiösen Äquivalente" sowie der
religioiden (religionsähnlichen) Erscheinungen zu berücksichtigen (dazu unten
mehr).

Theorien und Untersuchungen zur Religiosität können sich jedenfalls nicht
länger ausschließlich auf „verfasste", explizite Religion(en) beziehen, sondern
müssen auch diese Arten von „*kultureller Religion*"[1] als mögliche Bezugspunkte

---

[1]   Der Begriff „kulturelle Religion" wird hier weit gehend in Entsprechung zu Rösslers
      Begriff „gesellschaftliches Christentum" bzw. zum Begriff „kulturelles Christentum" bei
      Ziebertz u.a. (2003, 34) verwendet mit der Intention, die vielfältige, teilweise „implizite"
      Präsenz von „Religion" in anderen Kulturbereichen als denen der verfassten Religionen
      zu benennen. Im englischsprachigen wissenschaftlichen Diskurs ist die Bezeichnung

ernst nehmen, die ihre eigenen Formen von „Religiosität" ausprägen können. Dabei wird deutlich, dass hier nicht nur eine Theorie der Religion, sondern eben umfassender eine *Theorie der Kultur* benötigt wird, die es erlaubt, die vielfältigen Wechselbeziehungen von „Religion" und (anderen Bereichen der) „Kultur" differenziert zu erfassen, und die damit rechnen lässt, dass Individuen oder Gruppen „Religion" in unterschiedlicher Weise gebrauchen, etwa als Modeaccessoire (z.B. Kreuzanhänger, Mariabilder auf Unterwäsche) oder zur Unterhaltung (z.B. Religion im Film). Der theoretische Ansatz, dem man sich hier zuwendet, kann erhebliche Weichenstellungen für empirische Untersuchungsdesigns implizieren. So wird etwa eine systemtheoretische Sicht eher die Eigenlogik der einzelnen Kulturbereiche betonen, während intertextuelle Perspektiven, wie sie von der Semiotik oder von den Cultural Studies her entwickelt wurden, gerade die Bedeutsamkeit der Beziehungsgeflechte von kulturellen Sphären in den Blick kommen lassen (vgl. Pirner 2003, 32ff.).

Darüber hinaus möchte ich vorschlagen, kulturtheoretisch *zwischen einem horizontalen und einem vertikalen religiösen Pluralismus zu unterscheiden*. Ein horizontaler religiöser Pluralismus ist gekennzeichnet von dem Nebeneinander von (unterschiedlichen Formen von kirchlichem) Christentum, anderen großen Religionen wie Islam, Buddhismus oder Judentum, von kleineren Gemeinschaften wie Zeugen Jehovas und so genannten „Sekten" bis hin zu esoterischen Zirkeln und – manchmal soziologisch schwer fassbaren – „Bewegungen". Unter den Bedingungen eines horizontalen Pluralismus kann es aktuell zu wechselseitigen Einflüssen bis hin zu synkretistischen Mischungen kommen. Unter vertikalem religiösem Pluralismus verstehe ich die *vielfache Schichtung* insbesondere von großen, traditionellen Religionen, wie sie primär unter synkretismustheoretischer Perspektive beschrieben worden ist (Siller 1991). Demnach finden sich z.B. im gegenwärtigen mitteleuropäischen Christentum sowohl „Grundschichten" altorientalischer Götter- und Fruchtbarkeitsmythen als auch jüdischer Jahwe-Religion, Einflüsse der altgriechischen und römischen Göttervorstellungen und Religionspraxis bis hin zu germanischen Mythen und Praxen, die im Zuge der Germanisierung des Christentums von diesem assimiliert worden sind. Es gibt demnach im Grunde überhaupt keine „reine" Religion, sondern jede Religion greift auf vorhandene kulturelle Bestände zurück und setzt – semiotisch gesprochen – die Semiose der Zeichen fort.

Für die empirische Forschung muss aus dieser Perspektive damit gerechnet werden, dass sich Schichten und Elemente, die eigentlich von einer Religion integriert worden sind, unter bestimmten Umständen neu aktualisieren und auch in Spannung zur oder geradezu gegen die Logik oder „Grammatik" der betref-

---

„cultural religion" offensichtlich von Catherine Albanese im Anschluss an Bellah's „civil religion" zur Benennung einer solchen kulturellen Präsenz von Religion eingeführt worden (vgl. Albanese 1982, 322) und wird u.a. auf Kulturbereiche wie Sport oder Literatur angewandt (Reich 2001, Golphin 2003; in seiner älteren Zweitbedeutung meint der Begriff „cultural religion" „Kulturreligion" im Unterschied zu „Naturreligion").

fenden Religion durchsetzen können. So hat z.B. Harald Wagner den Fortbestand einiger christlicher Festbräuche im säkularen deutschen Osten durch den Rückbezug dieser Bräuche auf „tiefer" liegende, ältere Fruchtbarkeitskulte und andere rituelle Begehungen zu erklären versucht und dazu auf Ansätze der Synkretismusforschung sowie der Diskussion um das „kulturelle Gedächtnis" (Halbwachs, Assmann) zurück gegriffen (Wagner 2000).

4. Das Subjekt als Referenzpunkt von „Religiosität"

Eine Konzeptualisierung von Religiosität ist *zweitens* angewiesen auf eine Theorie des Subjekts, welche Fragen der Wechselwirkung zwischen Subjekt und Kultur (im Sinne der Entkulturation, Sozialisation, Erziehung und Bildung) mit umfasst. An dieser Stelle zeigt sich auch eine besondere Relevanz bildungstheoretischer Grundfragen und Erkenntnisse für soziologische und psychologische Forschungen (vgl. Kunstmann in diesem Band). Eine Theorie des Subjekts wird nach meiner Einschätzung insbesondere in religionssoziologischen Untersuchungen häufig vernachlässigt. In ihr entscheidet sich aber zu einem erheblichen Teil, von woher Religiosität verstanden wird und wer bestimmt, was als Religiosität verstanden wird. Es kann hier nur angedeutet werden, dass für diese theoretischen Klärungen sowohl die neueren philosophischen und theologischen Subjekttheorien eine Rolle spielen als auch der Diskurs um ein angemessenes Verständnis von Erfahrung, in dem letztlich die Problematik des Subjekt-Objekt-Bezugs thematisiert wird.

Zur Einschätzungshilfe der Tragweite einer Subjekt-Theorie für die Bestimmung von Religiosität soll hier lediglich ein grobes idealtypisches Orientierungsraster skizziert werden.

Typ 1: Das Subjekt ist autonom
Daraus folgt: Es kann frei aus dem „Angebot" der Religionen, Weltanschauungen und Lebensstilen wählen und stellt sich in einer pluralen Gesellschaft seine „patchwork-Religion" zusammen. In der Aneignung wird das Subjekt als aktiv-konstruktiv gesehen: Es selektiert nicht nur, sondern baut das Selektierte auch eigensinnig in seine Welt- und Wirklichkeitssicht ein; es konstruiert seine eigene Religiosität. (Religiöse) Erfahrung wird hier tendenziell auf der Basis eines unmittelbaren Selbstbewusstseins oder Selbstgefühls verstanden. Religiös ist nur, was das Subjekt selbst als religiös versteht. Das Subjekt ist sich selbst durchsichtig und über sich selbst aufgeklärt. Deshalb kann man sich auf seine Selbstaussagen verlassen. Alle Fremdzuschreibungen müssen an den Selbstaussagen überprüft werden.

Typ 2: Das Subjekt ist heteronom bestimmt
Daraus folgt: Das Subjekt ist auch in seiner Religiosität von außen (fremd)bestimmt. Es wird von seinem unvermeidlichen und oftmals unbewussten Eingewobensein in Kultur und soziale Bezüge („Lebenswelt") geprägt. Religiosität wird insofern tendenziell als soziales Phänomen, als eine Frage der Kultur-, Milieu- oder Gruppenzugehörigkeit verstanden. (Religiöse) Erfahrung ist niemals unmittelbar, sondern immer kulturell bedingt (sozial konstruiert), sie verläuft – trotz aller Interaktivität – tendenziell von außen nach innen. Sprache und Kultur werden als Erfahrungssysteme verstanden, die bestimmte Erfahrungen erst ermöglichen. Religiös ist das Subjekt dadurch, dass es in einem oder mehreren religiösen Kontexten lebt bzw. von diesen geprägt ist. Es kann sich dessen bewusst sein oder auch – etwa im Fall impliziter Religion bzw.

Religiosität – unbewusst religiösen kulturellen Mustern folgen – was dann nur die Religiositätsforscherin von außen erkennen kann.

Typ 3: Das Subjekt ist intranom bestimmt
Daraus folgt: Das Subjekt ist in seiner Religiosität unvermeidlich von innen (fremd)bestimmt. Es wird von seinem eigenen Unbewussten umgetrieben, das es sich nur sehr begrenzt bewusst machen und kontrollieren kann. Es wird also z.b. von inneren (religiösen) Fragen und Ahnungen geleitet, erkennt diese aber nicht notwendigerweise als religiös. (Religiöse) Erfahrung wird hier als ganz wesentlich im Unbewussten bzw. Vorbewussten verankert gesehen, z.B. in den unthematisch bleibenden Erfahrungen des psychoanalytisch verstandenen „Umgreifenden" in der frühen Kindheit. Religiös ist das Subjekt von jeher durch solche häufig unbewusst bleibenden Primärerfahrungen sowie durch ebenfalls häufig unthematisch bleibende existenzielle Grundfragen. Auch in diesem Fall ist es der Forscher von außen, der die „Religiosität" eines Subjekts besser bestimmen kann als es selbst.

Es kann erhellend sein, gängige Konzepte der Bestimmung von Religion und Religiosität einmal nach dem Raster „kultur-orientiert" und „subjekt-orientiert" durchzugehen. Hier stellt man zunächst einmal eine Neigung fest, „Religion" eher als kulturelle Größe, „Religiosität" dagegen eher als subjektive Größe zu verstehen. So definieren z.b. Ziebertz / Kalbheim / Riegel Religiosität grundsätzlich „als individuelle subjektive Religion" (2003, 18). Unberücksichtigt bleibt bei einer solchen Definition allerdings (zumindest zunächst) die kulturelle Perspektive, wie sie in wissenschaftlichen Begriffszusammenhängen wie „afrikanische Religiosität", „chinesische Religiosität" oder „Religiosität im Mittelalter" deutlich wird (vgl. Oyibo 2004, Yang 2004, Angenendt 2000).

Bei den zu Recht als wegweisend betrachteten mehrdimensionalen Konzepten von Religiosität (vgl. v.a. Huber 1996; siehe auch Jakobs in diesem Band) zeigt sich wiederum häufig ein gewisser „Kurz-Schluss" von Merkmalen institutionalisierter Religion auf individuelle Einstellungen und Verhaltensweisen. Wird beispielsweise die seit Glock vielfach ins Feld geführte rituelle Dimension für den christlichen Bereich ausschließlich auf den institutionalisierten Gottesdienst bezogen, bleiben sowohl individuelle und kleingruppenbezogene Rituale wie Kreuzschlagen oder Hauskreise als auch kulturell pluralisierte Formen wie die Rezeption von Fernsehgottesdiensten oder Pfarrerserien oder das regelmäßige Lesen eines Kalenderblatts unberücksichtigt. Als christlich gekennzeichnete ethische Grundhaltungen übernehmen Jugendliche möglicherweise eher aus Karl-May-Romanen oder aus der Fernsehserie „Eine himmlische Familie" als aus den kirchlichen Katechismen oder sonntäglichen Predigten. Die aus den traditionellen Religionen abgeleitete Sicht von Religiosität vernachlässigt sowohl deren plurale kulturelle Transformationen als auch deren aktive, kreative (und somit ebenfalls oder noch einmal transformierende) Aneignung bzw. Bearbeitung durch Individuen und Gruppen. Zwar wird in der Religionssoziologie bereits seit den 1970er Jahren eine Ausweitung des Religiositätsbegriffs weg von der Engführung auf Kirchlichkeit angemahnt und auch umgesetzt; der Ansatz bei den Subjekten *und zugleich bei den pluralen kulturellen Prägekräften*, von denen diese bestimmt werden, scheint mir aber erst langsam, insbesondere in qualitativen Untersuchungsdesigns, an Boden zu gewinnen.

Wegweisend erscheint mir hier das österreichische Forschungsprojekt, dessen Ergebnisse unter dem Titel „Mega-Trend Religion" veröffentlicht wurde (Polak 2002). Hier wird m.w. erstmals in einer empirischen Untersuchung in systematischer Weise eine Verbindung zwischen subjektiver Religiosität und der „Religionshaltigkeit" von Kulturbereichen wie Medien, Wirtschaft, Werbung, Politik, Wissenschaft (!) und Freizeit hergestellt. Allerdings werden die Ergebnisse aus der empirisch-qualitativen Befragung von 72 Probanden und die eher hermeneutischen Analysen der kulturellen Sphären nur ansatzweise mit einander in Beziehung gesetzt. Als in dieser Hinsicht überzeugender kann die Arbeit von Tatjana Schnell zur „impliziten Religiosität" gelten, die unten referiert wird.

5. Säkularisierung – Pluralisierung – Individualisierung

Mindestens zwei leidenschaftliche interdisziplinäre, primär soziologisch orientierte Diskussionen schlagen sich auch in empirischen Untersuchungen zur Religiosität nieder. Dies ist zum einen der Diskurs um Gültigkeit bzw. Brauchbarkeit des Säkularisierungstheorems, und zum anderen – und teilweise mit ersterem zusammenhängend – der Streit um Wahrheit und Wert der Individualisierungsthese. Die Diskussionen können und sollen hier nicht nachgezeichnet werden; einige Problemanzeigen und Perspektiven sollen genügen, um deren Relevanz für die Entwicklung theoretischer Konzepte von Religiosität in empirischer Absicht zu verdeutlichen.

5.1 Säkularisierung oder Pluralisierung?

Einen Einspruch gegenüber allzu forschen Versuchen, die Säkularisierungsthese als „modernen Mythos" über Bord zu werfen und von „de-secularization", „Resakralisierung", „Wiederkehr der Religion" usw. zu sprechen, halte ich mit Detlef Pollack für angebracht (Pollack 2003).[2] Beim Umgang mit dem Säkularisierungstheorem scheint in besonderer Weise die eingangs bereits angemahnte Selbstaufklärung der ForscherInnen über ihre erkenntnisleitende Interessen und über die Funktion der in Anschlag gebrachten Rahmentheorien (z.B. „Postmoderne") notwendig. Notwendig ist nach meiner Sicht auch eine systematische und methodologisch sich ausweisende Unterscheidung zwischen einer – kaum bestreitbaren – Zunahme der Präsenz und Akzeptanz des Religiösen in unserer Gesellschaft einerseits und der verstärkten *Wahrnehmung* von Religiösem durch die Ausweitung des Religionsbegriffs sowie der entsprechenden Untersuchungsinstrumentarien, durch die man „mehr Religion" in den Blick bekommt.

Hilfreich kann sich eine differenzierende Analyse des Säkularisierungstheorems erweisen, wie sie José Casanova (1994) vorgenommen hat. Als Unterthesen des Theorems unterscheidet er 1. die von der funktionalen Differenzierung der Gesellschaftsbereiche und somit deren Emanzipation von der Religion, 2. die vom Verschwinden der Religion am Ende dieses Prozesses und 3. die von

---

[2]   Teilweise wird der „Säkularismus" sogar als neue Religion gekennzeichnet, wobei als berechtigter Kern festzuhalten ist, dass eben auch die säkulare Sicht der Welt eine „Weltanschauung" darstellt. Vgl. hierzu Hildebrandt / Brocker / Behr 2001.

der Privatisierung und Marginalisierung der Religion. Während die These 1 nach wie vor richtig sei, seien die Thesen 2 und 3 neu kritisch zu prüfen und jedenfalls nicht davon auszugehen, dass die drei Aspekte der drei Thesen zwangsläufig mit einander verbunden sind, was sich mit Blick auf Länder wie USA oder Polen leicht zeigen lässt (vgl. dazu auch Pollack 2003, 4, Frank 1995, Sauer 1995).

Als Alternative zur Säkularisierungsthese hat – in Entsprechung zu Casanovas Einschätzung – die These von der Pluralisierung und Transformation (bzw. „Wandel") von Religion immer mehr an Boden gewonnen. Für die empirische Forschung stellt sich nicht nur die Aufgabe herauszufinden, welche These am ehesten gerechtfertigt erscheint, sondern auch die Frage, von welcher These sie sich heuristisch leiten lässt. Dass die heuristischen Theorieperspektiven deutliche Unterschiede für empirische Designs und die Interpretation von Daten mit sich bringen, macht ein Vergleich der Shell-Studien mit der Untersuchung von Ziebertz / Kalbheim / Riegel deutlich. Wie oben bereits angedeutet, führt die primär säkularisierungstheoretische Orientierung der Autoren der Shell-Studien zu einer Marginalisierung von Religion bzw. Religiosität in der Studie selbst, die sich von der Datenlage her kaum rechtfertigen lässt (vgl. Thonak 2003). Ziebertz u.a. wiederum machen immer wieder explizit und pointiert deutlich, dass sie sich primär von der Pluralisierungsthese leiten lassen und stellen deren Vorzüge gegenüber der Säkularisierungssicht heraus, z.B. einen differenzierteren, unvoreingenommeneren und selbstverständlicheren Umgang mit der Vielfalt vorfindlicher Religiositäten, wie er auch dem der heutigen Jugendlichen entspricht, die ja selbst in der Regel keine diachronischen Prozesse von Säkularisierung oder „Verfall" wahrnehmen (vgl. v.a. Ziebertz / Kalbheim / Riegel 2003, 66ff.; zu den theoretischen Grundlagen auch: Schweitzer / Englert / Schwab / Ziebertz 2002).

5.2 Pluralisierung oder Individualisierung?

Auch die Individualisierungsthese, wie sie programmatisch v.a. Ulrich Beck 1986 in seinem Buch „Risikogesellschaft" ausgearbeitet hat, ist in der Soziologie und darüber hinaus kontrovers diskutiert worden (vgl. v.a. Friedrichs 1998). Die häufig anzutreffende Gleichsetzung von Pluralisierung und Individualisierung neigt dazu, neue – und möglicherweise auch „alte" – Formen von Vergemeinschaftung und sozialer Kommunikation zu übersehen sowie die sozialisatorischen Einflüsse von pluralen kulturellen Bereichen auf die Individuen zu unterschätzen. Solche Tendenzen zeigen sich nach meiner Einschätzung auch in empirischen Studien zur Religiosität. Soziologische Schlagwörter wie „Optionsgesellschaft" oder „häretischer Imperativ" unterstützen das Common Sense-Bewusstsein individueller Wahlmöglichkeiten, obwohl diese sich bei genauerem Hinsehen als stärker von Gesellschaft, kulturellen Milieus und Bezugsgruppen gesteuert erweisen als der kulturelle Mythos individueller Wahlfreiheit es glauben machen will. Ein gutes Beispiel für das komplexe Ineinandergreifen von tatsächlicher Wahlfreiheit, (sub-)kultureller Uniformität und kulturell erzeugtem Mythos von unverwechselbarer Individualität bietet die Kleidungsmode. Zudem neigen individualistische Konzepte möglicherweise dazu, sich zu sehr an Gruppen aus bürgerlichen Verhältnissen mit höherem Reflexions- und Bildungsniveau zu orientieren.

Auch unter Beachtung von theologisch-normativen Perspektiven wäre noch einmal zurück zu fragen, ob eine individualistische Bestimmung von Religiosität wirklich gleichermaßen „offen für christliche, muslimische, buddhistische oder andere Formen gelebter Religiosität" (Hemel 2002, 8) ist. Immerhin gibt es in Islam und Buddhismus starke, theologisch motivierte und soziologisch erhebbare Tendenzen, das Individuum in vorgegebene kollektive Rituale und Übungsformen und vorstrukturierte Gemeinschaften einzubinden und gerade keine Ausbildung eigenständig-unverwechselbarer Formen von Religiosität anzustreben.

Als hilfreich für das Erkennen von Mustern und Trends von Religiosität in unserer Gesellschaft – und damit auch als Korrektiv gegen allzu individualistische Religiositätskonzepte – haben sich vorwiegend induktiv erhobene Typologien erwiesen, die z.B. zwischen Areligiösen, Durchschnittschristen, kirchlich Religiösen, engagierten Christen, Synkretisten und außerkirchlich Religiösen unterscheiden (so Pollack / Pickel 2003, 15f.).[3] Solche Typologien bestimmen Religiosität allerdings überwiegend auf einer Skala zwischen Nähe und Distanz zu Kirche und Christentum (so auch Polak 2002, 111; anders Zulehner / Denz 1993[4]). Das bringt aufschlussreiche Einsichten, birgt jedoch die Gefahr einer konzeptionellen Ausblendung des kulturellen Christentums, was teilweise zu fragwürdigen Interpretationen führen kann. So können etwa Jugendliche umso selbstbestimmter erscheinen, je distanzierter sie zu Kirche und Christentum stehen bzw. je mehr sich ihre religiösen Ansichten von christlichen unterscheiden; möglicherweise erscheinen sie aber nur deshalb selbstbestimmt, weil zu wenig berücksichtigt wird, dass andere kulturelle Bereiche durchaus sehr starke und eventuell auch uniformierende Einflüsse auf die Jugendlichen ausüben.

In jüngerer Zeit ist z.B. aus unterschiedlichen wissenschaftlichen Disziplinen auf die weltanschaulich prägende Kraft der Medienkultur aufmerksam gemacht worden (vgl. als Überblick: Pirner 2001). Gerade für Kinder und Jugendliche ist ihre Lebenswelt zu einem guten Teil Medienwelt. Die vorliegenden Analysen legen nahe, dass die in der Medienkultur auffindbaren religiösen oder religionsähnlichen Elemente, Dimensionen und Inhalte sich zu Mustern oder Tendenzen einer „Medienreligion" (mit unterschiedlichen „Konfessionen" oder „Sekten") verdichten, welche insbesondere Heranwachsende in einer Art „religiöser Mediensozialisation" prägen (Pirner 2004).

Generell zeigt sich in der Forschung zur Religiosität, wenn ich recht sehe, ein eklatantes Forschungsdefizit, was die *Frage der Herkunft von religiös-*

---

3   Ziebertz / Kalbheim / Riegel (2003, 395ff.) unterscheiden, bezogen auf Jugendliche, zwischen kirchlich-christlicher, christlich-autonomer, konventionell-religiöser und autonom-religiöser Religiosität; vgl. zu Typologien auch den Beitrag von Ulrich Hemel im vorliegenden Band.
4   Zulehner / Denz 1993 unterscheiden zwischen Kirchlichen, Kulturkirchlichen, Christlichen, Kulturchristlichen und Unchristlichen. Vgl. auch Jakobs 2002, 74.

weltanschaulichen Ansichten und Einstellungen in unserer pluralisierten Gesellschaft angeht, die gerade unter religionspädagogischer Perspektive als hoch relevant gelten kann.[5]

Über die Relativierung der Individualisierungsthese durch die Erhebung von Typologien hinaus ist die mit ihr verbundene These von der Auflösung *sozialer Milieus* gerade für den Bereich der Religiosität in Frage gestellt worden. Zwar haben die traditionellen konfessionellen Milieus ohne Zweifel an Bedeutung verloren (vgl. Gabriel 1992; s. auch Blasberg-Kuhnke 1996, sowie Hauschildt 1998). Dennoch scheinen sie und bestimmte Sub-Milieus nach wie vor wirksam zu sein, wie sich auch an geographischen Bezügen verdeutlichen lässt (vgl. Pollack / Pickel 2003). Vor allem ist aber im Anschluss an Gerhard Schulze (1992, [8]2000) auch im religiösen Bereich mit der Entstehung von neuen Milieus zu rechnen, die sich vor allem an Merkmalen wie Alter, Bildung und (ästhetisch akzentuiertem) Lebensstil formen.

Erstmals wurde in der EKD-Mitgliedschaftsuntersuchung von 1997 (Engelhardt / Loewenich / Steinacker) festgestellt, dass die durch Interviews erhobene Einstellung gegenüber Kirche entscheidend davon beeinflusst war, „welchem Milieu jemand angehörte … vom jeweiligen Bildungshintergrund, von der jeweiligen sozialen Stellung in der Gesellschaft" (ebd., 15), dass also ein Milieu der „kleinen Leute" von einem Bildungsmilieu in der *Art* der Beziehung zur Kirche (und der *Verbalisierung* dieser Beziehung) zu unterscheiden ist. Projektiv und spekulativ hat Eberhard Hauschildt (1998) darauf hin fünf kirchliche Milieus im Anschluss an die fünf von Schulze beschriebenen Milieus skizziert und zur empirischen Überprüfung aufgefordert, die aber bislang, wenn ich recht sehe, kaum voran gekommen ist.

Nur unzureichend theoretisch in den Blick genommen und empirisch untersucht erscheinen auch andere soziale Größen wie etwa „soziale Bewegungen" (z.B. ökologische Bewegung, Friedensbewegung) und deren religiöse Bezüge, sowie innerkirchliche bzw. inter-kirchliche Bewegungen wie etwa die evangelikale oder die charismatische Bewegung.

6. „Denn sie wissen nicht, was sie tun"? – „Implizite" Religiosität und das Problem der Selbst- oder Fremdattribuierung

Im vorigen Abschnitt wurde das Problem der Selbst- oder Fremdzuschreibung von Religiosität bereits unter einer subjekttheoretischen Perspektive angedeutet: Je selbstbestimmter und reflektierter das Subjekt eingeschätzt wird, desto eher wird sich die empirische Forschung auf seine Selbstaussagen verlassen, je fremdbestimmter (von außen oder/und von innen) und unreflektierter das Subjekt gilt, desto eher wird die Forscherin den Anspruch erheben, es besser zu verstehen als es sich selbst versteht. Ebenso wurde bereits angezeigt, dass durch die kulturelle Differenzierung und Dispersion von „Religion" sowie durch die Emanzi-

---

[5]   Es ist zu hoffen, dass Ziebertz u.a. im Rahmen ihres weiteren Forschungsprogramms diesen Aspekt mit berücksichtigen werden. Immerhin gehört nach ihrer Darstellung dazu auch die Frage, „wie junge Leute zu religiös geprägten Einstellungen und Haltungen kommen" (Ziebertz / Kalbheim / Riegel 2003, 43).

pation der Einzelnen von traditionellen Verhaltensmustern plurale Verhaltens-
weisen und kommunikative Äußerungen möglich werden, bezüglich derer die
Bezeichnung als „religiös" immer wieder in Frage steht (vgl. zum Problem der
Selbst- und Fremdzuschreibung auch Jakobs 2002).

In einer ersten Unterscheidung können dies entweder traditionell religiöse
Elemente sein, die in nicht-religiöse Verhaltens- und Kommunikationszusammenhänge eingeführt werden (z.B. das Umhänge-Kreuz als Mode-Accessoire),
oder traditionell nicht-religiöse Elemente, die in religiöse (bzw. traditionell als
religiös geltende) Verhaltens- und Kommunikationszusammenhänge eingebracht werden (z.B. Fußballtrikots und -schals in einem altarähnlichen häusli-
chen Schrein). An einem weiteren Beispiel, der Musik, illustriert: Kirchenlieder
können „rein ästhetisch" oder rein nostalgisch-emotional wahrgenommen werden, und „profane" Kunstmusik kann in den Rang religiöser Verehrung („Kunst-
religion") erhoben werden. Von impliziter Religion bzw. Religiosität wäre im
zweiten Fall zu sprechen, d.h. es geht um Phänomene, die in der Selbstbeschreibung, im Common sense und auch in herkömmlichen wissenschaftlichen Beschreibungen nicht als religiös bezeichnet werden, aber „aus der Außenperspek-
tive a) einer anderen Religion oder b) einer spezifischen wissenschaftlichen
Disziplin … als Religion identifiziert werden" (Thomas 2001, 48).

In seiner umfassenden soziologischen Untersuchung zur „impliziten Religion" bietet Günter
Thomas folgende Differenzierungen für die von der Implizität betroffenen Bereiche an:
Es kann ‚Religion'
    1.) „dem Handeln von individuellen Akteuren,
    2.) den Selbstdeutungen dieser Handlungen der individuellen Akteure,
    3.) den Sinnintentionen dieser Akteure,
    4.) dem individuellen Erleben und Erfahren … oder
    5.) den Selbstdeutungen dieses Erlebens implizit sein" (Thomas 2001, 47).
Beispielsweise werden das „Bekenntnis" eines Borussia-Dortmund-Fans „Ohne meine Borus-
sia könnte ich nicht leben" sowie die Rituale der Fan-,Gemeinde' von den Fans selbst in aller
Regel nicht als religiös empfunden oder gedeutet, drängen aber einem religiös sozialisierten
oder religionswissenschaftlich geschulten Beobachter förmlich die Parallelen zu Aussagen und
Verhaltensweisen von Religionsanhängern auf (vgl. hierzu u.a. den Film von Martin Buchholz
„Leuchte auf, mein Stern Borussia", Deutschland 1997).

Während der Arbeit an diesem Beitrag erschien die psychologische Dissertation von Tatjana Schnell mit dem Titel „Implizite Religiosität. Zur Psychologie des Lebenssinns" (2004).
Trotz einiger Schwächen im theoretischen Bereich bietet diese Arbeit einen m.E. innovativen
und weiterführenden Ansatz, der systematisch – und zielsicherer als die Arbeiten von Edward
Bailey (vgl. Bailey 1997) – die soziologischen Befunde zur „impliziten Religion" in eine psychologische Theorie der „impliziten Religiosität" überführt. Dabei werden Mythen, Rituale
und Transzendierungserlebnisse als drei „universalreligiöse Strukturen" herausgearbeitet, um
den funktionalen Aspekt der Sinnstiftung ergänzt und bei der empirischen Erhebung zusätzlich
durch eine zumindest schwache und offene Selbstbezeichnung als „irgendwie religiös" abgesi-
chert. Aufschlussreich sind insbesondere die Bezüge, die zwischen religionswissenschaftlich
und soziologisch erfassten kollektiven Mythen und Ritualen, deren implizit-religiöser Präsenz
in „profanen" Gesellschaftsbereichen, und psychologisch bestimmten „persönlichen" und individuellen Mythen und Ritualen geknüpft werden. Erst wenn letztere auch eine sinnstiftende
Bedeutung für die befragten Probanden haben, gelten sie als Teilaspekte von deren Religiosität. In mehreren empirischen Untersuchungen mit beträchtlichem statistisch-methodischem

Aufwand kann Schnell überzeugende Korrelationen zwischen den von ihr bestimmten Faktoren von Religiosität aufweisen und dadurch ihr Konzept stützen. Auch wenn hier manches diskussionsbedürftig bleibt, ist m.E. die zentrale Erkenntnis festzuhalten, „dass die alleinige Beachtung *explizit* religiöser Inhalte kein vollständiges Bild der Gestaltung religiösen Lebens vermitteln würde" (141) und dass mit eigensinnigen, „idiosynkratischen" Formen von Religiosität gerechnet werden muss, welche Individuen *weitgehend* unabhängig von institutionalisierten Religionen entwickeln.[6]

Ob in solchen Fällen „impliziter Religion" oder „impliziter Religiosität" die Zuschreibung „religiös" angemessen ist und ob überhaupt von einer „Identifizierung" von Religion bzw. Religiosität gesprochen werden sollte, erscheint allerdings nach wie vor fraglich.[7] Vier Strategien können sich als hilfreich erweisen, um der komplexen Problematik einigermaßen gerecht werden zu können. Sie kommen deshalb hier ausführlicher zur Sprache, weil sie nicht nur für das Problem der impliziten Religion bzw. Religiosität im engeren Sinn relevant sind, sondern – wie gerade die Untersuchung von Schnell zeigt – für das immer breiter und vielfältiger werdende Feld von Religiosität generell besondere Bedeutung erlangen.

6.1 Der thetische Charakter der Bestimmung von Religiosität

Aus erkenntnistheoretischen Gründen ist die Rede von einer „Identifizierung" von Religion oder Religiosität problematisch und sollte vermieden werden. Die Frage, ob etwas nun „wirklich" Religion oder Religiosität „ist", suggeriert eine Objektivierbarkeit von Wirklichkeit, die wir nicht zur Verfügung haben, und verkennt den konstruktiven Charakter der beiden Begriffe.[8] Hier ist daran zu erinnern, dass selbst naturwissenschaftliche Aussagen in der Regel den Charakter von Hypothesen haben, die durch argumentative Begründungen, empirische Unterstützungen oder fehlgeschlagene Falsifikationsversuche einen bestimmten Wahrscheinlichkeits- und Überzeugungsgrad gewinnen, der sich aber stets neuer Bewährung aussetzen muss.

---

[6] Der Einwand von Monika Jakobs, dass „das Konzept, dass es Religiöses unabhängig von Kirche und Theologie gibt, [...] offensichtlich ein rein akademisches [ist]" (Jakobs 2002, 74), ist allerdings insoweit berechtigt, als kulturell verankerte Religion immer mehr oder weniger – und teilweise auch implizit über plurale Kulturbereiche – die Ausformung der individuellen Religiositäten beeinflussen wird. „Reine" idiosynkratische Religiosität kann es insofern nicht geben. Vgl. auch These 7 bei Angel 2002.

[7] Eine elegante Lösung schlägt Ulrich Hemel vor, indem er Religiosität als „die individuelle Ausprägung eines persönlichen Welt- und Selbstverständnisses unter Verwendung religiöser Kategorien" bestimmen will (Hemel 2002, 8). Damit würde auch die Haltung eines sich als „nicht religiös" bezeichnenden Atheisten als mögliche Ausprägung von „Religiosität" gelten können. Allerdings bleibt auch hier die Möglichkeit unberücksichtigt, dass jemand religiöse oder religionsähnliche Weltanschauungs- oder Verhaltensmuster verwendet, ohne sich dessen bewusst zu sein, diese also ganz ohne Rückgriff auf religiöse Kategorien beschreiben würde.

[8] Dies sieht auch Thomas 2001, 402ff. so, obwohl er in anderen Teilen seines Buches immer wieder einmal von einer „Identifikation" von Religion spricht.

Darüber hinaus ist geltend zu machen, dass Religiosität in den meisten De-
finitionsversuchen ein konstitutives subjektives Element des „Glaubens", der
„religiösen Erfahrung" oder der „Authentizität" beinhaltet, das im Fall der expliziten Religiosität nur über die (nicht ohne weiteres mit „Wirklichkeit" gleich
zu setzende) Selbstbeschreibung des Subjekts, im Fall der impliziten Religiosität kaum überhaupt zugänglich ist. Wer will ein letztes Urteil darüber fällen, ob
die geäußerte „unbedingte Hingabe" an Gott (oder an den Fußball) „wirklich"
„unbedingt" ist? Wer will ein letztes Urteil darüber fällen, ob ein Gottesdienst-
besucher aus „wirklich" „religiösen" Gründen dorthin geht oder aus Gründen
der Gewohnheit, der Tradition, des guten Rufs? Erkenntnistheoretisch und religionsphilosophisch sind hier abschließende Urteile nicht möglich, theologisch
sind sie darüber hinaus nicht zulässig, weil sie Gott vorbehalten sind.

6.2 Übersetzbarkeit und Rekursivität

Dem thetischen Charakter der Bestimmung von impliziter Religiosität entspricht
ein Vorgehen, das besonders auf Korrespondenzen und Übersetzbarkeiten zwischen (nicht-religiöser) Selbstbeschreibung und der Fremdbeschreibung als „religiös" achtet, die subjektiven Interpretationen von Begriffen wie „religiös" oder
„spirituell" ernst nimmt und idealerweise auch dem sich nicht als religiös bezeichnenden Subjekt die Gelegenheit zur Stellungnahme zur (Fremd-) Charakteri-
sierung als „religiös" gibt (Rekursivität). Dabei ist immerhin die Möglichkeit gegeben, dass ein Subjekt (oder eine Gruppe) die Fremdbezeichnung und
-interpretation „religiös" als erhellend für sich selbst erfährt und sie sich – evtl.
konstruktiv-kritisch, fragmentarisch oder transformierend – zu Eigen macht. Zu
beachten wird dabei sein, dass die meisten Arten von empirischer Befragung
bereits reflexive Prozesse auslösen, welche das bisherige Verhältnis zum Gegenstand „Religiosität" verändern können: Das Nachdenken über Religiosität
anhand eines Fragebogens oder in einem Interview kann selbst religiösen Charakter gewinnen.

6.3 „Analoge" und „potenzielle" Religiosität

Den pluralen Nuancierungen im großen Pool der Lebensstile und Weltanschauungen, die sich in graduell unterschiedlichen Distanzen zu herkömmlicher „Religiosität" bewegen, entspricht die Einführung der beschreibenden Kategorie
„religionsähnlich" bzw. „religionsanalog". Bereits um die Wende zum 20. Jahrhundert hat Georg Simmel von „religioiden" Erscheinungen gesprochen als denen, die Ähnlichkeiten mit Phänomenen aus dem Bereich der Religion aufweisen, aber im allgemeinen Bewusstsein nicht als religiös bezeichnet werden, und
hat sie v.a. mit einer subjektiv getönten „Religiosität" in Verbindung gebracht
(vgl. dazu Thomas 2001, 205ff.). Die Kategorie der Religionsähnlichkeit erlaubt
nicht nur, Übergangs- bzw. Unsicherheitsbereiche zwischen dem (relativ) eindeutig Nichtreligiösen zum (relativ) eindeutig Religiösen zu erfassen, sondern
nimmt auch die manchmal bewusst und absichtlich gewählte „Distanz-

Beziehung" (im Sinne einer dialektischen Gleichzeitigkeit von Verbindung und Distanz) von Individuen oder Gruppen zum Religiösen ernst: Popmusik-Titel wie „Like a Prayer" (Madonna) oder „Like a Believer" (Marla Glen) lassen sich als programmatische Signale für den teilkulturellen Trend insbesondere unter Jugendlichen lesen, Religiosität unverbindlich „auszuprobieren" und im Probehandeln (und Probefühlen, Probeerleben usw.) zu testen, oder eben nur Teile von Religiosität (z.B. ihre Gefühls- und Erlebnisqualität) „(ähnlich) wie ein Glaubender" in Anspruch zu nehmen. (Inwiefern das möglich ist, ist eine andere Diskussion.)

Der Begriff des „potenziell" Religiösen bietet ähnliche Unterscheidungsmöglichkeiten wie derjenige des Religionsanalogen (vgl. zu beiden Pirner 2001, 94f., sowie Polak 2002, 85ff.). Menschen können Phänomenen (z.B. Mythen, Ritualen, Symbolen, aber auch bestimmten Erlebnissen) begegnen oder sich ihnen zuwenden, die dem Bereich der Religionen entstammen oder bereits vielfach zu religiösen Kommunikationen geführt haben; erst wenn auch für sie diese Phänomene religiös bedeutsam werden bzw. religiös „funktionieren" – und ihnen nicht lediglich z.B. zum ästhetischen Genuss oder zur Unterhaltung dienen – wird deren potenzielle Religiosität auch *aktualisiert*. Als potenziell religiös könnte man beispielsweise auch die jugendlichen Intensiverfahrungen bezeichnen, von denen Burkard Porzelt in seiner Studie berichtet und die die Jugendlichen in aller Regel selbst nicht als religiös benennen (Porzelt 1999).

6.4 Mehrdimensionale Erfassung von Religiosität

Mehrdimensionale Konzepte von Religion bzw. Religiosität erlauben die Bestimmung unterschiedlicher „Grade" von Religionsähnlichkeit bis hin zu einer relativ klar benennbaren Religiosität. Dabei hat sich die Verschränkung von funktionalen, phänomenologisch-deskriptiven, strukturellen und substanziellen mehrdimensionalen Konzepten als sinnvoll erwiesen (vgl. z.B. Thomas 1999, Schnell 2004), auch wenn die Zahl der empirisch haltbaren Dimensionen nach wie vor umstritten ist (zur Diskussion vgl. v.a. Huber 1996, Zwingmann / Moosbrugger 2004).

Ein differenziertes und m.E. der Komplexität des Gegenstandes durchaus angemessenes Modell entwickeln die MitarbeiterInnen des bereits erwähnten österreichischen Forschungsprojekts (Polak 2002, 88ff.; vgl. auch Pirner 2002). In einer Kurzformel wird Religiosität als „Existenzvollzug mit Bezug auf Transzendenz" gefasst. Der Existenzvollzug wird mit Fühlen, Denken und Handeln näher bestimmt, der Transzendenzbezug wird nach Inhalt und Form unterschieden:

Inhalte von Transzendenz:
- Substanzielle Transzendenzen (explizit theistisch, deistisch oder numinos)
- Analoge Transzendenzen (aus säkularer Sicht profan, aus theologischer Sicht Analogien zum „Heiligen" aufweisend)
- Funktional-analoge Transzendenzen (die Funktion von Phänomenen aus dem analogen Bereich wird zum Inhalt: man sucht das Liebesgefühl, das Freiheitsgefühl, das Kontingenzbewältigungsgefühl)

- Funktionale Transzendenzen (die Funktion von Phänomenen aus dem Bereich der Religionen wird zum Inhalt: man sucht z.B. Ekstase, Schauer, Sinn, Ordnung, Ganzheit usw.)
- *Formen von Transzendenzbezug (die für unsere moderne Gesellschaft typisch sind):*
- Erleben (aktive Suche des Subjekts nach Erlebnissen)
- Erfahren (Deuten von Erlebnissen und Gefühlen)
- Entscheiden (Zustimmung zu bestimmten Handlungen oder Überzeugungen)

Verknüpft man die unterschiedlichen Ebenen, so entstehen potenziell 36 mögliche Varianten von Religiosität; die Autoren beschränken sich aus pragmatischen Gründen auf vier. Zu fragen ist allerdings, wo in dieser Matrix für unsere heutige Gesellschaft vielleicht „untypische", aber für religiöse Kontexte durchaus typische Erlebnisse und Gefühle wie jene des Ergriffenwerdens, Beschenktwerdens oder des In-die-Verantwortung-gestellt-werdens bleiben. Das Konzept rechnet offenbar nicht damit, dass solche Muster gerade im Kontrast zu gesellschaftlichen Trends attraktiv sein könnten.

Anzumerken bleibt, dass die Phänomene religionsferner Religiosität, wie sie hier mit dem Begriff „implizite Religiosität" angezeigt wurden, in der Forschung auch unter anderen Bezeichnungen wie „unsichtbare Religion" oder „(säkulare) Spiritualität" untersucht werden.[9] Begriffe, die m.E. ihre je eigenen Problematiken in sich bergen und die theoretisch weniger profiliert erscheinen als die Konzepte der impliziten Religion bzw. Religiosität.

7. Ausblick

Grundsätzlich scheint sich die Erforschung von Religiosität in modernen Gesellschaften wie der unseren erst in einem mäßig fortgeschrittenen Stadium zu befinden und dementsprechend wirken auch die bislang verfügbaren Theorien von Religiosität noch wenig ausgereift. Immerhin zeigen sich einige verheißungsvolle Ansätze und Perspektiven, die weiter verfolgt werden können. Über die bereits vorgestellten Entwicklungen hinaus lässt sich etwa auf folgende Aspekte hinweisen:

7.1 Plurale konfessionelle Religiosität

Die Notwendigkeit, auch *innerhalb* kirchlich-konfessioneller Milieus genauer zu bestimmen, was die Menschen „wirklich" glauben und wie sie „wirklich" leben, wird verstärkt gesehen und, etwa im Bayreuther Institut zur Erforschung der religiösen Gegenwartskultur, als Forschungsaufgabe begriffen.

7.2 Mehrdimensionalität von „religiöser Kompetenz" und „Religiosität"

Im Zuge der religionspädagogischen Diskussion um Bildungsstandards ist eine breite Diskussion um eine mehrdimensionale Fassung von religiöser Kompetenz entstanden. Die hier entwickelten (normativen) Konzepte können möglicherweise in empirisch-beschreibende Konzepte überführt oder transformiert werden.

---

[9]   Vgl. z.B. die Projekte des Instituts zur Erforschung der religiösen Gegenwartkultur an der Universität Bayreuth (siehe www.uni-bayreuth.de/departments/irg/). Vgl. auch Bochinger / Engelbrecht 2002.

So scheint mir beispielsweise Ulrich Hemels Modell von Dimensionen der Religiosität auch für die empirische Forschung brauchbar zu sein, ist aber dort bislang kaum berücksichtigt worden.

Hemel unterscheidet folgende Dimensionen (vgl. Hemel 1988, 543-680; siehe auch: Hemel 2000):

- religiöse Sensibilität (Fähigkeit zur Wahrnehmung der religiösen Dimension von Wirklichkeit)
- religiöse Inhaltlichkeit (Fähigkeit zur Argumentations- und Differenzierungsfähigkeit in religiösen Fragen)
- religiöse Kommunikation (religiöse Sprach- und Dialogfähigkeit)
- religiöses Ausdrucksverhalten (Fähigkeit, durch religiöse Handlungen oder ethisches Verhalten eigene religiöse Vorstellungen und ggf. Zugehörigkeit auszudrücken).

7.3 Religiosität als subjektive Theologie

Das religionspädagogische Konzept „Theologisieren mit Kindern" hat dazu geführt, dass das eigenständige religiöse Nachdenken der Kinder und Jugendlichen und ihre eigenständig entwickelten Vorstellungen unter dem Stichwort „Kindertheologie" empirisch untersucht wurden und werden (vgl. v.a. Büttner u.a. 2002; Büttner 2002; [Bucher u.a.] Jahrbuch für Kindertheologie 2002ff.). Bereits in seiner Untersuchung der Religiosität von BerufsschülerInnen kam Hans Schmid zu der Einsicht: „Es ist eine Religiosität, in der die Jugendlichen selbst eine Art Gotteslehre, eine ‚Theologie' entwickeln, bzw. in der eine vermutlich alltagsweltlich lebendige und tradierte Theologie, auf die sie zurückgreifen und die sie gestalten, enthalten ist" (Schmid 1989, 228). Es erscheint lohnenswert, diese Arbeit empirischer Spurensicherung für alle zentralen Bereiche religionsphilosophischen und theologischen Denkens weiter zu verfolgen.

7.4 Religiosität und Gender

Die Gender-Perspektive scheint nach wie vor ein Stiefkind der Religiositätsforschung zu sein und auch bei der Konzeptualisierung von Religiosität kaum eine Rolle zu spielen. Zwar finden sich in Überblickserhebungen standardmäßig Geschlechterdifferenzierungen; eine systematische theoretische und empirische Fokussierung der Gender-Perspektive fehlt jedoch bislang weitgehend (vgl. auch die Fehlanzeige und Hinweise bei Schweitzer 1999, 186ff.). Offensichtlich gibt es Gender-Schwerpunkte gegenwärtig vor allem in der Islamwissenschaft (vgl. Tietze 2004) und in historischen Arbeiten über Religiosität, aber weniger in der Erforschung allgemeiner Religiosität in unserer gesellschaftlichen Gegenwart. Teilansätze finden sich u.a. bei Klein 2000 (zum Gottesbild von Mädchen), Bender 2003 (Frauen – Religion – Beruf), sowie insbesondere Sommer 1998 (Lebensgeschichte und gelebte Religion von Frauen).

7.5 Ganzheitliche Religiosität erfordert ganzheitliche Methoden

Gerade bei der Erhebung von Kindertheologie bei jüngeren Kindern wird die Notwendigkeit greifbar, intellektualistische Verengungen im veranschlagten Konzept von Theologie zu vermeiden; dies gilt umso mehr, wenn Religiosität im umfassenderen Sinn in den Blick genommen werden soll. In diesem Zusammenhang ist insbesondere daran zu erinnern, dass wortsprachliche Ausdrucksformen immer eine Einschränkung sowohl für das sich ausdrückende Individuum als auch für den in Frage stehenden Gegenstand mit sich bringen: Jüngere Kinder, Haupt- oder SonderschülerInnen tun sich beispielsweise schwer mit elaborierten Fragebögen oder diskursiv angelegten Interviewfragen; und in der oben angesprochenen EKD-Umfrage (Engelhardt u.a. 1997) hat sich deutlich gezeigt, wie anders verbale Äußerungen der „kleinen Leute" gegenüber jenen von Bildungsbürgern ausfallen können und wie sorgfältig sie interpretiert werden müssen. Grundsätzlich wird damit gerechnet werden müssen, dass ästhetische, emotionale und pragmatische Aspekte von Religiosität durch sprachorientierte Erhebungsverfahren in bedenklicher Weise transformiert oder marginalisiert werden. Hier könnte man vom Einsatz von *präsentativen Methoden* in der Sozialforschung lernen, wie sie insbesondere im Umfeld der Medienpädagogik und Musiksoziologie entwickelt worden sind (vgl. z.B. Niesyto 2001, Müller 2002). Gerade unter der theologischen Prämisse einer „Option für die Armen, Schwachen und Unterdrückten" wäre zu fordern, dass auch die „PISA-Verlierer" mit ihrer Religiosität empirisch wahrgenommen – und dann auch gesellschaftlich, kirchlich und religionspädagogisch ernst genommen – werden.

Literatur

Albanese, Catherine: America: Religions and Religion, Belmont 1982.

Angel, Hans-Ferdinand: Religion – Religiosität – Thesen für das Symposium in Regensburg, in: Theo-Web. Zeitschrift für Religionspädagogik, 1 (2002), H. 1 (www.theo-web.de).

Angenendt, Arnold: Geschichte der Religiosität im Mittelalter, Darmstadt [2]2000.

Bailey, Edward I.: Implicit Religion in Contemporary Society, Kampen (NL) 1997.

Barz, Heiner: Jugend und Religion. Bemerkungen zum religionssoziologischen Forschungsstand, in: edition ethik kontrovers (Jahrespublikation der Zeitschrift Ethik & Unterricht) 11/2003, 25–30.

Barz, Heiner: Jugend und Religion, 3 Bde., Opladen 1992.

Beck, Ulrich: Risikogesellschaft. Auf dem Weg in eine andere Moderne, Frankfurt/M. 1986, [17]2003.

Beit-Hallahmi, Benjamin: Religiously based differences in approach to the psychology of religion: Freud, Fromm, Allport, Zilboorg, in: Brown, Laurence Binet (Hg.): Advances in the Psychology of Religion, Oxford: Pergamon Press 1985, 18–33.

Bender, Christiane (Hg.): Frauen – Religion – Beruf. Zur religiösen Konstruktion der Geschlechterdifferenz, Konstanz 2003.

Blasberg-Kuhnke, Martina: Gruppen, Milieus und Bewegungen, in: Jahrbuch für Religionspädagogik 12 (1996), 91–111.

Bochinger, Christoph / Engelbrecht, Martin: Mystik oder Dogmatik? Empirische und religionshistorische Zugänge zur religiösen Gegenwartskultur, in: Glaube und Lernen – Zeitschrift für theologische Urteilsbildung 17 (2002), H. 2, 114–123.

Bröking-Bortfeldt, Martin: Empirische Annäherungen an das Konstrukt Religiosität, in: Theo-Web. Zeitschrift für Religionspädagogik, 1 (2002), H. 1 (www.theo-web.de).

Bucher, Anton u.a. (Hg.): Jahrbuch für Kindertheologie, Stuttgart 2002ff.

Büttner, Gerhard: Jesus hilft! Untersuchungen zur Christologie von Schülerinnen und Schülern, Stuttgart 2002.

Büttner, Gerhard / Rupp, Hartmut (Hg.): Theologisieren mit Kindern, Stuttgart u.a. 2002.

Casanova, José: Public Religions in the Modern World, Chicago 1994.

Engelhardt, Klaus / Löwenich, Hermann von / Steinacker, Peter (Hg.): Fremde Heimat Kirche. Die dritte EKD-Erhebung über Kirchenmitgliedschaft, Gütersloh 1997.

Frank, Günter: Säkularisierung. Die Säkularisierungstheorie und ihre geistesgeschichtliche Wertung, in: Stimmen der Zeit 120 (1995), 333–340.

Franke, Edith u.a. (Hg.): Frauen, Leben, Religion. Ein Handbuch empirischer Forschungsmethoden, Stuttgart u.a. 2002.

Friedrichs, Jürgen (Hg.): Die Individualisierungs-These, Opladen 1998.

Gabriel, Karl: Christentum zwischen Tradition und Postmoderne, Freiburg i.Br. u.a. 1996 ([1]1992).

Gerber, Uwe / Höhmann, Peter / Jungnitsch, Reiner: Religion und Religionsunterricht. Eine Untersuchung zur Religiosität Jugendlicher an berufsbildenden Schulen, Frankfurt/M. 2002.

Golphin, Vincent F.A.: The People's Opiate: American Cultural Religion in Literature, 2003, im Internet unter: http://www.nyhumanities.org/speakers/lectures/lecture.php?lecture_id=880 (24.5.2005).

Hauschildt, Eberhard: Milieus in der Kirche. Erste Ansätze zu einer neuen Perspektive und ein Plädoyer für vertiefte Studien, in: Pastoraltheologie 87 (1998), 392–404.

Hemel, Ulrich: Die Bedeutung des Verständnisses von Religiosität für die heutige Religionspädagogik, in: Theo-Web. Zeitschrift für Religionspädagogik, 1 (2002), H. 1 (www.theo-web.de).

Hemel, Ulrich: Ziele religiöser Erziehung, Frankfurt/M. 1988.

Hemel, Ulrich: Ermutigung zum Leben und Vermittlung religiöser Kompetenz –
Ziele des Religionsunterrichts heute (Vortrag vor dem Europäischen Forum
für Religionsunterricht, Bratislava 2000), im Internet unter:
www.rpi.at/eufres/brat0400.doc (28.5.2005).

Hildebrandt, Matthias / Brocker, Manfred / Behr, Hartmut (Hg.): Säkularisierung und Resakralisierung in westlichen Gesellschaften. Ideengeschichtliche
und theoretische Perspektiven, Wiesbaden 2001.

Huber, Stefan: Dimensionen der Religiosität. Skalen, Messmodelle und Ergebnisse einer empirisch orientierten Religionspsychologie, Freiburg/Schweiz
1996.

Jakobs, Monika: Religion und Religiosität als diskursive Begriffe in der Religionspädagogik, in: Theo-Web. Zeitschrift für Religionspädagogik, 1 (2002),
H. 1 (www.theo-web.de).

Klein, Stephanie: Gottesbilder von Mädchen. Bilder und Gespräche als Zugänge
zur kindlichen religiösen Vorstellungswelt, Stuttgart 2000.

Meinefeld, Werner: Realität und Konstruktion. Erkenntnistheoretische Grundlagen einer Methodologie der empirischen Sozialforschung, Opladen 1995.

Müller, Renate: Präsentative Methoden zur Erforschung des Umgehens Jugendlicher mit Musik und Medien. Der MultiMedia-Computer als Erhebungsin-
strument in der Jugendforschung, in: Dies. u.a. (Hg.): Wozu Jugendliche
Musik und Medien gebrauchen, Weinheim / München 2002, 242–255.

Niesyto, Horst (Hg.): Selbstausdruck mit Medien. Eigenproduktionen mit Medien als Gegenstand der Kindheits- und Jugendforschung, München 2001.

Oyibo, Innocent: Aspekte afrikanischer Eschatologie aufgezeigt am Beispiel des
Ahnenkults bei den Igala von Nigeria. Ein Kernelement afrikanischer Religiosität als Anfrage an den christlichen Glauben, Münster 2004.

Pirner, Manfred L.: Religiöse Mediensozialisation? Empirische Studien zu Zusammenhängen zwischen Mediennutzung und Religiosität bei SchülerInnen
und deren Wahrnehmung durch LehrerInnen, München 2004.

Pirner, Manfred L.: Werbung in theologischer Perspektive. Ein Überblick, in:
Buschmann, Gerd / Pirner, Manfred L.: Werbung, Religion, Bildung, Frank-
furt/M. 2003, 11–38.

Pirner, Manfred L.: Megatrend Religion? Auseinandersetzung mit einem wichtigen Buch aus religiositätstheoretischer Perspektive, in: Theo-Web. Zeitschrift für Religionspädagogik, 1 (2002), H. 1 (www.theo-web.de).

Pirner, Manfred L.: Fernsehmythen und religiöse Bildung. Grundlegung einer
medienerfahrungsorientierten Religionspädagogik am Beispiel fiktionaler
Fernsehunterhaltung, Frankfurt/M. 2001.

Pollack, Detlef: Säkularisierung – ein moderner Mythos? Studien zum religiösen Wandel in Deutschland, Tübingen 2003.

Pollack, Detlef / Pickel, Gert: Räumliche Aspekte als Bestimmungsgründe für
religiöse Bindungen in Ostdeutschland im Vergleich zu Westdeutschland,
2003, im Internet unter: http://www.kuwi.euv-frankfurt-o.de/~vgkulsoz/
Lehrstuhl/Pickel/publikationen/RELGE_TX.DOC (25.5.2005).

Pollack, Detlef / Pickel, Gert (Hg.): Religiöser und kirchlicher Wandel in Ostdeutschland 1989–1999, Opladen 2000.

Porzelt, Burkard: Jugendliche Intensiverfahrungen. Qualitativ-empirischer Zugang und religionspädagogische Relevanz, Graz 1999.

Reich, Brian: Our National Pastime and the Culture of Religion, 2001, im Internet unter: http://www.stadiummouse.com/religion/ (19.07.2006).

Rössler, Dietrich: Grundriss der Praktischen Theologie, Berlin / New York 1986.

Sauer, Hanjo: Abschied von der säkularisierten Welt?, in: Theol.-prakt. Quartalschrift 43 (1995), 339–349.

Schmid, Hans: Religiosität der Schüler und Religionsunterricht, Bad Heilbrunn 1989.

Schnell, Tatjana: Implizite Religiosität. Zur Psychologie des Lebenssinns, Berlin u.a. 2004 (Diss. Univ. Trier 2004, auch im Internet unter: http://ubt.opus.hbz-nrw.de/volltexte/2005/297/pdf/endversion_opus.pdf [25.5.2005]).

Schulze, Gerhard: Die Erlebnisgesellschaft. Kultursoziologie der Gegenwart, Frankfurt/M. 1992; [8]2000.

Schweitzer, Friedrich / Englert, Rudolf / Schwab, Ulrich / Ziebertz, Hans-Georg: Entwurf einer pluralitätsfähigen Religionspädagogik, Gütersloh / Freiburg 2002.

Siller, Hermann P. (Hg.): Suchbewegungen. Synkretismus – kulturelle Identität und kirchliches Bekenntnis, Darmstadt 1991.

Sommer, Regina: Lebensgeschichte und gelebte Religion von Frauen. Eine qualitativ-empirische Studie über den Zusammenhang von biographischer Struktur und religiöser Orientierung, Stuttgart u.a.1998.

Thomas, Günter: Implizite Religion. Theoriegeschichtliche und theoretische Untersuchungen zum Problem ihrer Identifikation, Würzburg 2001.

Thomas, Günter: Medien – Ritual – Religion. Zur religiösen Funktion des Fernsehens, Frankfurt/M. 1998.

Thonak, Sylvia: Religion in der Jugendforschung. Eine kritische Analyse der Shell Jugendstudien in religionspädagogischer Absicht, Münster u.a. 2003.

Tietze, Nikola: Muslimische Religiosität in Deutschland: Welche Perspektiven hat die Forschung? 2004, im Internet unter: www.linksnet.de/textsicht.php?id =1149 (25.5.2005).

Wagner, Harald: Religionen und Religiosität – Begriffliche Überlegungen und empirische Untersuchungen zum Wandel der Religiosität in der Oberlausitz und in Nordböhmen, in: Pollack, Detlef / Pickel, Gert (Hg.) 2000, 348–370.

Yang, Xusheng: Immanente Transzendenz. Eine Untersuchung der Transzendenzerfahrung in der antiken chinesischen Religiosität mit Berücksichtigung des Konfuzianismus, Diss. Univ. Tübingen, Tübingen 2004.

Ziebertz, Hans-Georg / Kalbheim, Boris / Riegel, Ulrich: Religiöse Signaturen heute. Ein religionspädagogischer Beitrag zur empirischen Jugendforschung, Gütersloh 2003.

Zulehner, Paul M. / Denz, Hermann: Wie Europa lebt und glaubt. Europäische Wertestudie, Düsseldorf 1993.

Zwingmann, Christian / Moosbrugger, Helfried: Religiosität: Messverfahren und Studien zu Gesundheit und Lebensbewältigung. Neue Beiträge zur Religionspsychologie, Münster u.a. 2004.

Das Religiöse im Fokus der Neurowissenschaft

Die Emergenz von Religiosität als Forschungsgegenstand

Hans-Ferdinand Angel

1. Ortsbestimmung in einer verwirrenden Ausgangssituation

(a) Eine relativ überraschende Stimme bereichert seit kurzem die wissenschaftliche Diskussion um das Phänomen des Religiösen: die der Neurowissenschaft. Deren technische Möglichkeiten haben in den letzten Jahren so rasante Fortschritte gemacht, dass sich das neurowissenschaftliche Beobachtungsfeld auf zunehmend komplexere Phänomene richten konnte, z.B. auf Intelligenz, Musikalität oder Kreativität. Zu den neu sich erschließenden Interessensgebieten gehört nun auch „das Religiöse". Das Erkenntnisinteresse zielt hier auf genauere Einsichten in Aktivität und Leistung des Gehirns bei religiösen, spirituellen, mystischen oder ähnlich qualifizierten Erfahrungen. Die Bedeutung, die dieser Thematik mittlerweile in den USA zugemessen wird, lässt sich u.a. daran erkennen, dass sogar schon bei der jährlichen Versammlung der renommierten American Psychological Association (APA) im Jahre 2002 in Chicago ein Symposium „Neuroscience and the study of religion and spirituality" veranstaltet worden war. Diese Initiative von Peter Hill markiert einen gewissen Höhepunkt, da das Interesse am Thema „Gehirn und religiöse Erfahrung" bis dahin vor allem anhand einer steigenden Zahl von Publikationen (z.B. Persinger 1987 [1999], Austin 1998, D'Aquili / Newberg 1999, Alper 2001, Ramachandran 2002, Joseph 2002, D'Aquili / Newberg 2003) festgemacht werden konnte. Die Forschungsrichtung stieß, nicht zuletzt seit den Übersetzungen von Ramachandran und D'Aquili / Newberg (2003) ins Deutsche, auch hierzulande auf frappierendes Medieninteresse; damit einher ging der kometenhafte Aufstieg des Ausdrucks „Neurotheologie", der sich gegenwärtig immer mehr mit dieser Forschungsrichtung verbindet.

Von den Medien wurden meist die gleichen Phänomene journalistisch aufgegriffen; bei einer interessierten Leserschaft darf man somit eine Art Grundbestand an diesbezüglichem Wissen vermuten. Doch die Fachwelt begegnete den medial gefeierten Forschungen deutlich reservierter, wenn nicht ablehnend. Das verwundert nicht, wenn man sich die z. T. sehr pointierten Positionen einzelner Forscher vor Augen führt: Der von Rhawn Joseph herausgegebene Sammelband (Joseph 2002) kann hier als paradigmatisch angesehen werden. Auch unsinnige Formulierungen wie etwa „Fotographie Gottes?" (Newberg 2003, 9) sind geeig-

net, den Forschungsansatz von vornherein zu diskreditieren. Das macht auch
einsichtig, warum der Erkenntniswert einer „Neurotheologie" sogar grundsätzlich bestritten wird. Dennoch kann es lohnen, auf jene über die Medien bekannten Forschungen hier nochmals einzugehen. Sinnvoll ist dies nur unter einer
doppelten Voraussetzung:

(1) Die erste betrifft den Ausdruck „Neurotheologie". Er ist eingängig und
leicht handhabbar. Er fungiert teilweise auch als Selbstbezeichnung jener jungen
Forschungsrichtung und amerikanische Wissenschaftler wie Newberg oder Joseph verwenden ihn in diesem Sinne. Sie tun dies allerdings nicht aufgrund seiner praktikablen Kürze. Das wäre noch verständlich. Ihre Intention ist eine andere: Es soll einer Programmatik zum Durchbruch verholfen werden, bei der
religiöse und neurowissenschaftliche Perspektiven kombiniert werden. Für dieses Anliegen den Ausdruck „Theologie" zu verwenden ist irreführend, sachlich
unangebracht und wirkt geradezu abschreckend. Da die neurowissenschaftlichen
Annäherungen an das Religiöse mit Theologie so gut wie nichts zu tun haben,
stiftet die Bezeichnung „Neurotheologie" mehr Schaden als Nutzen. Sie ist geeignet, Neurowissenschaft wie Theologie[1] gleichermaßen gegen die Forschungsrichtung aufzubringen. Das ist bedauerlich. Zwar gibt es viele ernst zu
nehmende Gründe für Skepsis gegenüber „neurotheologischen" Ansätzen. Ob
sie zur Gänze behebbar sind, ist unsicher. Doch immerhin wäre jener Teil der
Problemlage zu entschärfen, der mit der semantischen Unschärfe des Adjektivs
„religiös" verbunden ist. Bislang kommen beim neurowissenschaftlichen Fokus
auf Gehirnaktivitäten nämlich implizit die unterschiedlichsten Vorstellungen
über „das Religiöse" zum Tragen. Und das berührt den zweiten Punkt, der vorab
klarzustellen ist.

(2) Womit beschäftigt sich die „Neurotheologie" bzw. was untersucht die
Neurowissenschaft, wenn sie sich dem Bereich des Religiösen nähert? Doch
wohl kaum „das Religiöse" und erst recht nicht eine „Religion" oder „Religionen"! Bedauerlicherweise leidet die „neurotheologische" Forschung an einer
Unklarheit bezüglich des „Formalobjekts"[2]. Das macht es schwierig, sie adäquat
zu würdigen. Doch andererseits kann gerade diese Unschärfe – in einem durchaus positiven Sinn – als markante Herausforderung für die Paradigmenbildung
der Neurowissenschaft verstanden werden. Darauf wird weiter unten noch ausführlicher einzugehen sein. An dieser Stelle ist, um das vorweg zu nehmen, eine
Entscheidung erforderlich, die ebenfalls später ausführlicher begründet werden
soll: „Neurotheologie" ist keine „Theologie", die diesem Label subsumierten
Forschungen könnten aber als „Neurobiologie der Religiosität" verstanden werden (Angel 2002c). Damit ergäbe sich eine sinnvolle Verortung und ein solcher

---

[1]   Erstaunlicherweise beginnen vereinzelte Richtungen der deutschsprachigen Theologie der
      Suggestivkraft dieses eigenartigen Terminus zu erliegen. Im vorliegenden Beitrag wird
      „Neurotheologie" nur dort verwendet, wo ich referiere.

[2]   Insgesamt ist das „Rosinenbrei-Syndrom" (vgl. Vorwort) in der Diskussion durchgängig
      beobachtbar.

Perspektivenwechsel ließe die bisherigen „neurotheologischen" Forschungen in einem völlig anderen Licht erscheinen. Sie unter diesem Gesichtspunkt – der allerdings nur sehr bedingt die Sehweise der beteiligten Forscher (und ihrer Kritiker) wiedergibt – (neu) zu betrachten, ist durchaus lohnend[3].

(b) Bevor unter einem solchermaßen veränderten Fokus ein Blick auf die „neurotheologischen" Forschungen geworfen wird, ist darauf aufmerksam zu machen, dass der vorgeschlagene Fokus „Neurobiologie der Religiosität" Implikationen enthält. Es ist nämlich irritierend und keineswegs unproblematisch, Religiosität und Biologie in eine so enge Verbindung zu bringen. Eine explizite Diskussion bezüglich der biologischen Fundierung von Religiosität ist aktuell denn auch kaum Thema. Das liegt nicht nur daran, dass es bislang keine elaborierten Religiositätstheorien gibt, sondern auch daran, dass die Religionspsychologie inklusive ihrer religiösen Entwicklungstheorien die Aufmerksamkeit vor allem auf die Verbindung Religiosität und „Psychologie" lenkte. In religiösen Zusammenhängen die Biologie bzw. Neurobiologie ins Spiel zu bringen, ist dennoch kein völlig neues Unterfangen; der biologische Aspekt ist der theologischen Denktradition auf jeden Fall nicht grundsätzlich fremd. Das Thema wurde unter anderer Begrifflichkeit, etwa bei der Frage nach dem Verhältnis von Natur und Gnade (z.B. „homo naturaliter religiosus"), immer wieder mitbedacht. Deswegen besteht in der Theologie auch Sensibilität dafür, dass Reflexionen über das Verhältnis von Biologie und „Religiösem" die Gefahr eines naturalistischen Fehlschlusses droht, der gegenüber permanente Wachsamkeit erforderlich ist. Diese Vorsicht ist auch geboten, wenn für die Formulierung einer Religiositätstheorie mit Nachdruck die Biologie bzw. die Neurobiologie als markante Bezugswissenschaft anvisiert wird. Von „Neurobiologie der Religiosität" zu sprechen impliziert somit ein bestimmtes Vorverständnis von Religiosität, das sich im Anschluss an Ulrich Hemel als „Drei-Komponenten-Modell" von Religiosität formulieren lässt (Angel 2002a, Angel 2002b). Religiosität besteht demnach aus einer

- soziokulturellen Komponente: Man ist immer in einer kulturspezifischen Weise religiös, die sowohl durch die jeweilige Epoche wie die geographisch-regionalen Rahmenbedingungen beeinflusst ist;
- Entscheidungs-Komponente: Man kann viele religiöse Möglichkeiten kennen, aber welche Option des „Religiös-Seins" und der „religiösen Orientierung" man für sich realisiert, ist eine Frage subjektiver Entscheidung[4];
- biologischen Komponente: Religiös sein setzt eine „fundamentale Religiosität", eben die biologischen und psychologischen Möglichkeiten hierfür voraus.

Wenn überhaupt, dann kann die Neurowissenschaft allenfalls zu einem besseren Verständnis der Komponente „fundamentale Religiosität" beitragen. Ob auch

---

[3] Zudem werden unter dieser Perspektive auch Forschungen interessant, die bislang nicht oder kaum mit der „religiösen" Frage in Verbindung gebracht werden.

[4] Theologisch gesehen kommt hier auch die Gnadenthematik ins Spiel.

für die zweite Komponente „Entscheidung"[5] neurophysiologische Einsichten
erhellend sein können, z.B. hinsichtlich „emotionaler Faktoren bei Entscheidungen" oder bei „Entscheidung unter Unsicherheit", mag dahin gestellt bleiben.
Das mag den Eindruck erwecken, als könne der Beitrag der Neurowissenschaft
zur Erhellung des Phänomens Religiosität allenfalls bescheiden sein. Dies wäre
jedoch eine Fehleinschätzung des Potenzials, das in dieser Forschungsrichtung
liegt, wenngleich die Formulierung einer Religiositätstheorie nicht primär die
Sache der Neurowissenschaft sein wird.
(c) Vor dem Hintergrund des eben Gesagten kann der Duktus der weiteren Überlegungen aufgezeigt werden. Zunächst wird (1.) ein Blick auf den Schnittbereich „Neurowissenschaft und religiöse Erfahrung" geworfen. Sodann kommen
(2.) Stellenwert und Probleme einer neurowissenschaftlichen Erforschung des
Religiösen zur Sprache, in deren Anschluss (3.) die Relevanz der Neurowissenschaft für die Formulierung einer „Religiositätstheorie" diskutiert werden kann.
Im Rahmen dieser Überlegungen wird es unvermeidlich, die neuro*biologischen*
Einsichten in einem *psychologischen* Kontext zu verankern – ein Schritt, der
keineswegs bedeutungslos ist. Eine solche Akzentverlagerung wird durch die
neurowissenschaftliche Diskussion selbst, insbesondere aufgrund der Kontroverse um die Bedeutung von Kognitionen bzw. Emotionen bei religiösen Erfahrungen, angebahnt. Allerdings besteht der Eindruck, dass den an der Diskussion
Beteiligten gar nicht in aller Deutlichkeit bewusst ist, in welchem Ausmaß ihre
Kontroverse auf eine *psychologische* Anthropologie rekurriert. Diese Akzentverschiebung ins Bewusstsein zu heben ist aber unverzichtbar, wenn man den
neurowissenschaftlichen Beitrag für die Formulierung einer Religiositätstheorie
adäquat würdigen möchte. Denn erst beim Rückgriff auf jene *psychologischen*
Kategorien kommt (4.) ein Schlüsselproblem in den Blick, das näher betrachtet
werden muss. In der angedeuteten neurowissenschaftlichen Kontroverse um die
Frage, ob religiöse Erfahrungen eher affektiver Natur sind oder ob es sich dabei
auch um kognitive Prozesse handelt, ist das Ergebnis derzeit nämlich offen. Die
momentan gegebene Patt-Situation wird nun Ausgangspunkt für (5.) Überlegungen, die zwar noch keine Religiositätstheorie begründen, für ihre Formulierung aber eine wesentliche Voraussetzung schaffen. Es wird vorgeschlagen, in
der Psychologie neben Kognitionen und Emotionen auch „Creditionen" als relevanten Parameter anzusehen. In einer ersten Grobformulierung könnte man
Creditionen als „Glaubensprozesse" bezeichnen, die sich nicht nur auf traditionell „religiöse" Phänomene, sondern auch auf Alltäglichkeiten, wenn nicht auf
Banalitäten beziehen können. Ist es denkbar, dass menschliches Erleben und
Verhalten in erheblichem Ausmaß auf solchen „Creditionen" beruhen? Nach
diesen Vorarbeiten wird es möglich, (6.) einen innovativen Vorschlag für eine
Basistheorie der Religiosität zu unterbreiten.

---

[5]   Zur Psychologie von Entscheidungen vgl. etwa Jungermann 1998.

2. Neurowissenschaftliche Forschungen zum Phänomen des Religiösen

Sondiert man die Forschungslandschaft im Schnittfeld Religiosität und Neurowissenschaft, sind zwei bislang weitestgehend disparate Felder erkennbar: (a) jenes, das unter dem Stichwort „Neurotheologie" von sich reden macht, und (b) weitere Forschungen, die in unterschiedlicher Intensität mit der religiösen Perspektive verbunden sind.

(a) Mit der Bezeichnung „Neurotheologie" werden vor allem jene medial bekannt gewordenen Forscher wie Persinger usw. in Verbindung gebracht werden, die eingangs genannt worden sind. Dieser mittlerweile mehrfach referierten Diskussion soll kurze Aufmerksamkeit gewidmet werden, da sie eine Art „Grundbestand" an „neurotheologischem" Wissen darstellt. Insgesamt könnten die Forschungen jenem schmalen Bereich zugeordnet werden, den David Wulff, einer der führenden amerikanischen Religionspsychologen, als „Religion in the Laboratory" (Wulff 1997, 169–204) charakterisierte.

(1) Im kanadischen Sudbury stimuliert der Physiologe und Psychologe Michael Persinger mit Hilfe von Elektroden, die sich in einem speziell präparierten Helm befinden, die Temporallappen seiner Probanden. Wer sich den Versuchen unterzieht, beschreibt die dabei gemachten Erlebnisse häufig mit Hilfe eines Vokabulars, das man ansonsten nur aus religiösen Zusammenhängen kennt. Lassen sich mit diesem „Gotteshelm" also religiöse Erfahrungen provozieren? Persinger war auf seine Idee gekommen, als er die zerebralen Aktivitäten von Epilepsie-Patienten genauer untersuchte, die im Verlauf von epileptischen Anfällen den Anschein erweckten, als hätten sie „religiöse" Erfahrungen[6]. Er hatte beobachtet, dass solche „religiöse" Erregung bei einer bestimmten Art von Anfällen auftrat, bei denen turbulentes Feuern der Neuronen im (rechten) Temporallappen zu verzeichnen war. Was würde geschehen, wenn man diese Gehirnregion bei gesunden Probanden elektrisch stimulierte? Es stellte sich heraus, dass häufig auch Probanden, die sich solchen Versuchen mit dem „Gotteshelm" unterzogen, ihre Erlebnisse mit Hilfe eines Vokabulars kommentierten, das traditionell in religiösen Sprachzusammenhängen angesiedelt ist. In gewissem Umfang war es offensichtlich möglich, auch bei Gesunden ähnliche „religiöse" Erfahrungen zu evozieren, wie sie Temporallappen-Epileptiker erlebten. Persinger folgert daraus, dass Gotteserfahrungen mit Veränderungen der Hirnstromaktivität im Temporallappen einhergehen und dass solche Veränderungsprozesse ein intensives Gefühl von Bedeutsamkeit hervorrufen[7]. Zwar wurden diese Ergebnisse

---

[6] Schon seit den 1970er Jahren wurde dem Zusammenhang von religiösen Bekehrungserlebnissen und epileptischen Störungen Aufmerksamkeit gewidmet (Dewhurst / Beard 1970).

[7] „God Experiences are predicted to be correlated with transient electrical instabilities within the temporal lobe of the human brain. ... Productions of TLTs (temporal lobe transients) create an intense sense of meaningfulness, profundity, and conviction" (Persinger 1987, X).

schon 1987 präsentiert, doch erlangten sie erst im Sog des „neurotheologischen" Interesses ihre aktuelle öffentliche Bekanntheit.

(2) Von den Forschungen Persingers war auch der Direktor des Center of Brain and Cognition an der University of California, Vilayanur Ramachandran, angetan, der zu den führenden amerikanischen Forschern zählt. Er machte auf einen eigenartigen Aspekt aufmerksam: Auch wenn eine Beteiligung des Temporallappens während epileptischer Anfälle festgestellt werden kann, bleibt rätselhaft, wie sich die während Halluzinationen von Epileptikern einstellenden Bilder erklären lassen. Ramachandran fragte sich: „Warum halluzinieren diese Patienten nicht Schweine oder Esel?" (Ramachandran / Blakeslee 2002, 287). Anscheinend sind bei solchen „religiösen" Erfahrungen noch andere Gehirnbereiche beteiligt. So schenkt Ramachandran jener Gehirnregion im limbischen System besondere Aufmerksamkeit, für welche die nicht gerade wissenschaftlich anmutende Bezeichnung „God module (Gottmodul)" in Umlauf kam, die von ihm auch selbst verwendet wird. Im Kapitel „God and the Limbic System" zieht er einen eindeutigen, wenngleich vorsichtigen Schluss: „Ganz offensichtlich gibt es im menschlichen Gehirn Schaltkreise, die an religiösen Erfahrungen beteiligt sind und die bei manchen Epileptikern hyperaktiv werden" (Ramachandran 304).

(3) Es waren allerdings weniger die Forschungen im Umfeld epileptischer Anfälle, die eine breitere US-amerikanische Öffentlichkeit darauf aufmerksam machten, dass sich die Neurowissenschaft mit religiösen Phänomenen beschäftigt. Einflussreicher war eine markante Publikation des Neurologen James Austin. Er hatte Mitte der 1970er Jahre während eines Studienaufenthalts in Kyoto Bekanntschaft mit Zen gemacht. Seit dieser Zeit ließ ihn die Faszination hierfür nicht mehr los. Er fragte sich „Was geschieht im Hirn, wenn mit Hilfe meditativer Versenkung allmählich die Lüste und Begierden des Alltags gedämpft werden?" (Austin 1998, 174) und „Welche neuronalen Prozesse führen zu Verhaltensmodifikationen?" Als Neurologe horchte er auf, wenn sein Zen-Lehrer Kobori-roshi in diesem Zusammenhang die bemerkenswerte Formulierung „inneres Wetter" gebrauchte um auszudrücken, dass Denken, Fühlen und Verhalten von einer Art Großwetterlage („larger climate") gesteuert werden (Austin 1998, 290). Sollte eine solche aber Wahrnehmung und Denken stimulieren – entspricht ihr dann ein neuronales Korrelat?

(4) Meditation und die dabei ablaufenden neuronalen Vorgänge wurden in jüngster Vergangenheit zunehmend Gegenstand des wissenschaftlichen Interesses (Petersson Buin 2000). Zu den in dieser Richtung aktiven Forschern zählen auch Andrew Newberg und Eugene D'Aquili. Sie sind hier ausdrücklich hervorzuheben, weil ihre beiden jüngsten Monographien (D'Aquili / Newberg 1999, D'Aquili / Newberg 2001) maßgeblich dazu beitrugen, dass der Ausdruck „Neurotheologie" immer mehr Beachtung fand. Bei der Erforschung neuronaler Prozesse während der Meditation fiel ihnen eine interessante Veränderung des Aktivitätspotenzials im (rechten) Parietallappenbereich auf. Dieser ist maßgeblich an Wahrnehmungsprozessen beteiligt, bei denen es um die Unterscheidung zwi-

schen dem eigenen Ich und der umgebenden Umwelt geht, weswegen der Bereich auch als „orientation association area" bezeichnet wird. Mit Hilfe von SPECT-Untersuchungen[8] konnten sie zeigen, dass gerade in diesem Bereich während einer Meditation – genauer während jenes Zustands, der von der Religionspsychologie als „peak-Erfahrung" bezeichnet wird – die eingehenden Außenreize (afferents) völlig abgeblockt werden (deafferentiation). Bei Meditierenden entsteht dadurch der Eindruck einer „Entgrenzung" oder einer „Verschmelzung mit dem Unendlichen" (D'Aquili / Newberg 1999, 32–37, 109–120). Ein bestimmter Typus von Meditation kann, wie Untersuchungen der Forschergruppe um Richard Davidson zeigten, zudem eine weitere Wirkung haben. Bei einem Experiment mit acht buddhistischen Mönchen konnten die Forscher während der Meditation eine erhöhte und stärker synchronisierte Gammawellenaktivität nachweisen. Überraschenderweise hielt die Synchronisation auch nach dem Ende des Meditationsvorgangs eine Zeit lang an (Lutz u.a. 2004)[9].

(b) Über die genannte „neurotheologische" Literatur hinaus beginnt sich die Neurowissenschaft einem ganzen Bündel von Phänomenen (Joseph 2002) zuzuwenden, die potenziell mit einer Religiositätstheorie in Zusammenhang gebracht werden können. Die Bandbreite der hierbei anvisierten außergewöhnlichen Erfahrungen (Varieties of Anomalous Experience) ist beachtlich und umfasst so Unterschiedliches wie Halluzinationen, Synästhesie, Todesnaherfahrungen oder anomale Heilerfahrungen (Cardeña / Linn / Krippner 2000). Direkt oder indirekt kommt hier die Offenheit jener religionspsychologischen Tradition zum Tragen, die von William James grundgelegt worden war (James 1902). Einen markanten Schub erhält die neurowissenschaftliche Erforschung der Religiosität seit kurzem von der Psychoneuroimmunologie (PNI), einer jungen Disziplin, die das Themenfeld Gesundheit und Krankheit mit neurowissenschaftlichem Interesse beobachtet. Sie geht u.a. davon aus, „that what people believe, think, and feel may have a direct impact on neuroendocrine and immune function-systems that play a vital role in warding off disease and speeding recovery from illness" (Koenig 2002, 31). Die Forschungsrichtung steckt noch sehr in den Anfängen und es wäre voreilig, hieraus allzu weitgehende Folgerungen zu ziehen, zumal schon die traditionelle Religionspsychologie bei diesem Thema zu unterschiedlichen Ergebnissen kam (Schmitz 1992). Ferner gibt es ein gut etabliertes und ausdifferenziertes Forschungsfeld im Schnittbereich von Psychologie und Medizin, das sich mit Themen wie „altered mental States", „extrasensory perception" (ESP), „altered states of consciousness" (ASC) oder „belief in paranormal phenomena" (vgl. Vaitl / Birbaumer u.a. 2005; Vaitl / Ott 2005) auseinandersetzt. Forschungen dieser Art verstehen sich entsprechend ihres Selbst-

---

[8]   Zur Single-Photon-Emission Computertomographie (SPECT) vgl. Kischka 1997, 295–304.

[9]   Erstaunlicherweise scheint sich eine nahe liegende Verbindung von der Meditation zum Flow-Effekt (Csikszentmihalyi 1990) bislang nicht im Blickfeld der Forschung zu befinden.

verständnisses in der Regel nicht so, als hätten sie mit „religiösen" Fragestellungen zu tun. Allerdings wäre es möglich, die Forschungen in den Kontext einer Religiositätstheorie zu integrieren. So lassen sich aus wahrnehmungspsychologischer Forschungsperspektive etwa explizite Bezüge zu religiositätstheoretischen Aspekten herstellen, etwa deswegen, weil manche religiösen Erfahrungen ähnliche neuronale Korrelate haben, wie sie beim Placebo-Effekt beobachtbar sind (Kuhn 2005). Auch zeigen Untersuchungen mit dem „magical ideation" (MI)-Erhebungsbogen, dass Gläubigkeit und die Bereitschaft von Sinnproduktion in Zusammenhang stehen. (Leonhard / Brugger 1998, Brugger 2005). „Am speziellen Fall des Glaubens an außersinnliche Phänomene lässt sich zeigen, dass höhere assoziative Leistungen von Wahrnehmung und Sprache darüber entscheiden, ob jemand gläubig ist oder nicht. In beiden Funktionsbereichen ist der Übergang zwischen Deutungsfreudigkeit und Deutungszwang ein fließender, und so stellt die Neuropsychologie des Paranormalen ein wichtiges Bindeglied zwischen Kreativitätsforschung und Psychiatrie dar" (Brugger 2007). Auch traten persönlichkeitstypologische Unterschiede hinsichtlich der biochemischen Absorptionsfähigkeit von Neurotransmittern zutage, die für mystisches Erleben bedeutsam sind (Ott 2005, Ott / Vaitl 2005). Die Liste derartiger Befunde ließe sich erweitern. Sie macht deutlich, dass neurowissenschaftliche Forschung hochinteressante Perspektiven für das Verständnis von Religiosität beisteuern kann und keineswegs mit jenen medial gepuschten „neurotheologischen" Gebieten identisch ist, die auch von philosophischer und theologischer Seite bevorzugt zur Kenntnis genommen werden.

3. Stellenwert und Probleme neurowissenschaftlicher Erforschung des Religiösen

Was ist von der neurowissenschaftlichen Erforschung des Religiösen zu halten? Der Stellenwert, der ihr – insbesondere in der „neurotheologischen" Variante, die im Folgenden primär angesprochen ist – zugemessen wird bzw. die Probleme, die dabei in den Blick kommen, sehen von verschiedenen Standpunkten unterschiedlich aus.

(a) Die *öffentliche (vor allem mediale) Aufmerksamkeit* für die Forschungsperspektive kann den Eindruck erwecken, es handle sich hierbei um eine einschneidende Innovation. Das ist falsch. Das wissenschaftliche Interesse an biologischen Aspekten religiöser Erfahrung hat eine lange Tradition. Schon 1917 promovierte in Harvard Wesley Raymond Wells zum Thema: The Biological Foundations of Belief (publiziert 1921). Zudem ist die Verbindung von Neurowissenschaft und Religiosität nicht grundsätzlich revolutionär. Es ist im Gegenteil wohl unbestritten, dass religiöse Erfahrungen neuronale Korrelate haben. David Wulff stellt zu Recht fest, dass es nicht um die Frage gehe, ob die Neurophysiologie bei religiösen Erfahrungen eine Rolle spiele oder nicht (da vermutlich alle Erfahrungen irgendwo im Gehirn repräsentiert sind), sondern ob der

Bezug auf zerebrale oder andere körperliche Prozesse die angemessenste Art sei, diese zu verstehen[10]. Deswegen begegnet die Wissenschaft – und zwar so gut wie alle Disziplinen – dem neurowissenschaftlichen Zugang zum Religiösen wesentlich reservierter als die Medien. Das liegt sicher auch daran, dass die „neurotheologische" Diskussion mit einer geradezu exzessiven Kumulation methodischer und insbesondere hermeneutischer Probleme befrachtet ist. Die Vermischung von Religion, Religiosität und religiös[11] ist davon nur eines.

(b) Aus Sicht einer empirisch arbeitenden *Psychologie* sind die meisten der bisherigen „Ergebnisse" kaum mehr als Hypothesen. Sie erfüllen bei weitem nicht jene Anforderungen, die Standard bei experimentellen empirischen Verfahren sind. Das muss nicht heißen, dass die Aussagen falsch sind, aber die Validität der Ergebnisse ist gering und steht in keinem Verhältnis zur öffentlichen Aufmerksamkeit.

(c) Aus Sicht der *Religionspsychologie*, insbesondere aus der Perspektive eines kulturtheoretisch orientierten Ansatzes, ist auffällig, dass bei vielen Untersuchungen stillschweigend Kulturkreise vermischt werden (van Belzen 2005). Woher kommt die Vermutung, dass meditierende Buddhisten und betende Nonnen in einen „gleichen" Zustand geraten? Das kann nicht vorausgesetzt werden, sondern müsste erst nachgewiesen werden. Auch bleibt – trotz der oben genannten Untersuchungen zur länger anhaltenden Wirkung synchronisierter Gammawellen – unklar, auf welche Weise sich „innere Transformationen", wie sie mit Glaubenserfahrungen einhergehen können, feststellen lassen. Darüber hinaus ist es keineswegs unproblematisch, wenn für Meditation eine religiöse Dimension als konstitutiv angesehen wird (Wachholtz / Pargament 2005), und wie viele Menschen, die sich als religiös bezeichnen, meditieren denn tatsächlich? Meditation und erst recht andere „außergewöhnliche" Zustände bzw. Situationen, wie z.B. peak- oder Todesnaherfahrungen, haben für das religiöse Alltagsleben – zumindest eines Großteils von Christen – nur bedingt Bedeutung. Doch gerade darauf richtet sich der Fokus neurowissenschaftlichen Interesses in hohem Maße. Somit ist kritisch zu fragen, mit welchem Recht sich aus so wenig zentralen Erfahrungen Rückschlüsse auf die Eigenart „religiöser" Phänomene ableiten lassen?

(d) Die *Theologie* äußert gleichfalls Unbehagen angesichts der Tatsache, dass sich die Neurowissenschaft besonders für solch eher exzentrischen Erfahrungen interessiert. Auch Geltungsanspruch sowie die ungeklärten (verschleierten) Implikationen neurobiologischer Konzepte werden angeprangert. Ähnlich wie bei „anderen religionspsychologischen Zugangswegen" sind, wie Michael Utsch feststellt, „auch in dem neurobiologischen Deutungsraster die weltanschaulichen

---

[10]   „At issue, then, is not whether neurophysiology plays a role in religious experiences – for presumably all experience is represented somewhere in the brain – but whether referral to brain and other bodily processes is the most appropriate way by which to comprehend them" (Wulff 1997, 112).

[11]   Das „Rosinenbrei-Syndrom" (vgl. Vorwort) ist allenthalben anzutreffen.

Vorentscheidungen maßgeblich" (Utsch 2005, 101). Bei der weltanschaulichen
bzw. philosophischen Auseinandersetzung im theologischen Vorfeld können all
jene Themen eine dominierende Rollc spielen, die heute Gegenstand grundlegender Kontroversen sind, wie z.B. die Debatten um Bewusstsein, Gehirn-Geist
(brain-mind), Naturalismus, Determinismus, Reduktionismus oder Evolution
(Evolutionstheorie versus intelligent design). Dort, wo der Anspruch einer Interpretation religiöser Erfahrungen mit im Spiel ist, beeinflusst jede Position
bezüglich eines der genannten Themenbereiche denn auch die Demarkationsli-
nie zwischen Theologie und Neurowissenschaft. Es ist dabei für die aktuelle
Kommunikationssituation dekuvrierend, dass ausgerechnet jene Forschungen
explizit mit theologischer Aufmerksamkeit rechnen können, die unter das
Schlagwort „Neurotheologie" subsumiert werden. Das liegt womöglich daran,
dass hier die konkurrierenden Ansprüche bezüglich einer Deutehoheit im religiösen Bereich dominant werden. Doch wird die „Neurotheologie" weitgehend
skeptisch betrachtet. Kritisiert wird, dass wesentliche Momente, wie etwa die
Wahrheitsfrage, gar nicht thematisiert werden (Lüke 2003, Graf 2004). Besonders massiv stößt sodann eine angeblich „theologische" Argumentation auf Widerstand, die den Anschein erweckt, es könne die Existenz oder Nicht-Existenz
Gottes mit Hilfe der modernen Techniken erwiesen werden („neurobiologische
Gottesbeweise"). Die Neurowissenschaft „kann nichts Seriöses über „das Absolute", „die Transzendenz", „das Seinsganze" oder „die Einheit der Wirklichkeit"
– ausnahmslos Begriffe aus Neuerscheinungen von „Neurotheologen" – sagen,
sondern allein neuronale Grundlagen mentaler Prozesse ins Bild setzen, die
konventionell mit Religion verbunden werden" (Graf 2004, 144)[12]. In der auf-
flammenden Auseinandersetzung lassen sich auf beiden Seiten kommunikative
Abwertungen beobachten. So verliert die Qualität von Manfred Spitzers neurowissenschaftlich fundierter Lerntheorie in seinen Äußerungen zum Religionsunterricht verblüffend an wissenschaftlichem Niveau (Spitzer 2002, 423–447). Mit
Auslassungen etwa über „Die populistischen Erkenntnisse der Hirnforschung"
(Bergold 2005, 51) diskreditiert sich leider auch die Theologie bzw. Religionspädagogik. Es ist aus der Beziehungsgeschichte zwischen Naturwissenschaft
und Theologie sattsam bekannt, dass gegenseitige Verdächtigungen besonders
bei wenig profunder wissenschaftlicher Auseinandersetzung Konjunktur hatten[13]. Auffällig ist ferner, dass die Theologie durch ihre auf „Neurotheologie"

---

[12]   Pointierter formuliert es Ulrich Lüke „Die Experimente der ‚Neurotheologen' sind in
      etwa so sinnvoll wie das Zerlegen eines Fernsehgeräts auf der Suche nach Ulrich Wi-
      ckert". Leserbrief (in: Der Spiegel 23/2002, S. 12) auf den Spiegelartikel „Der gedachte
      Gott" (Der Spiegel 21/2002).

[13]   Für die wissenschaftliche Diskussion ist tatsächlich erschwerend, dass „Neurotheologie"
      in erster Linie in ihrer populärwissenschaftlichen Spielart ins Gespräch kam. Auch die
      theologische Auseinandersetzung orientiert sich bislang lediglich an den wissenschafts-
      journalistisch gestylten Publikationen. Die diesen zugrunde liegenden Forschungsberichte
      in den wissenschaftlichen Fachorganen werden hingegen so gut wie nicht zur Kenntnis
      genommen.

fixierte Rezeption die Bandbreite neurowissenschaftlicher Forschung zum „Religiösen" offensichtlich nur selektiv wahrnimmt. Dies gilt erstaunlicherweise selbst dort, wo von der Neurowissenschaft traditionelle theologische Auffassungen, wie z.B. solche in Fragen der Liturgiegestaltung, positiv bestätigt werden. So öffnete etwa „die Neuropsychologie den Blick für die Bedeutung der Seitenbetonung für die Gestaltung psychischer und kognitiver Vorgänge (im Zusammenhang mit dem Modell der rechten und linken Hirnhälfte). Bei diesem Modell war es möglich zu zeigen, dass eine Bewegung von links in den Altarraum als Bewegung in die Primärwahrnehmung durch die rechte Hirnhälfte und damit als eine Bewegung vom Unbewussten ins Bewusste, vom Emotionalen ins Rationale gedeutet werden kann" (Linke 2003, 199). Die neurophysiologische Bedeutung der Bewegungsrichtung (ob also der Priester den Altar links oder rechts herum umschreitet) scheint analog auch in ihrer Wirkung auf die anwesenden Gläubigen nachweisbar.

Trotz der genannten Probleme kann der neurowissenschaftlichen Forschung *Relevanz für die religionspädagogische* (Reich 2003) bzw. *theologische Reflexion* zugesprochen werden. Auf dem im November 2005 in Graz veranstalteten Kongress „Neurowissenschaft und Religiosität" skizzierte Matthias Gronover vier theologische Positionen: (1) die skeptische Rezeption, bei der die Theologie die Neurowissenschaften mit ihrer Auffassung der Einheit des Menschen konfrontiert, (2) die Verortung im Kontext einer evolutionären Religionstheorie, wo die Theologie die neurowissenschaftlichen Erkenntnisse mit Erkenntnissen aus den Gesellschaftswissenschaften ins Gespräch bringt, (3) das Themenfeld der Perspektive der ersten Person, bei dem von der Theologie hervorgehoben wird, dass religiöse Erfahrungen immer erst dann religiös genannt werden können, wenn sie aus der Perspektive der ersten Person so erfahren werden und (4) das Themenfeld der Religionskritik, in dem die Theologie in manchen neurowissenschaftlichen Forschungen zur Religion eine mehr oder weniger offene Religionskritik am Werk sieht (Gronover 2005). Auch wenn von neurowissenschaftlicher Seite bisweilen allzu schnell neurobiologische Einsichten als umfassende Anthropologie präsentiert werden (biologistischer Reduktionismus), kann sie gerade mit ihrem Interesse am „Religiösen" einen wichtigen Impuls dafür setzen, dass Religiosität endlich als bedeutsame Komponente einer Anthropologie verstanden wird. Dabei könnten auch neurowissenschaftliche Forschungen relevant werden, die – wie z.B. die Gedächtnisforschung – bislang kaum mit dem Blick auf religiöse Phänomene betrieben werden. Umgekehrt könnten auch theologische[14] Reflexionen, die sich von neurowissenschaftlichen Einsichten zu Themen wie etwa Gedächtnis befruchten lassen (Braunwarth 2002), an Kontur gewinnen, sobald sie ausdrücklich auf das Phänomen Religiosität bezogen werden, was bislang bedauerlicherweise gerade nicht der Fall ist. Das führt zur Fra-

---

[14] Der explizit religionspädagogische Akzent in der interessanten Arbeit Braunwarths ist nicht ohne weiteres zu erkennen.

ge, welchen Beitrag zur Formulierung einer Religiositätstheorie man von der Neurowissenschaft erwarten kann.

4. Neurowissenschaftliche Impulse für eine Religiositätstheorie

Wird die Neurowissenschaft vielleicht zukünftig die Frage beantworten, ob kulturspezifische Unterschiede der Religionen von einer Art sind, dass sie im Gehirn eindeutig differenzierbare Spuren hinterlassen? Wird die hochaufgelöste Gehirnaufnahme eines religiösen Menschen, der ein Buch liest, eines Tages die eindeutige Feststellung zulassen, ob das Buch die Bibel war oder ob es sich um den Koran handelte? Wird sich irgendwann zeigen lassen, dass bei meditierenden Buddhisten und betenden katholischen Ordensschwestern *nicht* die gleichen Prozesse im Hirn ablaufen? Unabhängig davon, wie die Antwort ausfallen wird: Der Gegenstand der Untersuchung wird immer die *Religiosität* jener Individuen gewesen sein – und niemals die *Religion*, der sie zugehören.

(a) Religiosität als Forschungsgegenstand zu identifizieren ist keineswegs selbstverständlich, wenn man bedenkt, dass es bisher – zumindest seit der Aufklärung und in der westlichen Welt – „Religion" war, die die wissenschaftliche Auseinandersetzung mit dem Phänomen des Religiösen beherrschte. In der Bezeichnung der hierin involvierten Disziplinen (Religions-wissenschaft, Religions-phänomenologie, Religions-kunde, Religions-philosophie, Religions-psychologie bis hin zu Religions-pädagogik) kommt diese Orientierung klar zum Ausdruck. Auch wenn häufig festgestellt wurde, wie unzureichend sie für eine Erfassung des Gemeinten ist, hat die Fixierung auf Religion eine geradezu dramatische Brisanz, die nicht zuletzt bis in politische Anschauungen durchschlägt. Es mag genügen, an eine Äußerung von Samuel Huntington zu erinnern: „Zunehmend greifen Muslime den Westen nicht darum an, weil er sich zu einer unvollkommenen, irrigen *Religion* bekennen würde, ... sondern weil er sich zu überhaupt keiner *Religion* bekennt (Huntington 1996, 342; *kursiv* HFA.). Die Neurowissenschaft ist dabei, an diesem Punkt einen epochalen Perspektivenwechsel einzuläuten, der die Forschungslandschaft allmählich (in einem positiven Sinn) verändern kann: Nicht „Religion", sondern „Religiosität" wird Forschungsgegenstand[15]. Gerade deswegen fasziniert der neurowissenschaftliche Fokus: Es sind weniger die bisherigen Ergebnisse, als vielmehr die Tatsache, dass die Neurowissenschaft eine der stärksten Herausforderungen für die Konzeption einer *Religiosität*stheorie darstellt (Angel / Krauss 2004). Es könnte die Neurowissenschaft sein, die die Nachfrage nach einer präzisen Religiositätstheorie besonders nachdrücklich forcieren wird. Angesichts der verschiedenen technischen Verfahren (vgl. Kischka u.a. 1997), nicht zuletzt infolge der Möglichkeiten bildgebender Verfahren, wird nämlich eine Paradigmenbildung in

---

[15] Der „Niederschlag" von *Religionen* im Gehirn kommt, falls überhaupt, dann allenfalls indirekt in den Blick – als kulturelle Größen, die die Ausprägung menschlicher Religiosität beeinflussen (d.h. über die soziokulturelle Komponente der Religiosität).

Sachen Religiosität immer unumgänglicher. Schon die Auswahl von Probandinnen und Probanden bzw. von zu untersuchenden Phänomenen setzt eine Theorie von Religiosität voraus. Auch methodisch geht es darum, aufgrund gescannter Bilder Daten zu gewinnen: Diese sprechen aber hinsichtlich religiöser Erfahrungen nicht für sich selbst, sondern müssen interpretiert werden. Dies wiederum setzt Paradigmen der möglichen Interpretation voraus.

(b) Dass hier eine Verschiebung des Erkenntnisinteresses von „Religion" bzw. „religiös" hin zu „Religiosität" wirksam ist, müsste allerdings von der Neurowissenschaft selbst erst noch bewusst realisiert werden. Immer noch beziehen auch Neurowissenschaftler ihre Überlegungen vor allem auf *Religion*. „Der Hauptvorteil bei der Diskussion über Religion, die Dimension der Erforschung des Gehirns mit hereinzubringen, liegt darin, dass wir mit ihm einen Horizont der Freiheit eröffnen, in dem wir noch Projektionen gestalten können, die andernorts schwer einzupassen sind, da viele von Freund-Feind-Schemata und Denkgegensätzen besetzt sind" (Linke 2003, 18). Zwar haben Religionen, wie die Äußerung von Detlef Linke deutlich machen kann, durchaus als kontextueller Rahmen für Vorentscheidungen ihren Platz in der Diskussion: Gegenstand der neurowissenschaftlichen Forschung können sie jedoch nur in der subjektiven Aneignung von Individuen (also in Gestalt von *Religiositäts*stilen) werden. Mit einer Hinwendung zu Religiosität als Forschungsgegenstand wäre auch die „neurotheologische" Falle zu umgehen[16]: Es würde weder um „neurotheologische" Gottesbeweise gehen, noch bedürfte es (vordringlich) einer Auseinandersetzung um „naturalistische Reduktion". Es ginge lediglich um die Frage: Welchen Beitrag zur Klärung des Phänomens „Religiosität" kann man von bildgebenden Verfahren und ihrer Interpretation erwarten? Weder die bisherigen (noch die zukünftigen) Experimente im Umfeld religiöser Erfahrung müssten mit „theologischen" Diskussionen in Verbindung gebracht werden, wohl aber könnten sie daraufhin befragt werden, welche impliziten Vorstellungen bezüglich Religiosität wirksam sind und wie sich dies erkenntnisleitend bemerkbar macht. Allmählich könnte demgegenüber Platz für die Einsicht entstehen, dass Theologie und (Neuro-)Biologie – wenngleich in relativ beschränktem Maße – vor allem unter dem Aspekt „Anthropologie" in fruchtbare Diskussion treten können (Lüke 2001, 11–23).

(c) Was bedeutet das bisher Gesagte für das Verständnis von Religiosität? Zunächst dieses: Religiosität bleibt noch immer ein geheimnisvolles Phänomen und vielleicht wird es – ähnlich wie bei Religion – auch zukünftig kein umfassendes und/oder allgemein akzeptiertes Konzept „Religiosität" geben (vgl. Bröking-Bortfeldt in diesem Band). Aus der Neurowissenschaft liegen bislang le-

---

[16] Der durch die „Neurotheologie" auf philosophischer und theologischer Seite ausgelöste Widerstand ist auch Folge einer Irritation bezüglich des Formalobjekts, das weder Religion noch Theologie ist, sondern Religiosität. Gleichzeitig wird in der Diskussion schmerzlich deutlich, zu welchen Problemlagen eine mangelnde Theoriebildung in Sachen Religiosität führt.

diglich erste „Puzzleteile" für eine Religiositätstheorie vor, da lediglich ein ver-
schwindend kleiner Teil möglicher Entfaltung von Religiosität in den Blick neurowissenschaftlicher Forschung geriet. Dennoch machen diese Untersuchungen
schon jetzt auf unterschiedliche Facetten einer Religiositätstheorie aufmerksam:

• Die Neurowissenschaft macht Religiosität als Phänomen thematisierbar, das
nicht auf einen Kulturkreis bezogen ist. Das ermöglicht, unter einem über-
geordneten Gesichtspunkt Erfahrungen zu thematisieren, die im Christentum bzw. in der (traditionellen christlichen) Theologie nur marginale Bedeutung haben, die aber in anderen Religionen eine größere Rolle spielen
oder die – etwa in New Age und Esoterik – Virulenz entfalten können.

• Es gibt einige „religiöse" Zustände, die sich besonders für experimentelle
Zugänge eignen[17],

• diese Zustände stehen mit einer je spezifischen Ausprägung von Religiosität
in Beziehung und können als Expressionen menschlicher Religiosität angesehen werden,

• zerebrale Schädigungen können in unterschiedlicher Weise die Ausprägung
von Religiosität beeinflussen bzw. beeinträchtigen,

• bei verschiedenen Expressionen menschlicher Religiosität spielen unterschiedliche Gehirnregionen eine prominente Rolle, die ihrerseits in je spezi-
fischer Weise mit anderen Gehirnregionen in Verbindung stehen,

• die Expressionen menschlicher Religiosität (erlebt als religiöse Zustände
bzw. Erfahrung) sind von den soziokulturellen Kontexten beeinflusst,

• diese Beeinflussung geschieht durch Sprache, Riten und Symbole und damit über den kontextuellen Rahmen, der für die Generierung von Bedeutung bedeutsam ist (Runehov 2004).

Auch wenn es voreilig wäre, aus den fragmentarischen Einsichten schon allzu
kühne Folgerungen bezüglich des Phänomens Religiosität zu ziehen, scheint der
neurowissenschaftliche Zugang zu religiösen Phänomen die – empirisch erst
noch zu untersuchende – Auffassung nahe zu legen:

> Religiosität ist in erster Linie ein Potenzial, das mehr oder we-
> niger entfaltet werden kann. In mehr oder weniger entfalteter
> Form wird dieses in Gestalt unterschiedlicher Religiositätsstile
> fassbar.

Lassen sich aus den neurowissenschaftlichen Befunden *Postulate* für eine Religiositätstheorie folgern? Darüber wird zu streiten sein. Die folgenden Überlegungen werden vor dem Hintergrund angestellt, dass eine Theorie der Religiosität so konzipiert sein muss, dass folgende Parameter integrierbar sind:

• Entwicklung des Potenzials „Religiosität" im Verlauf der Hominidenevolu-
tion (phylogenetische Dimension),

---

[17]   Die Psychologie unterscheidet zwischen state und trait und es wäre zu klären, wie man
das Verhältnis von state und trait im Rahmen einer Religiositätstheorie zu fassen beab-
sichtigt.

- Abhängigkeit der individuellen / kollektiven „Ausprägung" der Religiosität von soziokulturellen und historischen Gegebenheiten,
- Entfaltung (Entwicklung) der Religiosität im Verlauf der Ontogenese (ontogenetische Dimension),
- Beziehung der Religiosität zu Bewusstsein und Sprache,
- Anfälligkeit des individuellen Potenzials „Religiosität" für pathogene Einflüsse.
- Universelle Verbreitung der biologischen Voraussetzung für Religiosität in nicht neuropathologisch geschädigten Individuen.

Wenn im Rahmen des eingangs genannten Drei-Komponenten-Modells die biologische Perspektive eine – aber nicht die einzige – Komponente darstellt, dann sind von der Biologie, insbesondere der Neurobiologie, grundsätzlich hilfreiche Einsichten zu erwarten. Sowohl für die Forschungspraxis wie für die Theoriebildung kann das Drei-Komponenten-Modell den Geltungsbereich neurowissenschaftlicher Erkenntnisse, aber auch seine Beschränkung markieren:

- Das „Mischungsverhältnis" Kultur und Individuum – das heißt, die je spezifische Weise von Aneignung und Identifikation – ist *in der Praxis* bei keinem experimentellen Zugriff in einem wie immer gearteten „Rohzustand" zu haben. Die theoretische Annäherung an das Thema Religiosität hat in der Forschungspraxis wie in der kommunikativen Begegnung immer mit lebendigen Individuen zu tun. Wer immer sich für experimentelle Untersuchungen von Neurowissenschaftlern zur Verfügung stellt, bringt eine individuelle, in dieser Form einmalige „Ausprägung von Religiosität" mit – einen eigenen, unverwechselbaren Religiositätsstil (vgl. Hemel in diesem Band). Methodisch führt dies zu Frage, welche Aspekte von Religiosität sich experimentell fassen lassen?

- *Wissenschaftstheoretisch* heißt dies unter anderem, dass eine Theorie der Religiosität sich nicht mit einem Rückgriff auf biologische Kategorien begnügen kann, sondern grundsätzlich auch andere Theorieansätze benötigt. Eine Neurobiologie der Religiosität ist deswegen in erster Linie um psychologische Perspektiven – also hin zu einer (Neuro-)Psychologie der Religiosität – zu erweitern. Bei einer solchen Akzentverschiebung darf nicht außer Acht bleiben, dass schon die Verbindung von Biologie und Psychologie über die relativ junge Biopsychologie (Pinel 1997) ein Generator von Komplexität ist. Ohne begriffliches Inventar der Psychologie wird sich eine Theorie der Religiosität nicht entwickeln lassen. Insbesondere wird die Formulierung einer Theorie der Religiositätsstile[18] nicht ohne Rekurs auf die *Differenzielle Psychologie* (Persönlichkeitspsychologie) auskommen,

---

[18] Die gegenwärtige Diskussion um die „religiösen" Stile heutiger Jugendlicher bzw. der Gegenwartsgesellschaft rekurriert eher auf soziologische Ansätze (vgl. Pirner und Jakobs in diesem Band).

von deren Existenz die Religionspädagogik bislang so gut wie keine Kenntnis nahm[19].

Wie auch immer die weiteren Forschungen aussehen werden: Es kann jetzt schon festgehalten werden, dass der wesentliche Beitrag der Neurowissenschaften zur Erforschung des Religiösen darin liegt, dass sie eine epochale Trendwende einleiten, in deren Gefolge Religiosität als Forschungsgegenstand zentral in den Blick rückt. Das lässt für Theologie, Religionspädagogik und Humanwissenschaft eine faszinierende Erweiterung bisheriger Theorien erwarten. Gleichzeitig ist der Forschungsgegenstand Religiosität geeignet, auch innerhalb der Neurowissenschaft die Frage nach der Tragfähigkeit bisheriger Paradigmen anzustoßen.

Literatur

Siehe am Ende des Beitrags: Religiosität als menschliches Potenzial

---

[19]   Umgekehrt ist leider auch für die (europäische) Psychologie zu konstatieren, dass religiöse Erfahrungen noch immer kaum Gegenstand der Forschung sind

Religiosität als menschliches Potenzial

Ein anthropologisches Modell im neurowissenschaftlichen Horizont

Hans-Ferdinand Angel

1. Kognition – Emotion als Parameter einer Religiositätstheorie

Die neurowissenschaftlichen Forschungen, die sich mit dem Phänomen des Religiösen beschäftigen, greifen in erheblichem Ausmaß auf psychologische Kategorien zurück. Das lässt sich gut anhand der virulenten Kontroverse darüber beobachten, ob und in welchem Ausmaß bei „religiösen" Erfahrungen nicht nur das limbische System beteiligt ist, sondern auch solche Gehirnregionen, die für kognitive Prozesse eine Rolle spielen. Die Diskussion wird bislang von theologischer bzw. religionspädagogischer Seite nicht beachtet[1]. Sie könnte aber signifikante Bedeutung für die Formulierung einer Religiositätstheorie gewinnen; dies vor allem deswegen, weil sie gegenwärtig in eine Aporie zu führen scheint. Doch gerade diese Aporie verweist möglicherweise auf ein verdecktes Potenzial, das höchst fruchtbar werden könnte. Worum geht es in der Diskussion?

(a) Auf der einen Seite steht die sogenannte limbic-marker-Theorie, wie sie von Jeffrey L. Saver und John Rabin vertreten wird. Ihr liegt die Vermutung zugrunde, dass das limbische System für religiöse Erfahrungen ursächlich ist. „We suggest that the primary substrate for this <i.e. ‚religious and mystical'> experience is the limbic system" (Saver / Rabin 1999, 204). Das bedeutet, dass bei Probanden während religiöser Erfahrungen eine Veränderung im limbischen System feststellbar sein müsse[2]. Das könne auch erklären, warum es schwierig sei, religiöse Erfahrungen zu versprachlichen. „The limbic-marker hypothesis provides an entirely different explanation for the ineffability of religious experience". Als Gegenposition könnte man die Forschungen um Nina Azari ansehen (Azari 2005). In ihrer Untersuchung konnte festgestellt werden, dass das limbische System trotz positiver Gestimmtheit der religiösen Probanden nicht aktiviert war. „Notably, the religious experience studied here did not involve activa-

---

[1] In der Religionsphilosophie gehört mit anderer Akzentsetzung zu den vieldiskutierten Themen, ob „Religion" eher dem Bereich des Fühlens oder Denkens zuzuordnen ist. Die (westlich-)christliche Theologie ist stärker „kognitiv" orientiert, hat aber zumindest seit Schleiermacher auch eine deutlich „gefühlsmäßige" Tradition.

[2] "It predicts that functional neuroimaging during numinous experiences in individuals who have repeated religious transports would reveal alterations in limbic system activity" (Saver / Rabin 1999, 204).

tion of limbic areas, although the religious subjects were positively affected by the recital of Psalm 23." (Azari 2001, 1652). Die Forschergruppe um Azari kommt zu der Auffassung: „Religious experience may be a cognitive process which, nonetheless, feels immediate." Für das Entstehen religiöser Erfahrung seien somit Verschaltungen in verschiedenen Bereichen des Neokortex verantwortlich: „We suggest that religious experience may be a cognitive process, mediated by a pre-established neural circuit, involving dorsolateral prefrontal, dorsomedial frontal and medial parietal cortex" (Azari 2001, 1651).

Die Diskussion scheint in eine offene Frage zu münden: Sind religiöse Erfahrungen eher kognitiver oder eher affektiver Natur? Die hiermit zum Vorschein kommende Antithese ist alles andere als befriedigend, zumal wenn man bedenkt, welches Gewicht ihr zukommt – etwa bei der Frage, wie Bedeutung generiert wird[3]. Welche Bedeutung messen die Buddhisten bzw. die Nonnen ihren Meditations-Erfahrungen zu? „For example, we can observe a difference in the meaning of the nuns and the Buddhists, and this difference is a consequence of the very different religious and nonreligious background of these persons. In other words, the same neurobiological event is interpreted in different ways, i.e. the percept is different and is described in different languages" (Paloutzian u.a. 2002, 219).

(b) Die aporetische Konstellation der beiden Ansätze gab den Anstoß für die im Folgenden vorgestellten Überlegungen. Sie sind im Vorfeld einer Religiositätstheorie angesiedelt und werden für ihre Formulierung eine wesentliche Rolle spielen. Ausgangspunkt war die Beobachtung, dass in der Diskussion um zerebrale Lokalisationen religiöser Erfahrung eine *psychologische* Terminologie verwendet wird: Kognitionen, Kommunikation, Emotionen, Affekte und ähnliche Ausdrücke. Offensichtlich haben die scheinbar unvereinbaren Positionen der beiden Forschungsrichtungen eine Gemeinsamkeit: Sie rekurrieren – zumindest implizit – auf eine *psychologische Anthropologie*, bei der „Kognitionen" und „Emotionen" zentrale Größen darstellen. Aus Sicht heutiger Psychologie stehen sich diese selbstverständlich nicht (mehr) im Sinne eines „entweder – oder" gegenüber. Die Interdependenz von Kognitionen und Emotionen erweist sich vielmehr als äußerst vielschichtig (Dörner / Stäudel 1990) und es ist möglich, „Affekte als grundlegende Operatoren von kognitiven Funktionen" zu sehen (Ciompi 1997, 93). Innerhalb dieses synthetischen Rahmens gilt Kognition in der Psychologie als „allgemeiner Begriff für alle Formen des Erkennens und Wissens. Er umfasst die Aufmerksamkeit, das Erinnern, das bildhafte Vorstellen, intelligentes Handeln, Denken und Problemlösen sowie das Sprechen und Sprachverstehen" (Zimbardo / Gerrig 1996, 275). Dementsprechend sind Kognitionen „Strukturen oder Prozesse des Erkennens und Wissens" (dies., 790). Emotion ist demgegenüber „ein qualitativ näher beschreibbarer Zustand, der mit

---

[3] Die Frage, wie Bedeutung konstruiert wird, spielt selbstverständlich nicht nur in religiösem Zusammenhang eine Rolle. Aber für eine Theorie der Religiosität kommt diesem Aspekt besondere Aufmerksamkeit zu.

Veränderungen auf einer oder mehreren der folgenden Ebenen einhergeht: Gefühl, körperlicher Zustand und Ausdruck" (Schmidt-Atzert 1996, 21). Kognition und vor allem Emotion sind jedoch Termini mit erheblicher semantischer Streubreite; insbesondere der Emotionsbegriff hat in letzter Zeit ungeheure Ausweitung erfahren (Goleman 1998). Die Unschärfe zeigt sich auch in der psychologischen Fachliteratur. Es ist erstaunlich, welche Vielzahl von Ausdrücken sich dem Emotionsbegriff subsumieren lassen (Ciompi 1997, 62–75). Insofern wäre für die oben genannten Pole „Kognition" – „Emotion" vor allem das emotionspsychologische Vokabular („Emotion", „Affekt", „Gefühl" usw.) genauer zu differenzieren (vgl. LeDoux 1998, Damasio 2000). Worin liegt nun das angeblich konstruktive Potenzial der aporetischen Situation? Es liegt in einer Frage, die sich angesichts der Diskussion um die zerebrale Verortung religiöser Erfahrungen aufdrängt: Welche Reichweite haben kognitions- bzw. emotionstheoretische Konzepte in der Psychologie?

2. Credition als weiterer Parameter einer Religiositätstheorie?

(a) Wäre denkbar, dass die Ursache für die scheinbar unvereinbaren Positionen in unartikulierten Implikationen der zugrunde liegenden Grundannahmen gesucht werden muss? Und könnte es sinnvoll sein, eben diese Grundannahmen einer psychologischen Anthropologie zu hinterfragen? Wäre es hilfreich, neben „Kognitionen und „Emotionen" noch eine dritte Größe zu platzieren, die man – so möchte ich vorschlagen – als „Creditionen"[4] bezeichnen könnte? Etymologisch liegt dem Wort Credition[5] – in gleicher Weise wie „Emotion" und „Kognition" – ein lateinischer Begriff (credere: glauben) zugrunde. Zudem wäre der Ausdruck „creditions" auch in einem englischsprachigen Kommunikationszusammenhang verständlich zu machen. Creditionen könnten analog zu Emotionen und Kognitionen als spezifische „Zustände" bzw. als spezifische „Prozesse" aufgefasst werden, die menschliches Verhalten beeinflussen, und in denen „Glaube" eine bedeutsame Rolle spielt. Der Aspekt des „glauben Könnens" ist für eine Religiositätstheorie unverzichtbar, er ist aber nicht ausschließlich in „religiösen" Zusammenhängen bedeutsam. Nach meiner Auffassung gäbe es keine grundsätzlichen Probleme, Creditionen einer kognitiven Psychologie zu subsumieren und die oben zitierte Definition um diesen Begriff zu erweitern. Denkbar wäre auch – und das wäre aus einer theologisch geprägten Denktraditi-

---

[4] Eine differenzierte Betrachtung lässt die Beziehung zwischen Kognitionen und Emotionen sowie die Vielfalt neuronaler Perspektiven wesentlich komplexer erscheinen als hier angedeutet. Selbst wenn es irgendwann zu einer anderen Synthese der beiden hier vorgestellten Theorien (Saver vs. Azari) kommen sollte, bliebe die Einführung von „Credition" als Parameter interessant.

[5] Ob die Bezeichnung ideal ist und infolge ihres „Kunstwortcharakters" auf eine breitere Rezeption hoffen kann, mag dahin gestellt bleiben. Vielleicht lässt sich ein besserer Ausdruck für die gemeinte Größe finden. Allerdings sind „Creditionen" prozesshaft gedacht und deswegen nicht ohne weiteres mit „belief-"Theorien gleichzusetzen.

on heraus nahe liegender –, dass mit Creditionen ein anderer Modus des Erkennens namhaft gemacht würde. Dann wäre für Creditionen – analog zu Kognitionen – zu fordern: „Credition ist ein Begriff für spezifische Formen des Erkennens und Wissens. Er beeinflusst die Aufmerksamkeit, das Erinnern, das bildhafte Vorstellen, intelligentes Handeln, Denken und Problemlösen sowie das Sprechen und Sprachverstehen" [6]. Der Vorschlag, in die wissenschaftliche Diskussion „Creditionen" als Konzept einzuführen, steht – um dies nochmals klar zu sagen – in einem speziellen Entdeckungszusammenhang: Er wurde aufgrund jener in der neurowissenschaftlichen Diskussion beobachtbaren theoretischen Schwierigkeiten entwickelt, die bei der Suche nach einer angemessenen Beschreibung menschlicher Religiosität auffielen. Die Entwicklung einer Religiositätstheorie wiederum erfolgt aus einem Erfahrungshorizont, in dem *christliche* Glaubenserfahrungen bedeutsam sind. Der Zugang ist somit nicht voraussetzungslos und es wäre zu prüfen, ob eine „Creditions-Psychologie" auch außerhalb eines christlich geprägten Kulturkreises anwendbar ist. Zu klären wäre das Verhältnis von Creditionen und Belief-Theorien, die seit den Arbeiten von Edward C. Tolman (Tolman 1952) und Milton Rokeach (Rokeach 1960) als Verhaltensdeterminanten diskutiert werden; auch die von Hans Thomae propagierten „Überzeugungs-Wert-Systeme" (Thomae 1974) wären bei einer solchen Sondierung zu veranschlagen. Es würde allerdings das hier vorgestellte Konzept verändern, wollte man die Idee der „Creditionen" durch die der „beliefs" ersetzen. Darüber hinaus ist zu bedenken, dass die Bedeutung von „beliefs" auch im Neurolinguistischen Programmieren (NLP) eine bedeutende Rolle spielt.

(b) Der Entdeckungszusammenhang kann aber dazu beitragen, auf mögliche Aspekte einer Creditions-Psychologie aufmerksam zu machen, über die innerhalb der Theologie bzw. Religionswissenschaft in anderer Terminologie seit je her reflektiert wird.

- Dass Glaube und Religiosität nicht identifiziert werden dürfen, gehört spätestens seit Søren Kierkegaard zum religionswissenschaftlichen Argumentationskontext (Kierkegaard 1959). Doch warum ist „Glaube" in wissenschaftlicher Hinsicht so eigenartig? Das liegt daran, dass „Glaube" auf der einen Seite – innerhalb der Theologie, und in gewisser Weise innerhalb der Religionspsychologie – zu den besonders markanten Begriffen zählt, etwa als Gegenbegriff zu „Wissen", während das Wort innerhalb der Psychologie als wissenschaftlicher Begriff so gut wie nicht existiert. Auffällig ist, dass für das Substantiv „Glaube" – anders etwa als für das englische „faith"[7] – im Deutschen ein korrespondierendes Verb „glauben" existiert. Die deutsche Sprache ermöglicht daher – wie etliche andere Sprachen auch – die Einsicht, dass „glauben" nicht nur ein Zustand/Merkmal ist, sondern auch

---

[6] In Analogie zu der genannten Definition für Kognition bei Zimbardo / Gerrig 1996, 275.

[7] Im Ansatz einer „epistemischen Pisteologie" von James Fowler spielt Glaube eine zentrale Rolle; es wäre zu prüfen, inwieweit sich Fowlers Vorstellungen mit einer Creditionstheorie in Einklang bringen lassen. Vgl. Angel „Entwicklung" in diesem Band

eine Aktivität. Betrachtet man die Sprachpragmatik des deutschen Wortes „glauben", so zeigt sich, dass es eine erhebliche Spannung zwischen seiner alltagssprachlichen und seiner wissenschaftlich-theologischen Verwendung gibt. Landläufig weist die Äußerung „ich glaube" auf eine gewisse Unsicherheit von Sprechenden hin. Sie kann auch zum Ausdruck bringen, dass der Sprecher aus einer gewissen Bequemlichkeit (Hausverstand) heraus darauf verzichtet, zum aktuellen Zeitpunkt weiteren Aufwand für eine präzisere Klärung des Sachverhalts zu betreiben – obwohl durch genaueres Nachforschen die Unsicherheit zu beheben wäre. Typisch hierfür wäre die Aussage: „Ich glaube, die Veranstaltung beginnt um 19 Uhr." Die Verbindung zum Substantiv „Glaube" ist in diesem Zusammenhang relativ wenig ausgeprägt. Es würde sich jedenfalls seltsam anhören, würde man einem Gesprächspartner mitteilen: „Es gehört zu meinem Glauben, dass die Veranstaltung um 19 Uhr beginnt". Der semantische Gegenpol von „glauben" in der genannten Formulierung ist „unsicher sein" oder „nicht genau wissen". Diese Unschärfe verschwindet im (christlich-)theologischen Sprachgebrauch. Hier gehört das Wort „glauben" zu den zentralen Begriffen der Selbstartikulation. Das Verbum „glauben" steht in untrennbar engem Zusammenhang mit dem Substantiv „Glaube". Der semantische Gegenpol von „glauben" ist „zweifeln", in substantivischer Verwendung auch „Unglaube". Unglaube existiert jedoch nicht in einer verbalen Aktionsform. „Glaube" ist geradezu das Kriterium der Zugehörigkeit zur Kirche als der „Gemeinschaft der Glaubenden", die sich von der Gemeinschaft der Nicht-Gläubigen oder Ungläubigen unterscheidet. Auch für die islamische Tradition ist Glaube, näherhin der „Glaube an Allah"[8] das wesentliche Kriterium, das über die Zugehörigkeit zur muslimischen Heilsgemeinschaft (Umma) entscheidet. Die trinitarischen Christen werden im Koran des „Unglaubens" (kufr) beschuldigt, aber es gibt einen Unterschied zwischen ihnen als Angehörigen der Buchreligionen (ahl al-kitab) [Juden und Christen] und den Polytheisten. Christen haben sowohl teil am Unglauben als auch am Glauben; sie stehen also irgendwie in der Mitte, daher gilt für sie die Bezeichnung „Andersgläubige". Polytheismus gilt hingegen als „Unglaube". Er ist eine Sünde, die nicht vergeben werden kann, weswegen auch den Polytheisten kein Existenzrecht zukommt.

• Theologie, zumal christliche Theologie, kann in einer gewissen Ausprägung geradezu als Wissenschaft über den Glauben der Gläubigen verstanden werden. Innerhalb der (christlichen) Theologie wird „glauben" in engster Weise mit einem „Zielobjekt" verbunden: „Credo in unum Deum" – „Ich glaube an den einen Gott". Ein gemeinsames Fundament des „Glaubens" (im verbalen Sinn) vereint alle, die dies in christlichem Sinne tun. Die nähere Ausprägung und Ausgestaltung des Glaubens wird traditionell mit dem

---

[8] Die arabischen Bibelübersetzungen verwenden übrigens auch für den Gott der Bibel das Wort „Allah".

lateinischen Fachbegriff „fides quae (creditur)" bezeichnet, was mit „Glaubensinhalt" oder „das, was geglaubt wird", übersetzt werden kann. Ihm gegenüber steht die „fides qua (creditur)" als auch (psycho-)dynamischer Aspekt des Glaubens. Diesen Aspekt des Glaubens kann man mit „Glaubensgrund" oder „Vertrauen, infolgedessen geglaubt wird" übersetzen. Die Perspektive ermöglicht es, Gott als den Glaubensgrund zu sehen. Glaube ist Gnade, Glaube ist (unverdientes und unverfügbares) Geschenk. Gerade Martin Luther hatte aus seiner Interpretation des Römerbriefes diesen unverfügbaren Charakter des Glaubens herausgestellt. Die Verbindung von „glauben" (verstanden als Verb „ich glaube") mit dem Zielobjekt „Gott" führte im Verlauf der Theologiegeschichte zu einem reichhaltig ausdifferenzierten Gebäude der Glaubensinhalte. Der psychologische Prozess, wie das „glauben" vonstatten geht, rückte demgegenüber immer mehr in den Hintergrund, obwohl in den ersten christlichen Jahrhunderten der Prozesscharakter des allmählich „immer-besser-glauben-Könnens" durchaus noch gesehen und geradezu in „Trainingsprogrammen" (mit dem altgriechischen Wort „Katechumenat" bezeichnet) gefördert wurde. In einem zunehmend säkularen Kontext, der die Kirchlichkeit der Gläubigen abnehmen und die Gottesthematik problematisch werden ließ, kam es in der Wissenschaft einschließlich der Theologie zu einer semantischen Erweiterung bzw. Umorientierung: das Wort „glauben" wurde nicht mehr ausschließlich mit Gott in Verbindung gebracht, sondern „unbestimmter" mit dem „Numinosen", dem „Transzendenten" oder dem, „was unbedingt angeht". Nicht zuletzt die zunehmende gesellschaftliche Problematisierung des „Gottesglaubens" führt auch innerhalb der Theologie dazu, den menschlichen Aktivitäten und Prozessen, die mit „glauben" zu tun haben, größere Aufmerksamkeit zu widmen.

(c) Angesichts der Prädominanz der Verbindung von „glauben" und „Gott" (bzw. den säkularen Derivaten wie „Transzendentes" u.ä.) ist es nicht erstaunlich, dass die Psychologie den Ausdruck „glauben" fast ausschließlich im Nahbereich von Transzendenz wahrnimmt. Hier ist auch eine historische Hypothek zu veranschlagen: Als Gegenreaktion gegen die Wirkmächtigkeit der christlich-abendländischen Kultur entwickelte sich offensichtlich ein massives Vermeidungsverhalten gegenüber allen psychologischen Aspekten des „Glauben-Könnens". Bei der allmählichen, schmerzhaften wie befreienden Herauslösung aus der philosophischen Denktradition kam es in der Psychologie offensichtlich zu einem Abschiebeprozess, der so nachhaltig wirkte, dass selbst die alltagssprachliche Verwendung von „glauben" im Sinne von „ich bin unsicher, ob …" aus dem Blickfeld geriet. Doch ist es wirklich zwingend, die Fähigkeit des Menschen „glauben zu können" von vornherein und ausschließlich mit einem transzendenten Zielobjekt in Verbindung zu bringen? Obwohl Kognitionen auch mit Transzendentem in Verbindung gebracht werden können, würde kein Wissenschaftler fordern, Kognitionen aufgrund ihrer Transzendenznähe abzulehnen. Und umgekehrt ist auch von theologischer Seite auffällig, dass selbst der Katechismus der katholischen Kirche ausdrücklich auf die *nicht-religiöse* Variante des Glaubens verweist: „Schon in den menschlichen Beziehungen verstößt es nicht gegen unsere Würde, das, was andere Menschen uns über sich selbst und ihre Absichten sagen, zu glauben, ihren Versprechen Vertrauen zu schenken (z.B. wenn ein Mann und eine Frau heiraten) und so mit ihnen in Gemeinschaft zu treten" (Katechismus 1998, 75, Nr. 154).

Um es nochmals klar zu sagen: „Credition" wird als ein psychologischer Begriff verstanden, der nicht von vornherein „religiös" ausgerichtet ist – oder mit anderen Worten, der nicht zwingend mit „Transzendentem" in Verbindung gebracht werden muss. Ob bei jemandem die Credition wirksam ist: „Ich glaube, dass der Arzt mit seiner Diagnose Recht hat" oder „ich glaube, dass es ein ewiges Leben gibt" beruht nach der hier vertretenen Vorstellung auf dem gleichen psychischen Vorgang. Ebenso führt die hier vertretene Sichtweise zu der Auffassung, dass es sich *creditionspsychologisch* um die gleichen Prozesse handelt, wenn jemand für sich in Anspruch nimmt: „Ich glaube, dass es Gott gibt" oder: „ich glaube, dass es keinen Gott gibt". Bei beiden Individuen kommen psychische Prozesse (eben „Creditionen") zum Tragen. Allerdings bedeutet das keineswegs, dass die Weltsicht, die innere Gestimmtheit, die lebensrelevante Prioritätensetzung der beiden Individuen die gleiche ist. Im Gegenteil: Das Innenleben der beiden Individuen kann sich massiv unterscheiden. Doch das hat nicht ausschließlich mit dem Inhalt der Creditionen zu tun, sondern mit der Komplexität creditiver Prozesse. Ich vertrete die freilich bislang nicht empirisch überprüfte These, dass Kognitionen, Emotionen und Creditionen miteinander in untrennbarer Beziehung stehen und deswegen Creditionen nicht ohne Beziehung zu Kognitionen und Emotionen zu denken sind.

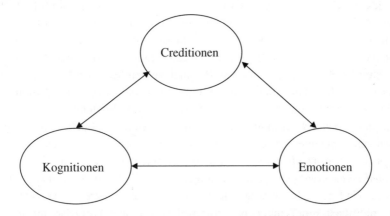

Bei jeder Kognition sind emotionale und creditive Momente enthalten, wie auch Emotionen nicht losgelöst von Kognitionen und Creditionen zu beschreiben sind. Creditionen sind ihrerseits weder mit Kognitionen noch mit Emotionen identisch – sie haben ihnen gegenüber einen Mehrwert – aber sie sind auch nicht ohne Verbindung zu ihnen denkbar. So können Creditionen stark kognitiv orientiert bzw. gefärbt sein (u.U. bis hin zu „blutleeren" Glaubensvorstellungen). Das Konstrukt „Denken in Komplementarität", das nach ersten empirischen Unter-suchungen möglicherweise bei der Überbrückung oder Überwindung kritischer Phasen hilfreich sein kann (Reich 2004), bewegt sich markant im Schnittfeld „Kognition" – „Credition". An dieser Stelle wird auch erkennbar, wie sehr der Bildungsgedanke mit einer Religiositätstheorie in Verbindung steht (Angel 2004a; vgl. auch Kunstmann in diesem Band). Creditionen können aber auch in deutlicher Spannung zu Kognitionen stehen („credo quia absurdum") und des-wegen (oder trotzdem) große Affinität zu Emotionen aufweisen. Es kann sogar zu hochgradig emotionalisierten Creditionen kommen, die keiner rationalen Ar-gumentation mehr zugänglich sind. Daran lässt sich die Vermutung anknüpfen, dass Creditionen möglicherweise zu den intimsten „Befindlichkeiten" des Men-schen gehören, die vielleicht sogar im Nahbereich von Schamgefühlen (Wurm-ser 1993, bes. 86–126) angesiedelt sind. Nicht ohne Beziehung zu Creditionen sind auch meditative Praktiken, etwa wenn ihnen Bedeutung zugeschrieben wird oder wenn Erfahrungen, die während Meditationen gemacht werden, kognitiv und emotional verarbeitet werden. Es wäre übrigens theologiegeschichtlich vor-stellbar, dass mit dem Übergang von einer (frühen) mündlichen Tradition zu einer (späteren) schriftlichen Fixierung der jüdischen Überlieferung auch eine Akzentverschiebung von „Emotion" zu „Kognition" einherging, die zu einer allmählichen Intensivierung der Verbindung „Credition" und „Kognition" ge-führt hat, auch wenn unbestritten ist, dass Sprache nie ohne Beziehung zur af-fektiven Dimension menschlichen Erlebens ist.

Was Weltsicht und innere Gestimmtheit, Wahrnehmung und lebensrelevante Prioritätensetzung beider oben genannter Individuen (mit der Credition „ich glaube, dass es Gott gibt" bzw. „ich glaube, dass es keinen Gott gibt") betrifft, ist aufgrund der unterstellten Verbindung von Creditionen zu Kognitionen und Emotionen zu erwarten, dass sie sich unterscheiden. Ihre Erfahrungen wären als Folge *unterschiedlicher* Creditionen *verschieden*. Das Zusammenspiel der drei Größen kann auch an einem anderen Beispiel verdeutlicht werden. Für zwei Individuen gilt: „Ich glaube, dass es Gott gibt", sie haben also in einem traditio-nellen Sinn gleiche „religiöse" Creditionen. Bei einem Individuum sind mit die-ser Credition „positive" Emotionen (Freude, Zuversicht, Glück) verbunden, beim anderen „negative" (Angst, Schuldgefühle, Verzweiflung). Auch ihre Er-fahrungen wären trotz *gleicher Creditionen* verschieden – allerdings als Folge *unterschiedlicher Emotionen*. Die Ausprägung von Creditionen ist also höchst bedeutsam: Und es ist keineswegs gleichgültig, welche „Götter" bzw. welcher Gott in Creditionen repräsentiert ist – und welche Handlungsimpulse mit dieser Gottes- bzw. Götterrepräsentation verbunden sind. Die vermutete Interdepen-denz lässt damit sehr grundsätzlich fragen, welche Auswirkungen Creditionen auf Kognitionen und Emotionen haben und – in entgegengesetzter Zielrichtung: in welcher Weise kognitive und emotionale Momente an der Ausprägung von Creditionen beteiligt sind. Wenn – zumindest intentional – zu den zentralen Creditionen des Christentums gehört: „Ich kann einem Gott begegnen und wenn dies der Fall ist, begegne ich der Liebe", dann ist einerseits zu untersuchen, wie diese durch Kognitionen und Emotionen beeinflusst werden. Andererseits ist zu untersuchen, welche emotionalen und kognitiven Voraussetzungen bei einem Individuum wirksam werden, bis bzw. wenn es zur Ausprägung dieser Credition kommt.

(d) Natürlich ist zu überlegen, ob es sinnvoll ist, für eine so weit reichende konzeptionelle Erweiterung in der Psychologie zu optieren, wie dies mit den Überlegungen zu „Creditionen" der Fall ist. Blickt man auf die Psychologiegeschichte, so wäre es aber immerhin nicht das erste Mal, dass es zu einem radikalen Kurswechsel grundlegender Paradigmen kommt. Und es wäre nicht das erste Mal, dass ein Neuansatz so massiv gegen bestehende Denkgewohnheiten verstößt, dass er von der Wissenschaft zunächst als völlig absurd abgelehnt wird. Es genügt sich vor Augen zu führen, mit welchen Schwierigkeiten eine Rehabilitation der Emotionspsychologie angesichts eines behavioristisch orientierten Grundparadigmas zu kämpfen hatte. Dabei konnte das Wiedererstehen der Emotionspsychologie immerhin schon auf jene bahnbrechende „kognitive Wende" der 1970er Jahre bauen, die den klassischen Behaviorismus, der in den 1950er Jahren dominierte, massiv unter Druck gesetzt hatte. Treffend charakterisiert Steven Pinker die Situation vor jenem gewaltigen Umbruch: „Mentale Begriffe wie ‚wissen' und ‚denken' wurden als unwissenschaftlich gebrandmarkt, und Wörter wie ‚Geist' und ‚angeboren' durfte man nicht in den Mund nehmen. Man erklärte sämtliches Verhalten anhand einiger Gesetze des Reiz-Reaktions-Lernens und untersuchte sie an Ratten, die auf Hebel drückten, und Hunden, die auf bestimmte Geräusche mit Speichelfluss reagierten" (Pinker 1996, 25).

Die Option für die Integration von „Creditionen" in die Psychologie ist zunächst kommunikativ-heuristischer Art, da gegenwärtig die Begrifflichkeit für eine kommunikative Verständigung über das Phänomen „Religiosität" nicht ausreicht. Ob „Creditionen" tatsächlich zu einem aussagekräftigen Konzept ausgebaut werden können, hängt davon ab, ob Probleme in bisherigen Konzepten mithilfe von Creditionen besser (i.e. differenzierter) zu beschreiben (und zu lösen) sind. Hier wäre insbesondere zu prüfen, in welcher Beziehung creditionspsychologische Überlegungen zum Gebäude der traditionellen Motivationspsychologie stehen[9], die ihrerseits ein hochdifferenziertes und gut gesichertes Wissensgebiet darstellt. Für eine Überprüfung dieser Frage wäre eine Klärung des semantischen Feldes erforderlich: In welcher Beziehung stehen Creditionen zu Motivation[10], Motiven, Überzeugungen, Annahmen, Vermutungen[11] usw.? Haben Creditionen mit Vertrauen, Hoffnung und Hingabe zu tun – und lassen

---

[9] Das weiter unten (unter Nr. 7) vorgestellte Homöostase-Konzept würde dies ebenfalls nahe legen.

[10] Methodisch wie inhaltlich wäre besonderes Augenmerk auf die Diskussion des Verhältnisses von Motivation und Kognition zu richten (Schmalt 1996, Westermann / Heise 1996).

[11] „Creditionen" müssten ausreichende Trennschärfe zu derartigen Begriffen aufweisen.

sie sich z.B. in Commitment-Theorien (Klinger 1996) oder Volitionstheorien (Heckhausen 1989, Gollwitzer / Kirchhof 1998) identifizieren? Solange eine solche semantische Analyse und eine daran anschließende Filterung bisheriger Theorien nicht vorliegen, kann man nur mit Plausibilität argumentieren.

(e) Möglicherweise lässt sich die Plausibilität der Creditionen-Theorie gerade aus neurobiologischer Sicht erhärten, und zwar dann, wenn man einen paläoneurologischen Kontext mit ins Kalkül zieht. Die Paläoneurologie beschäftigt sich mit Fragen der evolutiven Entwicklung des Gehirns (Joseph 1996, 31–73). Da die Weiterentwicklung der Hominiden nicht ohne Hirnentwicklung zu denken ist, könnte die Frage gestellt werden, ob sich für die phylogenetische Entwicklung von Creditionen Anhaltspunkte in der evolutiven Entwicklung des menschlichen Hirns finden lassen. Christopher Wills ruft in Erinnerung, dass für den anscheinend zielgerichteten Prozess der Evolution der Hominiden vermutlich „eine Kraft neuer Art, nämlich der Prozess der kulturellen Evolution" verantwortlich war: „Mit zunehmender Komplexität unserer Kulturen nahm die Komplexität unseres Gehirns zu, was wiederum eine Steigerung der Ansprechbarkeit des Körpers für Außenweltreize (physiologisch gesprochen: seiner ‚Empfindlichkeit') und – eine Rückkoppelungsschleife vollendend – eine weitere Steigerung der kulturellen Komplexität bedingte. Große und intelligente Gehirne zogen komplexere Kulturen nach sich und dazu Körper, die besser gerüstet waren, die Vorteile dieser Kulturen zu nutzen, was wiederum noch größere und intelligentere Gehirne nach sich zog" (Wills 1996, 19). Welche Rolle könnten dabei Creditionen gespielt habe? Und wie könnte eine Entwicklung creditiver Fähigkeit mit der allmählichen Komplexitätssteigerung der Gehirne in Verbindung gebracht werden? Was genau geschah im Verlauf der Evolution im Zusammenhang mit der Instinkt-Reduktion, als es zu jener Weiterentwicklung des Neocortex kam? Waren Creditionen an der Integration von Affekten in allmählich erstarkende kognitive Fähigkeiten beteiligt? Es ist nicht abwegig, wenn man die Evolution creditiver Fähigkeiten in Verbindung mit einer generellen Evolution menschlicher Intelligenz (Sternberg / Kaufman 2002) sehen möchte. Auch das allmähliche Erstarken von Selbst-Konzepten lässt sich mit einem Creditionskonzept vereinbaren. Das würde die Aufmerksamkeit eventuell auf die Bedeutung des medialen präfrontalen Cortex (Feinberg / Keenan 2005) richten, der weder bei den Forschungen von Azari noch von Saver / Rabin eine besondere Rolle zu spielen scheint. Vor diesem Hintergrund ist dann zu überlegen, ob die Hirnentwicklung der Hominiden so verlief, dass creditive Fähigkeiten global in gleicher Weise vorausgesetzt werden können. Kann man – dementsprechend – davon ausgehen, dass homo sapiens sapiens überall auf der Welt creditive Kompetenzen entwickeln konnte? Und schließlich: Hatten neuropathologische Entwicklungen Einfluss auf die Entwicklung von Creditionen?

(f) Es ist offensichtlich, dass die Einführung einer Creditionspsychologie – im Falle ihrer wissenschaftlichen Brauchbarkeit – ein weites Forschungsfeld eröffnen würde. Es kann in „säkulärer" wie in theologisch-religionspädagogischer Richtung entfaltet werden und könnte durch die Ausweitung auf das Thema

„Verbalisierung von Creditionen" nochmals zu einem eigenen Forschungszweig werden.

(1) In „säkularer Hinsicht" interessiert, wo überall „Creditionen" in welcher Weise beteiligt sind. Wie sehr ist das Alltagsleben der Menschen von Creditionen bestimmt? Darf man vermuten, dass sie in so unterschiedlichen Bereichen wie beim Börsengeschehen, der Rechtsprechung, der Politik, der PartnerInnen-wahl oder der Werbung anzutreffen sind? Sind womöglich Standpunkte in Wissenschaft, Politik oder Wirtschaft Folge von Creditionen? Damit stellt sich die Frage, in welchem Ausmaß Entscheidungsprozesse auf Creditionen beruhen. Hängt etwa die Wahl einer Berufsausbildung oder eines Studiums nicht in hohem Masse von Creditionen bezüglich der zukünftigen Möglichkeit einer Berufsausübung ab? Und dann: In welcher Beziehung stehen verinnerlichte Werte zu Creditionen?

(2) Hier ist eine Brücke zur theologisch-religionspädagogischen Reflexion gegeben. Öffnet man dieses Forschungsfeld, so könnten theologische Glaubens-Theorien (in den Entwürfen verschiedener theologischer Richtungen und für die unterschiedlichen Religionen) auf ihre impliziten oder expliziten „Creditionstheorien" befragt werden. Wie muss man sich das Verhältnis von Creditionen zu Sehen (Joh 20,29) oder Hören (Rö 10,17; Gal 3,2) denken? Welche Rolle spielen Creditionen bei der Übernahme von Werten oder Haltungen? Und unterstützen sie Tendenzen, sich in Wort (Kerygma) und Tat zu äußern bzw. eine bestimmte Lebensweise zu führen?

Wie verhalten sich in theologischen Glaubenstheorien Emotionen zu Kognitionen? Beeinflussen aus den Religionen gespeiste Creditionen die Bereitschaft zu Aggressivität, zu Friedfertigkeit oder zu Barmherzigkeit? Da etwa aus christlicher Perspektive zwischen Glaube, Hoffnung und Liebe (1 Kor 13,13) eine enge Verbindung besteht, wäre dieser Sequenzialität auch wissenschaftliche Aufmerksamkeit zu widmen. Entsteht Liebe (nur) auf der Basis von Creditionen? Hier zeigen sich Brücken hin zu Forschungsfeldern wie Forgivness, coping, Psychoneuroimmunologie oder psychologischer Altruismusforschung.

(3) Ein besonders faszinierendes Feld tut sich auf, wenn man sich der Versprachlichung von Creditionen zuwendet. Ist denkbar, dass sich – analog zur christlichen Glaubenssprache – Creditionen tendenziell in bekenntnishafter Sprache artikulieren? Wie steht es mit der von theologischer Seite häufig festgestellten Verbindung von Glauben und Kerygma, also der Vorstellung, dass der (christliche) Glaube geradezu zwingt, über die gemachten Erfahrungen zu sprechen? Gibt es eine typische Terminologie, die von Individuen besonders dann verwendet wird, wenn Creditionen im Spiel sind[12]? Ist es denkbar, dass bestimmte Ausprägungen von Creditionen kaum in Sprache zu fassen sind, wie es die limbic-marker-Hypothese nahe legt oder wie es aufgrund einer Nähe zum Schamgefühl denkbar wäre?

---

[12]   Ulrich Hemel hat vorgeschlagen, „Kommunikation" als eigene Dimension der Religiosität zu verstehen (Hemel 1986, 51–71).

(4) Methodisch schließlich ist eine empirische Absicherung des Begriffs zu fordern. Zu den ersten Schritten würde gehören, eine Theorie der Creditionen so zu buchstabieren, dass Fragen (Items) für statistische Erhebungen formuliert werden können – ein Blick auf Ansätze der Spieltheorie(n) oder der Wahrscheinlichkeitstheorie(n) könnte dabei lohnen. Angesichts der potenziellen Komplexität einer Creditionspsychologie sollte allerdings nicht zu sehr auf kurzfristig sich einstellende Erfolge gesetzt werden. So benötigte etwa auch die social cognition-Forschung (inkl. der Empathieforschung) einen langen Atem, bis es von ersten theoretischen Überlegungen zur Entdeckung der für eine Religiositätstheorie interessanten „Mirror-Rezeptoren" kam (Gallese / Keysers / Rizzolatti 2004).

3. Entwurf einer anthropologischen Theorie der Religiosität

Worauf zielt der Impetus, sich für die Einführung einer Creditionspsychologie einzusetzen, zumal Creditionen nicht zwingend mit der „religiösen" Frage verbunden sind? Eine psychologische Theorie der Creditionen ist für eine Religiositätstheorie unverzichtbar[13] und deswegen gewissermaßen in ihrem Vorfeld angesiedelt. Eine hierauf fußende Religiositätstheorie soll im Folgenden entwickelt werden. Vor dem Hintergrund neurowissenschaftlicher Einsichten wurde weiter oben schon vorgeschlagen, Religiosität in erster Linie als ein Potenzial zu sehen, das mehr oder weniger entfaltet werden kann und das in Gestalt unterschiedlicher Religiositätsstile fassbar wird. Auf der Basis der eben skizzierten Creditionstheorie lässt sich Religiosität nun präzisieren und als Konzept verstehen, das die Ausprägung von Creditionen sowie ihre Interdependenz mit anderen psychologisch beschreibbaren Parametern wie Emotionen und Kognitionen (inkl. Motivation, Wahrnehmung usw.) thematisiert. In einem ersten Zugriff könnte formuliert werden:

> [1] Religiosität ist die Fähigkeit vom homo sapiens sapiens, Creditionen[14], Kognitionen und Emotionen im Sinne eines inneren Gleichgewichts in Einklang zu bringen[15].

---

[13] Aus diesem Argument ist die Einführung einer Creditionspsychologie nur ableitbar, wenn Religiosität von Seiten der Psychologie als interessante Größe anerkannt wird. Das Anwendungsfeld einer Creditionspsychologie würde allerdings weit über den religiösen Horizont hinausreichen.

[14] Es wird unterstellt, dass auch Menschen, die nicht im traditionellen Sinne religiös sind, von Creditionen beeinflusst sind. Im traditionellen Sinn religiöse Menschen unterscheiden sich von nicht-religiösen dadurch, dass sie spezifische Ausprägungen von Creditionen haben.

[15] Das hätte auch Konsequenzen für eine Theorie der Religiositätsentwicklung. Eine Beschreibung der Entwicklung von Religiosität hätte jedenfalls sowohl die Entwicklung von Kognitionen, Emotionen und Creditionen als auch ihre jeweilige Interdependenz gesondert zu betrachten (vgl. Angel „Entwicklung" in diesem Band).

(a) Mit dem Vorschlag wird der Blick auf einen Aspekt gelenkt, der bislang noch nicht angesprochen wurde: die „Fähigkeit in Einklang zu bringen". Was ist damit gemeint und wie soll man sich eine solche Fähigkeit vorstellen? Für die Akzeptanz des hier vorgestellten Verständnisses von Religiosität wird es auch darauf ankommen, wie man jene biopsychologischen Prozesse des „in-Einklang-Bringens" fassen wird und welche Paradigmen zu ihrer Beschreibung herangezogen werden. Die Formulierung „in Einklang bringen" ist umgangssprachlich-metaphorischer Art. Präziser wäre es, von einer „Fähigkeit des Ausbalancierens" zu sprechen. Einer solchen Balance-Fähigkeit müsste eine tragende Rolle für die biopsychische Stabilität des Individuums zugeschrieben werden. Im Kontext kognitiver (und eventuell auch Differenzieller) Psychologie wäre hierfür vielleicht der Terminus „*Balancing*" hilfreich[16].

> [2] Religiosität wäre dann die Ausstattung des Menschen (homo sapiens sapiens) mit einer Balancefähigkeit (balancing-capacity), die Creditionen, Emotionen und Kognitionen in Einklang bringt. (Angel 2004a).

(b) Lässt sich ein Modell finden, das für ein besseres Verständnis solcher Balanceprozesse hilfreich ist? Dies scheint möglich zu sein. Bekanntlich ist der Mensch darauf angewiesen, dass seine Körpertemperatur unabhängig von den Schwankungen der Umgebungstemperatur konstant bleibt. Für diese Fähigkeit hat sich seit den grundlegenden Arbeiten von Claude Bernard (Bernard 1859) und Walter B. Cannon (Cannon 1930) der Fachterminus *Homöostase* etabliert. Er „bezeichnet die Erscheinung, dass lebende Systeme gewisse Parameter konstant halten und diese nach Störungen wieder einregulieren in einer Weise, die nicht allgemeinen physikalischen Gesetzen entspricht, sondern diesen oft zuwiderläuft" (von Bertalanffy 1974, 1184). Welche Umweltbedingungen im Laufe der Millionen Jahre auch immer Lebewesen dazu gebracht haben mögen: Homöostase ist eine Art Balance, ohne die das Individuum nicht in der Lage ist, das biologische Leben aufrecht zu erhalten. Sollte man die psychobiologischen Prozesse des „in-Einklang-Bringens" in Analogie zum Phänomen *Homöostase* denken? Ist es eine Art Homöostase, der zufolge Individuen in der Lage sind, Kognitionen, Emotionen und Creditionen in einem Fließgleichgewicht zu halten – trotz eines Oszillierens zwischen (Selbst-)Zweifel und Euphorie, zwischen Frustration und Glück? Wie stabilisieren Menschen die dynamischen Veränderungen in diesem Fließgleichgewicht, wenn Lebensoptionen dramatisch zusammenstürzen, unerwartet Heil widerfährt oder wenn sie kollektivem Elend, Unterdrückung oder brutaler Gewalt ausgesetzt sind? Ist es nachvollziehbar, wenn man daraus folgert:

---

[16]   „Balancing" dürfte sich auch als ein Konzept entwickeln lassen, das mit Hilfe gängiger human- bzw. sozialwissenschaftlicher Methoden empirisch überprüft werden kann. „Balance" als Bestandteil des gegenwärtigen Wellness-Trends stand jedoch nicht Pate bei der Formulierung der Hypothese.

[3] Religiosität ist ein biopsychologisches Instrument, das sich im Verlauf der Hominiden-Evolution herausgebildet hat und das für ein quasi-homöostatisches Gleichgewicht des Menschen (homo sapiens sapiens) verantwortlich ist?

„Quasi-homöostatisch" deswegen, weil es nicht (lediglich) um Körperfunktionen geht (dieses Gleichgewicht ließe sich als *Homöostase I* bezeichnen), sondern auch um Affekte/Emotionen, Kognitionen und Creditionen (auch solche bezüglich Gott) der einzelnen Individuen (dieses umfassendere Gleichgewicht könnte als *Homöostase II* bezeichnet werden). So ist es unschwer vorstellbar, dass etwa stark negativ gefärbte Creditionen eine erhebliche Herausforderung für die innere Stabilität eines Individuums darstellen. Angesichts hochgradig negativ besetzter Creditionen wäre denkbar, dass auch die Entwicklung von pathologischem Verhalten (etwa die in den 1950er und 1960er Jahren viel diskutierten ekklesiogenen Neurosen) Folge eines Balanceprozesses sind. Die Hypothese, der zufolge Religiosität im Dienste eines quasi-homöostatischen Gleichgewichts steht, wäre im Kontext der Differentiellen Psychologie näher zu entfalten und müsste ebenso auf ihre potenzielle Verbindung zu motivationspsychologisch konzipierten Homöostase-Modellen hin untersucht werden[17].

(c) Der Gleichgewichtsgedanke müsste aber wahrscheinlich noch weiter gefasst werden: und zwar soweit, dass er auch die Orientierung bzw. Verankerung eines Individuums im umgebenden soziokulturellen Umfeld integriert. Das heißt, die mit *Homöstase II* gemeinten Prozesse müssten auch eine Art Balance zwischen individuellen und sozialen Parametern herzustellen in der Lage sein. An dieser Stelle müsste die Frage angesiedelt werden, in welcher Weise die Verbindung von Kognitionen, Emotionen und Creditionen zum Handeln führt – im Sinne von Ulrich Hemels „Horizont religiös motivierter Lebensgestaltung" (Hemel 1986, 51–71). Dann wäre auch der Horizont für Überlegungen darüber eröffnet, wie sich das Verhältnis von Emotionen, Kognitionen und Creditionen darstellt, falls es zu extremen Verhaltensweisen wie (Selbst-)Mord, (Selbst-) Verstümmelung, Folter, Martyrium u.ä.m. kommt. Sind auch derartige Verhaltensweisen Ausdruck quasi-homöostatischer (Balance-)Prozesse? Das ist anzunehmen. Dort, wo Creditionen eine Radikalität im sozialen und politischen Raum entwickeln, wäre dies nach dem hier zugrunde liegenden Religiositätsmodell Ausdruck dafür, dass von den agierenden Individuen bei der Konstanthaltung von Parametern Störungen wahrgenommen werden und bei ihnen ein Prozess im Gange ist, der diese Konstanz „nach Störungen wieder einregulieren" möchte. Märtyrer des frühen Christentums – um ein Beispiel aus der christlichen Tradition zu nehmen – stellten sich mit ihrem Zeugnis nicht selten ausdrücklich gegen die (kultische) Apotheose des römischen Kaisers. Mit ihrer Bereitschaft zum Martyrium bezeugten sie ihre Sichtweise einer politischen Schräglage. Mit ihrem Lebenszeugnis setzten sie sich für eine politische Neuausrichtung ein, die

---

[17] Vgl. den Überblick bei Thomae 1983, 25–39.

dem römischen Kaiserkult das Fundament entzog. Auch die Gründerinnen und Gründer karitativer Orden sahen, beeinflusst durch ihre Creditionen, eine Störung, die durch die gesellschaftliche Ausblendung von menschlichem Leid (Waisen, Kranken, Krüppeln, usw.) verursacht war; die Bettelordensidee entstand auch als Gegengewicht zur Elendsproduktion frühkapitalistischer Wirtschaftskonzepte in den aufstrebenden Städten des 12./13. Jahrhunderts.

(d) Die Definitionen, die hier schrittweise vorgeschlagen wurden, definierten Religiosität mit ähnlichen, aber nicht deckungsgleichen Begriffen: als „Potenzial", als „Fähigkeit, in Einklang zu bringen", als „Ausstattung mit Balancefähigkeit (balancing-capacity)" und als „biopsychologisches Instrument, das für ein quasi-homöostatisches Gleichgewicht verantwortlich ist". Die Randunschärfe der gewählten Begriffe macht deutlich, dass nach der hier vertretenen Auffassung Religiosität einerseits als entwickelbares Potenzial angesehen werden kann, das für die innere Stabilität von Individuen eine Funktion hat („Instrument") und dass diese biopsychologische Funktion auch ohne Beziehung zum Bewusstsein (analog zu Homöostase) wirksam ist. Es soll andererseits zum Ausdruck gebracht werden, dass der Mensch sich diese Ausstattung auch bewusst machen und sie bewusst aktivieren kann. Das aktivierbare Moment will durch den Ausdruck „balancing" ins Spiel gebracht werden. Unter Balancing soll somit Aktivierung und Ausdruck jenes in Analogie zu Homöostase gedachten Potenzials des Menschen verstanden werden, mit dessen Hilfe er in der Lage ist, angesichts der Vielzahl von Reizen, Herausforderungen und Erfahrungen – von biologischer bis hin zu geistig-geistlicher, von individueller bis hin zu sozialer und transzendenter Art – seine innere Stabilität zu behalten.

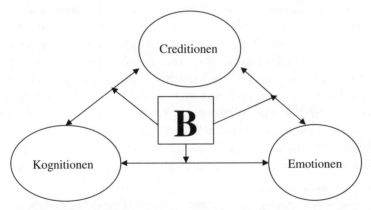

Aufgrund der Begriffsgeschichte des „Religiösen" wird an diesem Konzept von Religiosität zunächst irritieren, dass es auch auf Phänomene ausgedehnt werden kann, die sich nicht auf Transzendentes beziehen[18], weil eben Creditionen so

---

[18] Die Problematik kennt auch die Religionssoziologie und versucht sie durch die nicht unbedingt befriedigende Kombination von Religion mit einem Kompositum bzw. einem Adjektiv (z.B. Medienreligion oder „civil religion") zu lösen.

gedacht sind, dass es zu ihrem Verständnis belanglos ist, ob sie sich auf Transzendentes beziehen oder nicht[19]. Wenn ein Mensch von sich sagt, er oder sie sei „religiös" würde das nach dem hier vorgestellten Modell von Religiosität immer Ausdruck einer inneren Verfasstheit und erst in zweiter Linie Ausdruck einer Zugehörigkeit (zu einer Religion) ausdrücken. Die Selbstartikulation als „religiös" würde signalisieren, dass es dem oder der Betroffenen in irgendeiner Weise darum geht, spezifische Creditionen mit Kognitionen und Emotionen in Balance zu bringen.[20] Ein solches Gleichgewicht, eine solche innere Stabilität ermöglicht dem Einzelnen eine ganzheitliche und – sofern als transzendent fundiert erlebt – eine nicht mehr überbietbare Welt- und Selbstdeutung. Dieses Gleichgewicht, diese innere Stabilität erlaubt darüber hinaus Selbsthingabe – die wohl nur möglich ist, wenn dadurch die innere Stabilität nicht verloren geht (vgl. Angel 2002a, Angel 2002b). Die „Zentralitätshypothese", also die Frage, wie zentral „Religiöses" für ein Individuum ist (Huber 2003), könnte mit diesem Balancing-Prozess in Verbindung gebracht werden.

Die hier vorgelegte Religiositätstheorie bietet die Chance, von „religiösen" Verhaltensweisen (im Sinne einer spezifischen Ausprägung von Religiosität) seismographisch auf individuelle und gesellschaftsbezogene Erfahrungen der Akteurinnen und Akteure rückzuschließen. Die Genderthematik wäre hier ausdrücklich in den Blick zu nehmen. Möglicherweise zeigen sich in religiösen Verhaltensweisen auch subjektive Erfahrungen von Unterdrückung. Sie können auch auf eine subjektive Wahrnehmung hinweisen, die andere als Realitätsverzerrung oder „Aber"-glaube bezeichnen. Insofern ist die hier vorgelegte Religiositätstheorie auch funktional zu den jeweiligen Realitätskonzepten der Akteurinnen und Akteure sowie zu denen ihrer soziokulturellen Umgebung. An der Ausprägung von Religiosität wird die Weltsicht eines Individuums erkennbar und sie beeinflusst die Art und Weise des Handelns. Auseinandersetzungen um die richtige Ausprägung von Religiosität berühren damit in mehr oder weniger intensiver Weise die innere Stabilität (Homöostase II) der beteiligten Individuen (und Gesellschaften). Die Analyse individueller wie gesellschaftlich verbreiteter Creditionen erlaubt somit aber auch Aussagen darüber, welche Aspekte des Lebens (etwa Tod, Hilflosigkeit, Verelendung, Randgruppen, u.ä.) ausgeblendet oder tabuisiert werden müssen. Das macht verständlich, dass jede Einforderung von Werthaltungen individuelle wie kollektive Balanceprozesse irritieren kann. Die Konfrontation mit der christlichen Botschaft kann gerade aus diesem Grund

---

[19]   Möglicherweise wäre es (aufgrund der kulturellen und historischen Gegebenheiten) sinnvoll, den Terminus Religiosität nur dann anzuwenden, wenn Creditionen sich auf Transzendentes beziehen. Dann wäre allerdings erforderlich, sowohl für jenen Teil von „Religiosität", bei dem sich Creditionen nicht auf Transzendentes beziehen, einen eigenen Ausdruck einzuführen als auch für die Gesamtheit aus „echter" Religiosität und eben jenem nicht transzendenzbezogenen Teil.

[20]   Es wäre zumindest hypothetisch interessant, bei der Suche nach neuronalen Korrelaten religiöser Erfahrung unter dem „Balance-Aspekt" auch das Corpus callosum in Betracht zu ziehen.

Widerstand hervorrufen, der im Dienste einer homöostatischen Balance steht. Die Geschichte zeigt, dass solcher Widerstand nicht selten mit Gewalt gebrochen wurde. Gleichzeitig ist festzustellen, dass es gerade die Religionen sind, in den das Wissen verankert ist: der entscheidende Parameter im Balancing-Prozess ist die Ausprägung der jeweiligen Creditionen – und nicht selten war es das Hereinbrechen von Not (und das damit einhergehende Zusammenbrechen bisheriger Balance), das beten lehrte. Die mangelnde theoretische Durchdringung der Interdependenz von Creditionen, Kognitionen und Emotionen war m.E. mitursächlich dafür, dass der christliche Glaube seit der Aufklärung in eine Defensive gegenüber der Dominanz einer Rationalität geriet, die ihre eigene emotionale und creditive Bedingtheit nicht durchschaute. Glaube mutierte zum Gegenbegriff von Wissen, das sich – naturwissenschaftlich erhärtet – als Garant für eine zutreffende und umfassende Weltsicht etablieren konnte. Es waren neben dem technischen Erfolg allerdings auch Creditionen (z.B. an einen gesellschaftlichen Fortschritt durch die Verbindung von Ökonomie und Technik), die daran beteiligt waren, dass dem naturwissenschaftlichen Wissen diese Funktion zuwachsen konnte (Angel 1988, 405–451).

4. Ausblick

Das hier vorgeschlagene Konzept von Religiosität wird der Idee der Einfachheit im Sinne eines Ockamschen Rasiermessers gerecht: Es geht um innere Stabilität durch Ausbalancieren von drei zentralen Größen. Auf der anderen Seite werden Theorien in das Religiositätskonzept aufgenommen, die ohne Beziehung zum bislang diskutierten wissenschaftlichen Mainstream sind: In diesem Sinne ist das Konzept kompliziert und kritikanfällig. So müssen etwa alle Annahmen und Theoreme ihrerseits auf (unentdeckte und ungenannte) Implikationen hin durchforstet werden. Lässt sich z.B. aus einer evolutionstheoretischen Betrachtung der Emotionen und des Gehirns wirklich folgern, dass dadurch die Herausbildung creditiver Fähigkeiten beeinflusst wurde? Irritationen wird „Homöostase" als Bestandteil einer Religiositätstheorie hervorrufen, zumal Homöostase ein konzeptionell hoch differenziertes Gebilde darstellt, das Fragen der Neurophysiologie, Neurochemie und Neuroanatomie – insbesondere des autonomen Nervensystems – umfasst und Erklärungen für die Wechselbeziehungen zwischen Hormon-, Immun- und Nervensystem bereitstellt. „Merkwürdigerweise sind Emotionen ein wesentlicher Bestandteil der Regulation, die wir Homöostase nennen" stellt Antonio Damasio fest, der die Auffassung vertritt, „dass die Homöostase ein Schlüssel zum Verständnis der Biologie des Bewusstseins ist" (Damasio 2000, 55)[21]; „Stabilität" ist nach seiner Meinung als bedeutsamstes Merkmal für das „autobiographische Selbst" anzusehen (Damasio 2000, 164).

---

[21]   Der Gedanke von Damasio scheint mir weiterführender als die Überlegungen von Linke zum Verhältnis von Evolution und Balance (Linke 2003, 223–226).

Zudem wird mit „Creditionen" eine Größe zur Beschreibung von Religiosität eingeführt, die bislang wissenschaftlich überhaupt nicht existiert. Sollte sie sich behaupten können, trägt sie zwar grundsätzlich zur Einfachheit der Religiositätstheorie bei. Im Detail resultiert aus der unterstellten Interdependenz von Kognitionen, Emotionen und Creditionen jedoch wiederum eine hohe Komplexität des Religiositätskonzepts. Das liegt daran, dass jede einzelne dieser Größen eine eigene Psychodynamik wie auch eine eigene (ontogenetische) Entwicklungslogik hat. Darüber hinaus ist auch die Interdependenz, also die Art und Weise, wie Kognitionen, Emotionen und Creditionen einander beeinflussen, nochmals von einer eigenen Dynamik und unterliegt gleichfalls einer ontogenetischen Entwicklung: Die Beziehung der Größen untereinander ist also ein zusätzlicher Komplexitätsgenerator. Anhand der Bandbreite möglicher Religiositäts-Stile (vgl. Hemel in diesem Band) lässt sich erkennen, in welchem Ausmaß sich die subjektive Aneignung und Verarbeitung von Glaubensinhalten (im Ineinander von Credition, Emotion und Kognition) unterscheiden und nach außen (auch in Konfessionen oder Glaubensrichtungen, z.B. Sunna und Schia) soziokulturell wirksam werden.

Abschließend soll schon hier darauf aufmerksam gemacht werden, dass das favorisierte Religiositätskonzept auch religionspädagogisch relevant werden kann[22]:

- So ließe sich etwa der Terminus Credition und die damit verbundenen Vorstellungen im Rahmen religionspädagogischer Kommunikations- und Interaktionsprozesse fruchtbar machen. Es wäre möglich, über Creditionen ohne Bezug zu traditionellen „religiösen" Inhalten zu sprechen. Schülerinnen und Schüler könnten sich darüber austauschen, in welcher Weise ihre „Creditionen" mit „Emotionen" und Kognitionen" in Beziehung stehen. Entscheidungssituationen des Alltagslebens und der Alltagserfahrung könnten auf implizite Creditionen befragt werden. Auch wäre möglich, grundsätzlich und theoretisch zu versprachlichen, in welcher Weise Creditionen mit Kognitionen und Emotionen zusammenhängen. Da Creditionen in allen Bereichen des Lebens eine Rolle spielen, wäre auch an außerschulische Handlungsfelder wie Erwachsenenbildung – bis hin zu Fragen der Wirtschaftsethik oder der Gestaltung von internationalen Beziehungen – zu denken.

- In der immer wieder konflikthaltigen Auseinandersetzung um den Stellenwert von Glaubensinhalten für religionspädagogische (insbesondere schulische) Kommunikationszusammenhänge könnte die Bedeutung und das Eigengewicht von Emotionen und Kognitionen für die Ausprägung von Religiosität herausgestellt werden. Die häufig kritisierte ganzheitliche, d. h. auf die Vor-Erfahrungen und Kontexte von Schülerinnen und Schülern aufbauende Religionspädagogik könnte als richtiger und sinnvoller Weg bestätigt werden, weil Creditionen nie ohne ihre kognitiven und gefühlsmäßigen Anteile zu sehen sind. Auf der anderen Seite könnte deutlich werden, dass bei

---

[22]   Vgl. Angel „Das Religiöse" in diesem Band.

der Ausgestaltung von Creditionen auch den Glaubens-„Inhalten", also der „Lehre", zentrale Bedeutung zukommt, ohne dass man deswegen die Bedeutung von kognitiven und emotionalen Prozessen ignorieren müsste: Die Frage nach der „Wahrheit" des (christlichen) Glaubens und der Hierarchie der Wahrheiten ist kein beliebiges Epitheton. Der Offenbarungsgedanke wird dort ins Spiel kommen, wo man nach der „Justierung" des Balance-Instruments fragt.

• Die hier skizzierte creditionstheoretisch fundierte Religiositätstheorie bietet die Möglichkeit, in einer bislang nicht artikulierten Weise die anthropologische Dimension jedes „Glaubens", also auch die des christlichen, einsichtig zu machen. Religiosität gehört zu den – aus theologischer Sicht – unaufgebbaren Momenten einer Anthropologie (vgl. Rothgangel in diesem Band). Theologisch betrachtet könnte Religiosität als jener biopsychologische Aspekt der Anthropologie gesehen werden, der Voraussetzung für ein „Vernehmen Gottes" ist. Das Beharren auf die anthropologische Bedeutung von Religiosität müsste geradezu zu den unverwechselbaren und prominenten Beiträgen des Christentums im öffentlichen Diskurs der Gegenwart gehören. In einem weiteren Sinne ist hieraus eine fundamentalanthropologische Begründung der Religionsfreiheit zu entwickeln.

Doch selbst wenn die hier vorgelegte anthropologisch konzipierte Religiositätstheorie stimmig erscheint, sollte man ihren aktuellen Status nicht aus dem Auge verlieren: Wir stehen am Anfang einer wissenschaftlichen Erforschung von Religiosität, die sich gerade erst als ebenso faszinierendes wie hochbrisantes Phänomen unserer Gegenwartskultur zu enthüllen beginnt.

Literatur

Alper, M.: The „God" part of the brain. A scientific interpretation of human spirituality and God, New York 2001.

Angel, H.-F.: Naturwissenschaft und Technik im Religionsunterricht, Frankfurt/M. 1988.

Angel, H.-F.: Von der „Frage nach dem Religiösen" zur „Frage nach der biologischen Basis menschlicher Religiosität", in: Christlich-Pädagogische Blätter 115 (2002a), 86–89 und 181–183.

Angel, H.-F.: Religiosität im Kopf? Zur biologischen Basis menschlicher Religiosität, in: Katechetische Blätter 127 (2002b), 321–326.

Angel, H.-F.: Neurotheologie – Die Neurowissenschaften auf der Suche nach den biologischen Grundlagen menschlicher Religiosität, in: Religionspädagogische Beiträge 49 (2002c), 107–128.

Angel, H.-F.: Religiosität – Bildungsauftrag und Bildungsaufgabe der Kirche, in: Wenzel, K. / Prostmeier, F.R. (Hg.): Zukunft der Kirche – Kirche der Zukunft, Regensburg 2004, 283–301 (Angel 2004a).

Angel, H.-F.: Neurotheologie. Ende der Feindschaft, Interview in: Geist & Gehirn 4/2004,73 (Angel 2004b).

Angel, H.-F.: / Krauss, A.: Der interdisziplinäre Gott, in: Geist & Gehirn
4/2004, 68–72.

Austin, J.: Zen and the Brain, Cambridge/Mass. / London 1998.

Azari, N. u.a.: Neural Correlates of Religious Experience, in: European Journal
of Neuroscience Vol. 13 (2001), 1649–1652.

Azari, N.: Neuroimaging and Religious Phenomena. Vortrag während des Kongresses „Neurowissenschaft und Religiosität, Graz 2005"[23].

Belzen, J.A. van: Between Neuroscience and Culture: The Necessary Perspecti-
ve of Psychology of Religion, Vortrag während des Kongresses „Neurowissenschaft und Religiosität, Graz 2005".

Bergold, R.: Gehirn – Religion – Bildung. Die neuen Hirnforschungserkenntnis-
se und ihre religionspädagogische Bedeutung für religiöse Bildungsprozesse, in: Religionspädagogische Beiträge 54/2005, 51–68.

Bernard, C.: Leçons sur propriétés physiologiques et des latérations pathologi-
ques des liquides de l'organisme, Paris 1859.

Bertalanffy, L. von: Art. „Homöostase", in: Historisches Wörterbuch d. Philosophie, Bd.3, Basel 1974, 1184–1186.

Braunwarth, M.: Gedächtnis der Gegenwart. Signatur eines religiös-kulturellen
Gedächtnisses, Münster 2002.

Brugger, P.: Das gläubige Gehirn. Der Glaube ans Außersinnliche aus neuropsychologischer Sicht, in: Rosenzweig, R. / Fink, H. / Matthiesen, S. (Hg.):
Von Sinnen. Traum und Trance, Rausch und Rage aus Sicht der Hirnforschung, 2007 [im Druck].

Brugger, P.: Neuropsychologische Grundlagen paranormalen Glaubens, Vortrag
während des Kongresses „Neurowissenschaft und Religiosität, Graz 2005".

Cannon W.B.: The wisdom of body, New York 1932.

Cardeña, E. / Linn, St.J, / Krippner, St. (Hg.): Varieties of Anomalous Experience, Washington DC 2000.

Ciompi, L.: Die emotionalen Grundlagen des Denkens. Entwurf einer fraktalen
Affektlogik, Göttingen 1997.

Csikszentmihalyi, M.: Flow. The Psychology of optimal Experience, New York
1990.

D'Aquili, E. / Newberg, A.: The Mystical Mind: Probing the Biology of Religious Experience, Minneapolis1999.

D'Aquili, E. / Newberg, A.: Why God won't go away, New York 2001 [dt.:
Newberg, A. / D'Aquili, E. / Rause V.: Der gedachte Gott (2003)].

Daecke, S.M. / Schnakenberg, J. (Hg): Gottesglaube – ein Selektionsvorteil?,
Gütersloh 2000.

[23] Zum Kongress „Neurowissenschaft und Religiosität, Graz 2005" siehe: http://www-
theol.uni-graz.at/neuro/. Geplant ist eine Herausgabe der Beiträge bei der Wissenschaftlichen Buchgemeinschaft.

Damasio, A.R.: Ich fühle, also bin ich. Die Entschlüsselung des Bewusstseins, Berlin 2000.

Dewhurst, K. / Beard, A.: Sudden religious conversions in temporal lobe epilepsy, in: Britisch Journal of Psychiatry (117) 1970, 497–507.

Dörner, D. / Stäudel, Th: Emotion und Kognition, in: Scherer, K.R. (Hg.): Psychologie der Emotion (= Enzyklopädie der Psychologie, Themenbereich C, Serie IV, Bd. 3) Göttingen / Toronto / Zürich1990, 293–343.

Feinberg, T.E. / Keenan J.P. (Hg.): The Lost Self: Pathologies of the Brain and Identity, Oxford 2005.

Fowler, J.: Stufen des Glaubens, Gütersloh 1991.

Gallese, V. / Keysers, Chr. / Rizzolatti, G.: A unifying view of the basis of social cognition, in : Trends in Cognitive Sciences 8 (2004), 396–403.

Goleman, D.: Emotionale Intelligenz, München [5]1998.

Gollwitzer ,P.M. / Kirchhof, O.: The willful pursuit of identity, in: Heckhausen, H. / Dweck, C.S. (Hg): Life-span perspectives on motivation and control, New York 1998, 389 – 423.

Graf, F. W.: Brain me up! Gibt es einen neurobiologischen Gottesbeweis?, in: Geyer, Ch.: Hirnforschung und Willensfreiheit, Frankfurt/M. 2004, 143–147.

Gronover, M.: Die Rezeption neurowissenschaftlicher Forschungen zur Religiosität in der Theologie, Vortrag während des Kongresses „Neurowissenschaft und Religiosität, Graz 2005".

Heckhausen, H.: Motivation und Handeln, Berlin u.a. 1989.

Heckhausen, H. / Dweck, C.S. (Hg.): Life-span perspectives on motivation and control, Hillsdale NJ 1998.

Hemel, U.: Religionspädagogik im Kontext von Theologie und Kirche, Düsseldorf 1986.

Huber, St.: Zentralität und Inhalt, Opladen 2003.

Huntingon, S.P.: Der Kampf der Kulturen. Neugestaltung der Weltpolitik im 21. Jahrhundert, München / Wien1996.

James, W.: Varieties of Religious Experience, New York 1902.

Joseph, R.: Paleo-Neurology and the Evolution of the Human Mind, in: ders.: Neuropsychiatry, Neuropsychology, and the Clinical Neuroscience, Baltimore [2]1996, 31–73.

Joseph, R.: NeuroTheology: Brain, Science, Spirituality, Religious Experience, San Jose 2002.

Jungermann, H. / Pfister, H.-R. / Fischer, K.: Die Psychologie der Entscheidung, Heidelberg 1998.

Katechismus der Katholischen Kirche, München 1993.

Kierkegaard, S.: Der Augenblick. Flugschriften, Düsseldorf u.a. 1855 (1959).

Kischka, U. u.a.: Methoden der Hirnforschung, Heidelberg u.a.1997.

Klinger, E.: Selbstverpflichtungs-(Commitment)Theorien, in: Graumann, C. / Birbaumer, N. (Hg.): Motivation und Emotion (= Enzyklopädie der Psychologie, Themenbereich C, Serie IV, Bd. 4), Göttingen / Toronto / Zürich 1996, 469–488.

Koenig, H.G. / Cohen, H.J.: The Link between Religion and Health. Psychoimmunology and the Faith Factor, Oxford / New York 2002.

Koenig, H.G.: The Connection between Psychoneuroimmunology and Religion, in: Koenig, H.G. / Cohen, H.J. 2002, 31.

Kuhn, W.: Glaube und Placeboeffekt aus neurobiologischer Sicht. Vortrag während des Kongresses „Neurowissenschaft und Religiosität, Graz 2005".

LeDoux, J.: Das Netz der Gefühle. Wie Emotionen entstehen, München / Wien 1998.

Leonhard, D. / Brugger, P.: Creative, paranormal, and delusional thought: A consequence of right-hemispheric semantic activation, in: Neuropsychiatry, Neuropsychology, and Behavioral Neurology 11 (1998), 177–183.

Linke, D.: Geist, Glaube und Gehirn, Reinbek b. Hamburg 2003.

Lüke, U.: Als Anfang schuf Gott ... Bio-Theologie: Zeit – Evolution – Hominisation, Paderborn u.a.²2001.

Lüke, U.: Mehr Gehirn als Geist, Grenzen der naturalistischen Interpretation, in: Neuner 2003, 57–78.

Lutz, A. / Greischar, L.L. / Rawlings, N.B. / Ricard, M. / Davidson, R.J.: Longterm meditators self-induce high-amplitude gamma synchrony during mental practice, in: Proceedings of the National Academy of Science 101 (2004), 16369–16373.

Neuner, P. (Hg.): Naturalisierung des Geistes – Sprachlosigkeit der Theologie, Freiburg / Basel / Wien 2003.

Ott, U.: Absorbtionsfähigkeit und Neigung zu Mystik; Vortrag während des Kongresses „Neurowissenschaft und Religiosität, Graz 2005" [= Ott 2005].

Paloutzian, R.F. / Fikes, T.G. / Hutsebaut, D.: A social cognition interpretation of neurotheological events, in: Joseph 2002, 215–222.

Persinger, M. A.: Neuropsychological Bases of God Beliefs, New York 1987 (1999).

Petersson Buin, Y.: Effects of meditation on respiration and temporal lobes, Lund 2000.

Pinel, J.P.J.: Biopsychologie, Heidelberg 1997.

Pinker, S.: Der Sprachinstinkt, München 1996.

Ramachandran, V. / Blakeslee, S.: Phantoms in the Brain, ³2002 [dt. Die blinde Frau, die sehen kann, Reinbek b. Hamburg ³2002].

Reich, H.: The Role of Cognition in Religious Development. The contribution of Relational and Contextual Reasoning (RCR), Utrecht 2004.

Reich, H.: Was sollten Religionspädagog/innen über die Neurowissenschaften wissen und warum?, in: Religionspädagogische Beiträge 51/2003, 121–132.

Rokeach, M.: The open and the closed mind, New York 1960.

Runehov, A.L.C.: Sacred or Neural?, Uppsala 2004.

Saver, J.L. / Rabin, J.: The Neural Substrates of Religious Experience, in: Salloway, S. / Malloy, P. / Cummings, J.L. (Hg.): The Neuropsychiatry of Limbic and Subcortical Disorders, Washington / London 1999, 195–207.

Schmalt, H.-D.: Zur Kohärenz von Motivation und Kognition, in: Graumann, C. / Birbaumer, N. (Hg.): Motivation und Emotion (= Enzyklopädie der Psychologie, Themenbereich C, Serie IV, Bd. 4), Göttingen / Toronto / Zürich 1996, 241–273.

Schmidt-Atzert, L.: Lehrbuch der Emotionspsychologie, Stuttgart1996.

Schmitz, E. (Hg.): Religionspsychologie, Göttingen 1992.

Schmitz, E.: Religion und Gesundheit, in: Ders. 1992, 131–158.

Spitzer, M.: Lernen, Heidelberg 2002.

Sternberg, R.J. / Kaufman, J.C. (Hg.): The Evolution of Intelligence, Mahwah NJ 2002.

Thomae, H.: Konflikt –Entscheidung – Verantwortung, Stuttgart 1974.

Thomae, H.: Motivationsbegriff und Motivationstheorien, in: Thomae, H. (Hg.): Theorien und Formen der Motivation (= Enzyklopädie der Psychologie, Themenbereich C, Serie IV, Bd. 1), Göttingen / Toronto / Zürich 1983.

Tolman, E.C.A.: A cognition-motivation model, in: Psychological Review 59 (1952), 389–400.

Utsch, M.: Religiöse Fragen in der Psychotherapie, Stuttgart 2005.

Vaitl, D. / Birbaumer, N. u.a.: Psychobiology of Altered States of Consciousness, in: Psychological Bulletin 101 (2005), 98–127.

Vaitl, D. / Ott, R.: Altered States of Consciousness Induced by Psychophysiological Techniques, in: Mind and Matter 3 (2005), 9–30.

Wachholtz, A.B. / Pargament, K.I.: Is spirituality a critical ingredient of meditation?, in: Journal Behav Med 2005, 369–384.

Wells, W.R.: The Biological Foundations of Belief, Boston 1921.

Westermann, R. / Heise, E.: Motivations- und Kognitionspsychologie, in: Graumann, C. / Birbaumer, N. (Hg.): Motivation und Emotion (= Enzyklopädie der Psychologie, Themenbereich C, Serie IV, Bd. 4), Göttingen / Toronto / Zürich 1996, 275–326.

Wills, Ch.: Das vorauseilende Gehirn, Frankfurt/M. 1996.

Wulff, D.M.: Psychology of Religion, New York [2]1997.

Wurmser, L.: Die Maske der Scham, Berlin [2]1997.

Wustmans, H.: Balancieren statt ausschließen. Eine Ortsbestimmung von Frauenritualen in der Religions- und Pastoralgemeinschaft der Kirche. Unveröffentlichte Habilitationsschrift, Graz 2006.

Zimbardo, Ph. / Gerrig, R.J.: Psychologie, Berlin u.a. [7]1996.

Religionsphilosophie und Philosophie der Religiosität
Ein Zugang über die Typologie religiöser Lebensstile

Ulrich Hemel

1. Erkenntnisperspektiven der Religionsphilosophie

1.1 Zugänge aus fachphilosophischer Perspektive
in Nähe und Distanz zu einzelnen Weltreligionen

Die Religionsphilosophie hat in Europa und darüber hinaus eine lange und beachtliche Tradition. Dabei geht es zum einen um die philosophische Tradition innerhalb einer der Weltreligionen, zum anderen um eine eigenständige Teildisziplin der Philosophie, die den Versuch anstellt, einen alle Religionen übergreifenden Standpunkt einzunehmen (vgl. Bochenski 1965, Hoerster 1979). Religionsphilosophie zeigt sich in diesem Zusammenhang grundlegend als Philosophie der Religion, weniger als Philosophie der Religiosität. Sie kann auch Züge der Religionskritik annehmen, etwa wenn Religion als Zerrspiegel der Vernunft aufgefasst würde (A. Feuerbach, S. Freud, K. Marx).

Interessanterweise sind es besonders die jüdische und die christliche Religion, die eine religionsphilosophische Tradition der Selbstreflexion ausgebildet haben. Wird die Welt in den Begriffen und Sprachspielen einer bestimmten Religion erfasst, so lässt sich freilich die Frage stellen, welchen Erkenntniswert die philosophische Reflexion einer religiösen Binnenperspektive gewinnen kann, wenn nicht vorab eine gewissermaßen parteiliche Option für den Wahrheitsgehalt einer bestimmten religiösen Weltbeschreibung getroffen wird. Anders gesagt: Die Wahrheitsfrage von Philosophie und Religion lässt sich letztlich nicht vermeiden, gleich aus welchem Blickwinkel deren Beantwortung versucht wird!

Einer dieser Blickwinkel ist der Versuch einer gewissermaßen voraussetzungslosen Religionsphilosophie, die lediglich von der Vernunft als solcher ausginge. Spielarten solcher Religionsphilosophie umfassen beispielsweise auch Säkularisierungstheorien, die als „Emanzipation vom religiösen Bewusstsein" (Wuchterl 1982, 20) betrachtet werden können.

Gelegentlich ist der Übergang zwischen den Religionswissenschaften und der Religionsphilosophie ausgesprochen fließend, etwa wenn es eher um phänomenologische Ansätze zur Vielfalt der Erscheinungsformen religiöser Praxis geht (vgl. Stolz 1988, Kerber 1993, Nebel 1983, Odin 1982).

In jüngerer Zeit haben analytische Ansätze an Interesse gewonnen, die – ausgehend von Ludwig Wittgenstein – speziell den Sprachgebrauch religiöser

Rede und religiöse „Sprachspiele" analysieren (Dalferth 1974, Just 1975, Laube 1998). Tatsache ist: Religion als begründende Instanz für Werte und Lebensformen wurde häufig zum Gegenstand explizit philosophischen Nachdenkens (vgl. Joas 1997, Joas 2003). Dabei wird nicht immer klar, wo Religion als Voraussetzung, wo als externer Bezugspunkt und wo als direkter Gegenstand religionsphilosophischen Denkens gelten soll.

Neuerdings gibt insbesondere der „philosophische Dialog der Religionen" trotz mancher Konflikte Anlass zur Hoffnung auf eine produktive Kulturbegegnung in Zeiten verschärfter Globalisierung (Koslowski 2002, Koslowski 2003).

Die Lebendigkeit und Vielfalt religionsphilosophischer Reflexionen ist umso beeindruckender, je intensiver man sich den einzelnen, hoch differenzierten Positionen zuwendet. In den letzten Jahren scheinen sich in diesem Zusammenhang zwei Einsichten Bahn zu brechen.

Zum einen weist auch die religionsphilosophische Reflexion Züge von erkenntnisleitender Standpunktgebundenheit auf, gleich ob es sich um die Nähe zum Christentum oder anderen Religionen oder gerade die kritische Distanzierung von einer der Weltreligionen handelt.

Zum anderen ist deutlicher geworden, dass religiöse Aussagen nicht ohne den Anspruch eines Wahrheitsgehalts verstanden werden können, selbst wenn dieser Gehalt unter den Bedingungen irdischen Lebens nicht immer entscheidbar ist. Anders gesagt: Fehlende Entscheidbarkeit schließt die Wahrheitsfähigkeit religiöser Aussagen und Überzeugungen nicht aus. Im Gegenteil: Wahrheitsfähigkeit ist die Voraussetzung dafür, dass sie Gegenstand eines echten argumentativen Ringens werden können (Hemel 1989, Joas 2003).

1.2 Religionsphilosophisch-begriffsgeschichtliche Perspektiven einer Philosophie von Religion und Religiosität

Was bedeuten diese Ausführungen aus *begriffsgeschichtlicher Betrachtung*? Diese Frage hat auch dann ihren Sinn, wenn nicht sicher ist, ob die Reflexionsinstrumente für eine Philosophie von Religion und Religiosität über die Zeit hinweg tatsächlich in Gestalt grundsätzlich kompatibler Begrifflichkeit zur Verfügung stehen. Dies kann u.a. eine gewisse Ratlosigkeit auslösen, die ihrerseits gut zu begründen ist. Denn jede religionsphilosophische Rede über Religiosität ist ja an ihren geistesgeschichtlichen Ort, damit aber auch an einen bestimmten Gestus der Identifizierung und Distanz zur aktuell vorherrschenden Typologie von gelebter Religiosität gebunden.

Das „Historische Wörterbuch der Philosophie" (Bd. 8, 774–780, Jaeschke 1992) verweist zwar auf eine Begriffsfundstelle bei Apuleius („religiositas") und erkennt eine frühe Unterscheidung zwischen der Innenseite und der Außenseite von Religiosität, d.h. zwischen inneren Überzeugungen und Gemütszuständen und äußeren, diesen zumeist zugeordneten Handlungen, etwa in einem Gottesdienst. Bis auf Fichte und Schleiermacher bleibt der Begriff aber offensichtlich randständig. Interessanterweise wird jedoch auch auf Religiosität als

Zugehörigkeit in der Bedeutung „einem geistlichen Stande angehörig" verwiesen (ebd., 775).

Nun ist es aber gerade die menschliche Abstraktionsfähigkeit, die in Aufklärung und Idealismus speziell im deutschen Sprachraum eine besondere Aufmerksamkeit für den Begriff der „Religiosität" geweckt zu haben scheint. Wer von Religiosität spricht, hat noch nicht mitgesagt, ob das Christentum, das Judentum oder der Islam – oder gar eine völlig andere Erscheinungsform des Religiösen – gemeint ist. Es geht also in „affirmativer oder kritischer Absicht" darum, „ein Gemeinsames zu gewinnen, das sich in den mannigfaltigen Formen der vielen Religionen objektiviert" (ebd., 775).

Das abstrahierende Adjektiv „religiös" verdankt sich damit selbst zu einem Teil der abendländischen Tradition, speziell der Aufklärung, die über die „direkte" Bezeichnung einer Religion wie christlich, islamisch, jüdisch hinaus einen allgemeineren Begriff wie „religiös" in Umlauf gebracht hat.

„Religiös" korreliert in diesem Zusammenhang mit der Suche nach einem tieferen anthropologischen Verständnis der verschiedenen persönlichen und kollektiven Prozesse von Sinnfindung und Weltdeutung. Dabei geht es regelmäßig um einige begriffliche Polaritäten, die teilweise bis heute bestimmend wirken, nämlich um die Abgrenzung und Verbindung von Religiosität und Moralität (Fichte), aber auch um die Verbindung mit einem „Gefühl für echte Religion" (Herder), mit einem Sinn für das Unendliche (Schleiermacher) und mit der menschlichen Vernunft schlechthin (Hegel).

Die geistig ringende Auseinandersetzung mit Religiosität als einer anthropologischen Konstante in Verbindung mit bestimmten Grundfähigkeiten des Menschen unterscheidet sich begriffs-, philosophie- und religionsgeschichtlich deutlich von einem eher deskriptiven und phänomenologischen Zugriff, wie er u.a. von Max Weber, später von zahlreichen Soziologen und Psychologen verwendet wurde (vgl. Jakobs in diesem Band).

Hier wird die Frage nach einem Wahrheitsanspruch bestimmter Formen von Religion und Religiosität methodisch ausgeklammert. Vorteilhaft an diesem Verfahren ist die Möglichkeit der Objektivierung und das Erzielen eines Konsenses über Beschreibungen, während ein Diskurs über die mit gelebter Religiosität verbundenen *Geltungsansprüche* nicht stattfindet. Die pluralistische Religionstheorie lässt sich in diesem Zusammenhang u.a. als Versuch verstehen, die hier bezeichneten Spannungen zwischen verschiedenen, gleichzeitig proklamierten Geltungsansprüchen zu überbrücken.

Geht man über einen wissenschaftlichen und methodischen Kontext hinaus, kommt allerdings eine andere, eher lebenspraktische Folge aus dem Ausklammern von Wahrheitsansprüchen in den Blick: Denn bei zahlreichen Zeitgenossen in einer zwar nicht völlig, aber weithin säkularisierten Gesellschaft scheint die Orientierungskraft gelebter Religiosität mit der reflexiven Distanzierung von Wahrheits- und Geltungsansprüchen zu schwinden.

Dies bedeutet in aller Ambivalenz, dass Religiosität auf der einen Seite ohne die persönlichkeitsbildende Kraft zur Orientierung und Sinnfindung in Beliebigkeit und Irrelevanz aufzugehen droht, so wie es im ausgehenden 20. Jahrhundert in einigen Gegenden Europas erfahren werden konnte.

Im Gegensatz dazu stehen Versuche zur Wiedergewinnung der subjektiven Lebensrelevanz und der Leuchtturmfunktion von Religion und Religiosität für die persönliche Lebensführung und Sinnfindung. Solche Versuche gehen regelmäßig mit erneuerten Ansprüchen auf Geltung und Wahrheit einher. Im Extremfall und in negativer Ausprägung reicht dies sogar bis zu einem eher fundamentalistischen Diskurskontext von Religiosität.

Schon aus diesem Grund erweist es sich als wesentlich, den Horizont religionsphilosophischer Reflexion grundsätzlich von einer Philosophie der Religion zu einer Philosophie von Religiosität zu weiten.

1.3 Die Wende zum Subjekt: von der Religionsphilosophie als Philosophie der Religion zur Philosophie von Religiosität

Gerade die Erkenntnis gelebter Wahrheits- und Geltungsansprüche von Religion und Religiosität zieht wesentliche Fragen und Schlussfolgerungen auf der Ebene der handelnden Personen nach sich. Dabei berühren sich bisweilen religionsphilosophische mit religionspsychologischen und soziologischen Erkenntnisinteressen.

Wendet man sich dem religiös handelnden Subjekt intensiv zu, so gibt es in der Zwischenzeit trotz der Unsicherheiten über den wissenschaftstheoretischen Ort der Religionspsychologie sehr differenzierte Ausarbeitungen zur Religionspsychologie, zur religiösen Entwicklung (vgl. Angel in diesem Band) und zu Veränderungen religiöser Einstellungen. Innerhalb der Theologie hat speziell die Religionspädagogik erhebliches Interesse an religionsphilosophischen und religionspsychologischen Erkenntnissen (Fraas 1990, Hemel 1988, Kunstmann 2004).

Aufschlussreich auch für eine speziell religionsphilosophische Perspektive ist dabei die Verbindung von empirischen Arbeiten mit typologischen Ansätzen. Auch wenn deren theoretischer Rahmen nicht immer mit reflektiert wird, wäre hier ein Rückgriff auf die von Alfred Schütz erstmals vorgestellte „Theorie der Lebensformen" (Schütz 1981) von erhellender Bedeutung. Lebensformen wirken nämlich auch auf religiösem Gebiet als prägende Stellgrößen für die kognitive und emotionale Landschaft einer einzelnen Persönlichkeit.

Solche im Einzelnen zu explizierenden Lebensformen werfen dann auch Licht auf gegenwärtig aktuelle Typologien rund um die religiöse Einstellung von handelnden Subjekten, etwa auf die folgende (Ziebertz u.a. 2003, 383–407):

- Christlich-autonomer Typ
- Konventionell-religiöser Typ
- Autonom-religiöser Typ
- Nicht-religiöser Typ.

Religionsphilosophisch wird in diesem Zusammenhang im Grunde nur die relative Nähe und Distanz zu Kirche und Christentum adressiert. Nicht zum Ausdruck kommt hingegen, wie wichtig Religion und Religiosität für die Identität und das Selbstkonzept einer Person ist.

Noch expliziter wird dies in der Typologie von Polak (2002, 111), bei dem die Kategorie des religiösen Interesses die Typisierung nach Nähe und Distanz zu christlichen Institutionen ergänzt:

- christlich institutionalisiert-strukturkritisch
- christlich institutionalisiert-strukturerhaltend
- informell institutionalisiert
- nicht institutionalisiert, interessiert
- nicht institutionalisiert, nicht interessiert.

Schwierig an einem solchen Zugang ist die Übertragbarkeit auf andere Weltreligionen. Selbst wenn man die Probe aufs Exempel macht und etwa die Bezeichnung „christlich institutionalisiert-strukturkritisch" im Analogieschluss in „islamisch institutionalisiert-strukturkritisch" oder „buddhistisch institutionalisiert-strukturkritisch" transformiert, bleibt ein Unbehagen in zweierlei Hinsicht: Zum einen, weil die Nähe und Distanz zu einer religiösen Institution wie der „Kirche" wohl nicht typisch für Religionen außerhalb des Christentums ist und keine Entsprechung in Buddhismus und Islam findet, zum anderen, weil jenseits eines mehr oder weniger klaren Interesses nicht klar wird, welche subjektive Bedeutung Nähe oder Distanz zu verfassten Formen von Religion beim Einzelnen haben soll.

Wenn aber die Erkenntnis richtig ist, dass – religionsphilosophisch gesehen – jede Form religiöser Identifikation auch mit Geltungsansprüchen zur Wahrheit religiöser Aussagen einher geht, dann lassen solche Typologien auch eine gewisse Ratlosigkeit zurück: Sie treffen nämlich lediglich in der Beobachtung von Nähe und Distanz eine Aussage darüber, wie Individuen in ihrem Leben mit dem impliziten oder expliziten, aber jedenfalls immer auch Widerspruch auslösenden Wahrheitsanspruch ihrer Religion umgehen.

Gleichwohl ist phänomenologisch nicht zu übersehen, dass gelebte Religion mindestens subjektiv mit derartigen Wahrheitsansprüchen verbunden ist. Dies gibt Anlass zur Forderung, die Kategorie der subjektiven Verarbeitung von Wahrheits- und Geltungsansprüchen in eine religionsphilosophische Typologie aufzunehmen.

Die gegenwärtig diskutierten religionssoziologischen und religionspsychologischen Zugänge geben – so gesehen – nicht zuletzt Zeugnis vom Ringen um das Verhältnis zwischen Individuum und Institution, zwischen Kirche und einzelnem Gläubigen, zwischen Glaube und Religion, aber – genauer – auch zwischen Religion und Religiosität in der jeweiligen Lebenswelt.

Damit ist der Horizont der *subjektiven Lebenshermeneutik* erreicht, der interessanterweise in der Religionsphilosophie bisher keine überragende Rolle spielt. Einzelne religiöse Praktiken (Gebet, Opfer, Gottesdienst) werden zwar auch anthropologisch reflektiert. Es fehlt aber eine ganzheitliche Sicht auf den Menschen, der sich als religiös versteht und sich mit seiner persönlichen Religiosität in ein spezifisches Verhältnis zu seinem religiösen und weltanschaulichen Umfeld bringt.

Der vorliegende Beitrag zielt hier auf die Wende von den objektivierbaren Formen von Religion hin zu Lebensstilen von Religiosität, verstanden als die in einer Person wirksamen, ihr eigenen subjektiven Form der Aneignung von religiösen Sinndeutungen und der Identifikation mit solchen Sinndeutungen, wobei deren Quelle eine bestimmte Religion oder eine bestimmte Auffassung von letzten Bedeutungen in der Welt ist.

Religionsphilosophie sollte, so die These dieses Beitrags, immer auch eine Philosophie der Religiosität unter den Bedingungen ihrer speziellen Entfaltung in einer Gesellschaft und in der Lebenswelt einzelner ihrer Mitglieder sein.

Vorausgesetzt wird in diesem Zusammenhang eine anthropologische Voraussetzung, die als *Existenzial der Weltdeutung* bezeichnet werden könnte. Ihr Inhalt liegt in einem grundlegenden Weltdeutungszwang, der auf alle Menschen wirkt und es unmöglich macht, sich einer Deutung von Welt und eigenem Selbst zu entziehen: Man kann Welt nicht nicht deuten (vgl. Hemel 1988, 387–420; 543–583).

Solche Deutungen schreiten auf dem Weg der Entwicklung einer Person durch Kindheit und Jugend bis zum Erwachsenenalter fort, nehmen Einflüsse aus den Deutungen der sozialisationsprägenden Umwelt auf, sind aber auch offen für persönliche Identifikationsprozesse. Sie können, müssen aber nicht zu religiösen Selbst- und Weltdeutungen führen. Die grundlegende Unterscheidung zwischen religiösen und nicht-religiösen Weltdeutungen wird auf der Ebene des Individuums durch die Art und Weise der Aneignung religiöser Ideen und Praktiken in Nähe und Distanz produktiv aufgegriffen und wirkt fundamental auf die Identität einer Person ein.

1.4 Religiöse Sprache als Zugang zu religiöser Deutung von Wirklichkeit

Damit wird nicht in Abrede gestellt, sondern sogar betont, wie wichtig Sprache und Kommunikation für die Entstehung von religiösem Bewusstsein, religiöser Rede und religiöser Praxis sind. Durch Sprache geschieht Weltaneignung und Weltdeutung. Sprache verweist auf konkrete Gegenstände, Ereignisse und Personen in der Lebenswelt jeder Person. Gleichzeitig abstrahiert sie gerade durch den Prozess der Versprachlichung von der Unmittelbarkeit des konkreten, sinnlichen Lebens und Erlebens. Sprache wird so zum Mittel des Welterlebens, aber auch der Weltdeutung. Weil Sprache auf die Differenz zwischen Sache und ihrer sprachlichen Bezeichnung verwiesen ist, eignet ihr unaufhebbar ein Stück Vorläufigkeit. In dieser Vorläufigkeit transzendiert sie das Konkrete und verweist über den Alltag hinaus. Auch alltägliche Sprache hat somit einen unhintergehbaren Transzendenzbezug, auch dann, wenn solche Transzendenz nicht religiös gedeutet wird (vgl. Casper / Sparn 1992).

Anders gesagt: Menschen sprechen miteinander, und schon dadurch deuten sie ihre Welt. Über das sprachliche Begreifen hinaus eröffnet speziell religiöse

Sprache den Horizont einer umfassenden Welt- und Selbstdeutung, der über die eigene Person, die eigene Zeit und die eigene Gesellschaft hinausweist (Kaempfert 1983). Religiöse Sprache hat Anteil an der allgemeinen Transzendenz von Sprache, meint darüber hinaus aber noch etwas Anderes. Sie ist daher auch nur bedingt durch die Analyse religiöser Sprachspiele im Sinn L. Wittgensteins zu fassen. Über logische, expressive, interpretative und performative Sprechakte und Intentionen hinaus geht es Menschen mit entfalteter Religiosität in ihrem Kommunikationsverhalten um einen Wirklichkeitsbezug, den sie als plausibel erfahren, obwohl sie wissen, dass genau die von ihnen gemeinte Wirklichkeit von anderen bestritten oder sogar als in sich sinnlos bezeichnet wird (Carnap 1934, vgl. Hick 1996, Goodman 2002).

Es ist zwar möglich, religiöse Sprache von außen zu betrachten, ihre Wirkmechanismen zu analysieren oder ihre Aussageabsicht zu kritisieren. Phänomenologisch setzt aber die Analyse eines Phänomens seine Beobachtung im Feld seiner primären Verwendung voraus. Religiöse Sprache und Kommunikation setzt, so gesehen, das religiöse Bewusstsein voraus, in Gestalt und Inhalt religiöser Worte und Sätze etwas zu meinen, das nicht nur psychologische, sondern reale Bedeutung hat. Dies gilt gerade auch dann, wenn sich religiöse Sprache – etwa bei einer Aussage über das Leben nach dem Tod – in logischer Analyse als die Option auf die Wahrheit einer hier und heute nicht entscheidbaren Aussage darstellen lässt (Hemel 1989).

Der analytische Teil einer solchen religiösen Aussage kann ja – wie oben angedeutet – auch dann wahr oder falsch sein, wenn er unter den Bedingungen endlicher menschlicher Erkenntnis nicht entscheidbar ist. Er verweist jedenfalls darauf, dass religiöse Sprache, religiöses Bewusstsein und die Gesamtheit dessen, was Religiosität genannt werden kann, nicht ohne einen bewusst kognitiven Anspruch zu haben ist.

Ich fasse zusammen: Die Suche nach einer integrativen religionsphilosophischen Theorie kann weder von einer Philosophie der Religion in Gestalt ihrer objektivierbaren Verfasstheit noch von einer Philosophie der Religiosität in Form der subjektiv wirksamen Lebensstile absehen. Dabei bilden religiöse Sprache und religiöses Bewusstsein unhintergehbare Kategorien jeglicher Religionsphilosophie, weil sie das anthropologische Apriori sowohl für subjektives Erleben wie auch für objektivierbare Gestaltungen darstellen. Aus diesem Grund soll im weiteren Argumentationsgang zunächst kurz auf die Entstehung religiösen Bewusstseins und anschließend auf eine religionsphilosophische Typologie religiöser Lebensformen eingegangen werden.

1.5 Die Entstehung von religiösem Bewusstsein im Individuum und
    Religiosität als Matrix der Wirklichkeitswahrnehmung

Religiöses Bewusstsein kann zwar nicht ohne die Einwirkung gesellschaftlich formender Kräfte, etwa das Umfeld der christlichen, der islamischen oder der buddhistischen Religion, entstehen. Es kann sich aber sehr wohl in Nähe und

Distanz zu diesem Umfeld positionieren. Es wird zu *subjektivem* religiösem Bewusstsein erst durch das Zusammenspiel der grundlegenden Fähigkeit zur Selbst- und Weltdeutung, der Verarbeitung von Einflüssen religiöser Sozialisation und einer persönlichen Identifikation oder Nicht-Identifikation mit den religiösen Überzeugungen und Glaubensvorstellungen der eigenen Umwelt.

Der anthropologisch nicht hintergehbare Weltdeutungszwang ist daher sowohl mit externen als auch mit internen Faktoren in Verbindung zu bringen, d.h. sowohl mit den Sozialisationseinflüssen der jeweiligen Gesellschaft wie auch mit der sehr spezifischen Reaktionsbildung eines Individuums. Diese Reaktionsbildung wird hier abgekürzt und zusammenfassend als (1) religiöse Identifikation oder als (2) Distanzierung von religiösen Weltdeutungen bezeichnet. Sie ist nicht ein für allemal fest, sondern verändert sich mit dem Lebensalter und den jeweils wirksamen Lebenssituationen.

Persönliche Religiosität entfaltet sich somit im Wechselspiel der Interaktion zwischen Deutungsangeboten aus dem Umfeld einer Person und deren innerer und äußerer Reaktion und Auseinandersetzung mit ihnen. Zu kognitiven Prozessen treten hier unabwendbar emotionale Tönungen, aber auch Handlungen im sozialen Umfeld. Religiöse Kommunikation lässt sich hier in verschiedenen Ausprägungen beobachten: als Austausch mit Angehörigen der gleichen Glaubensgemeinschaft und als argumentativer Diskurs mit Menschen, die einer solchen Glaubensgemeinschaft nicht angehören oder kritisch gegenüberstehen.

Darüber hinaus gilt für die Phänomenologie entwickelter Religiosität auch eine religiöse Kommunikation auf „vertikaler" Ebene, wenn damit die Zwiesprache mit Gott in Klage, Lob und Gebet gemeint ist. Solche spirituellen Formen religiöser Sprache und Kommunikation sind empirisch und phänomenologisch auch dann zu beobachten, wenn ein Beobachter der Meinung sein sollte, ihre kognitive Bedeutung sei null und nichtig.

Die kognitive, emotionale und soziale Verankerung religiöser Praxis in der Persönlichkeit ist allen Menschen gemeinsam, die sich selbst als religiös bezeichnen. Die Umstände der Entwicklung von Religiosität wie auch deren spezifische Entfaltung im Wirken und Werden einer individuellen Persönlichkeit ist allerdings immer wieder einzigartig. Sie lässt Raum für differentialdiagnostische Betrachtungen und lässt vermuten, dass das heuristische Potenzial einer näheren Befassung mit dem Phänomen Religiosität in seiner Fruchtbarkeit bisher weder in der klassischen Religionsphilosophie noch in der Religionspsychologie erkannt wurde.

Aus *erkenntnistheoretischer Sicht* gilt für jede einzelne Lebens- und Diskursform von Religiosität ein Anspruch auf Gesamtorientierung. Ein solcher Anspruch auf Gesamtorientierung steht im Gegensatz zu dissoziativen Tendenzen im Denken und Handeln, die psychisch extrem belastend wirken können. Jede geprägte Form von Religiosität erfüllt daher – unabhängig von ihrem Wahrheitsanspruch und zumindest aus einer funktionalen Betrachtung heraus – den Anspruch auf Weltorientierung und impliziter Sinngebung für das Handeln des Individuums.

Das führt dazu, dass die gelebte Form von Religiosität oft als unausgewiesener Hintergrund von Argumentationen, Handlungsweisen und moralischen Urteilen dient.

Religiosität wirkt dann sozusagen als *Matrix* für das *kognitive und emotionale Framing* der Wirklichkeit. Der Begriff „Framing" wird hier für den nicht mehr hinterfragten Rahmen verwendet, den ein Mensch in Form von Hintergrundannahmen über die Beschaffenheit der Wirklichkeit verwendet. Dabei spielen neben den Erkenntnissen der Kognitiven Psychologie über die Konstitution von Wahrnehmung und Erkenntnis (Wessells 1984) auch hermeneutische Überlegungen zum Zusammenhang von Handeln und Deuten in der Ethik (vgl. Demmer 1985) wie in der Philosophie der Sozialwissenschaften eine Rolle (vgl. Hookway / Pettit 1982).

„Framing" spielt insoweit eine bedeutende Rolle für das Verständnis von Religiosität. Diese schafft analytisch nicht ganz einfach auflösbare „Evidenzen" der Wirklichkeitserfassung, genauer gesagt: der deutenden Wahrnehmung und wahrnehmenden Deutung von Realität. Zu dieser deutenden Wahrnehmung kann auch das Postulat einer Pluralität von Zugängen zu religiöser Wirklichkeit gehören, etwa im Zusammenhang religiöser Patchwork-Identität.

Gerade aus religionsphilosophischer Sicht ist jedoch nicht zu übersehen, dass jemand, der aus dem Selbst- und Weltverständnis einer bestimmten Form von Religiosität im Kontext des Christentums, des Islams, des Judentums oder einer anderen Religion lebt, die Redeweise der „deutenden Wahrnehmung" und der „wahrnehmenden Deutung" ablehnen, sich von ihr distanzieren und Kritik an ihr üben wird.

Aus Sicht des Deutungshorizontes eines bestimmten Stils von Religiosität geht es nämlich in der Regel nicht um Interpretationen, sondern um wirklichkeits- und wahrheitshaltige Beschreibungen. Dies verhindert aber nicht die Möglichkeit einer phänomenologischen und typologischen Beschreibung einer solchen Position in Begriffen, die aus der „Innensicht" nicht auf Zustimmung stoßen mögen.

Im Folgenden soll versucht werden, auf der Grundlage eines typologischen Ansatzes zu einem ersten, sicher auch vorläufigen Vorschlag zur Kategorisierung religiöser Lebensformen und damit zu einem Erkenntnisraster für eine Philosophie der Religiosität zu gelangen. Dieser Vorschlag ist deshalb innovativ, weil er die Selbstdeutung religiöser Menschen als strenges Kriterium und somit die subjektive Bedeutung von für wahr gehaltener Religion in den Blick nimmt, gleichzeitig aber unabhängig von einer einzelnen Weltreligion gedacht werden kann. Dabei versteht es sich von selbst, dass der Erkenntniswert eines innovativen Vorschlags in aller Bescheidenheit auf das Wechselspiel von Anregung und Kritik, von Horizonteröffnung und kritischer Entgegnung angewiesen sein wird.

2. Philosophie der Religiosität und die Typologie religiöser Lebensformen

2.1 Anforderungen an eine religionsphilosophische Typologie
religiöser Lebensformen und immanente Begrenzungen

Verfolgt man den umfassenden Ansatz einer Philosophie der Religiosität in Bezogenheit und Differenz zu einer prägenden Religion, dann liegt ein epistemologisches Dilemma nahe.

Einerseits wäre nämlich zu postulieren, dass eine allgemeine Analyse von Religiosität in ausreichendem Maß von einer einzelnen Weltreligion zu abstrahieren hätte. Viel eher müsste nach Kontexten der Lebens- und Sinndeutung gesucht werden, die sich als Lebensform und Lebenswelt kulturübergreifend, wenn nicht gar transhistorisch begreifen und darstellen lassen, weil sie von ähnlichen Grundvoraussetzungen in der Deutung des Verhältnisses von Mensch und Welt, von Glaube und Leben sowie von Vernunft und Religion ausgehen.

Andererseits sind Wünsche nach transhistorischen und transkulturellen Erkenntnissen unter den Bedingungen konkreter historischer Gegebenheiten und kultureller Erkenntnisbrillen mit Vorsicht, wenn nicht gar mit grundsätzlicher Skepsis zu betrachten: Die Anstrengung des Begriffs gerät hier leicht in das Feld einer wirklichkeitsfremden Anmaßung und Vereinnahmung, die stärker Postulaten als erhärteten Erkenntnissen verhaftet wäre (vgl. Dierksmeier 1998).

Die Anerkennung der Vorläufigkeit jeder Vernunfterkenntnis ist allerdings bekanntermaßen kein valides Argument, um sich von jedem Versuch nach Erkenntnis zu dispensieren. So lässt sich die Spannung zwischen der Beschreibung von Einzelfällen und der Suche nach allgemeiner Erkenntnis nicht leugnen. Sie wird sich auch letztlich nicht ganz aufheben lassen.

2.2 Typologischer Ausgangspunkt von den Dimensionen
religiös motivierter Lebensgestaltung

Greift man auf das anthropologische Existenzial des Weltdeutungszwangs zurück, ist unabweisbar, dass Menschen sich und ihre Welt auf religiöse Art und Weise deuten können, aber nicht müssen. Ich habe dazu in einer früheren Arbeit (Hemel 1988, 564-583) Überlegungen zu Dimensionen von Religiosität entwickelt, die sich für die Beschreibung von Menschen mit und ohne religiöse Selbstdeutung eignen:

Ohne an dieser Stelle auf Einzelheiten eingehen zu wollen, lässt sich entfaltete Religiosität durch die Kompetenz beschreiben, sich selbst und die Welt im Licht religiöser Deutungsmuster zu betrachten und diese Deutungsmuster als für die eigene Person wahr, gültig und handlungsleitend anzuerkennen. Religiöse Kompetenz ist, so gesehen, eine spezielle Form der Urteils- und Handlungskompetenz im Blick auf das eigene Leben. Sie hat einen ganzheitlichen Anspruch, weil sie sich auf die Orientierung und Sinngebung des eigenen Lebens in seiner Ganzheit, von Geburt bis zum Tod, von Jugend bis Alter, bezieht.

Schon bei der Betrachtung bisheriger religionsphilosophischer Ansätze war auf die Kategorien der religiösen Sprache und des religiösen Bewusstseins zurückzugreifen. In Verbindung mit der für Religiosität typischen Urteils- und Handlungskompetenz lassen sich in diesem Zusammenhang folgende Dimensionen unterscheiden:

1. Religiöse Sensibilität
2. Religiöses Ausdrucksverhalten
3. Religiöse Inhaltlichkeit
4. Religiöse Kommunikation
5. Religiös motivierte Lebensgestaltung.

Religiöse Sensibilität beschreibt die Offenheit, Ansprechbarkeit und Wahrnehmungsfähigkeit für religiöse Phänomene. Sie kann, wie jede der Dimensionen, mehr oder weniger stark ausgeprägt sein. Die Dimension des religiösen Ausdrucksverhaltens spiegelt die Ausprägung von Handlungskompetenzen im religiösen Bereich, u.a. die Fähigkeit und Bereitschaft zur Übernahme religiöser Rollen.

Da Religion und Religiosität niemals ohne Rückgriff auf zentrale religiöse Vorstellungen wie etwa „Gott", „Sünde", „Erlösung", „Offenbarung" u.a. auskommen können, wird die Differenzierung des kognitiven Bereichs durch die Dimension religiöser Inhaltlichkeit abgedeckt. Umgekehrt bedeutet inhaltliche Differenzierung nicht immer ein hohes Maß an Sprach- und Dialogfähigkeit, wie es in der Dimension der religiösen Kommunikation zum Ausdruck kommt.

Schließlich und letztlich beschreibt die gegenüber den vier anderen Dimensionen zu unterscheidende Dimension der religiös motivierten Lebensgestaltung die subjektive Relevanz religiöser Orientierung für eine Persönlichkeit. Sie steht somit quer zu den phänomenologisch und empirisch gut belegbaren kategorialen Dimensionen von Religiosität. Sie ist aber zwingend zu postulieren, weil sie als einzige die subjektive Binnenrelevanz religiöser Wirklichkeit und die subjektive Intensität religiöser Lebensbezüge zum Ausdruck bringt (Hemel 1998, 572). Drei Beispiele sollen dies beleuchten:

1. Nehmen wir das Beispiel eines evangelischen Theologieprofessors, der hoch elaboriert über religiöse Inhalte reden und schreiben kann, aber im Anschluss an bestimmte persönliche Erlebnisse in eine Glaubenskrise gerät und sich selbst nicht mehr als religiös und christlich bezeichnen möchte. Im Rahmen einer dichten Beschreibung und differentialdiagnostischen Betrachtung wird er durch diese Form der Distanzierung nichts an seiner ungewöhnlich hohen Ausprägung im Bereich religiöser Inhaltlichkeit verlieren. Was sich ändert, ist die innere Stellungnahme und die erlebte emotionale Relevanz von Religion für die eigene Persönlichkeit.

2. Ein Gegenbeispiel könnte beispielsweise ein katholischer Seelsorger sein, der sich durch die mannigfaltigen Funktionen des Gemeindelebens so sehr in der Dimension des religiösen Ausdrucksverhaltens verausgabt, dass er seine spirituelle Basis vernachlässigt und auf dem Weg ist, zum religiösen Funktionär zu werden.

3. Umgekehrt könnte etwa die 30-jährige Mutter eines neugeborenen Kindes, die bislang in keiner der Dimensionen eine besonders starke Ausprägung zeigte, durch die Geburt ihres Kindes in eine für sie neue religiöse Fragehaltung hineingeraten. Die Ausprägung der Dimension religiöser Inhaltlichkeit oder des religiösen Ausdrucksverhaltens ändert sich dadurch nicht. Zunächst bezieht sich die Änderung auf die Dimension der religiös motivierten Lebensgestaltung, mit wahrscheinlichen Auswirkungen auf religiöse Sensibilität und Kommunikation.

Alle drei Beispiele zeigen: Die Ausprägung einzelner kategorialer Dimensionen von Religiosität ist nicht unmittelbar ein Maß für die innere Bedeutung religiöser Selbst- und Weltdeutung im Leben des Einzelnen. Gerade die Dimension der religiös motivierten Lebensgestaltung erweist sich hier aber als Schlüssel für ein tieferes Verständnis der emotionalen Relevanz, aber auch der identitätsprägenden Entschiedenheit, mit der religiöse Vorstellungen für einzelne Personen Bedeutung gewinnen, und zwar unabhängig vom jeweils prägenden Kontext einer bestimmten Weltreligion wie dem Christentum, dem Judentum oder Islam.

Gerade hier bietet sich ein interessanter phänomenologischer Ansatzpunkt für eine Religionsphilosophie auf der Grundlage einer Philosophie von Religiosität:

Unabhängig von der Ausprägung religiösen Wissens in der Dimension der religiösen Inhaltlichkeit oder von der Ausprägung anderer kategorialer Dimensionen führen nämlich die Ausprägungen der Dimension religiöser Lebensgestaltung zu den genannten zwei Achsen der typologischen Unterscheidung, die hier zur Diskussion gestellt werden sollen: *emotionale Relevanz und identitätsprägende Entschiedenheit im Rahmen einer verfassten Religion.*

Ausgehend von der Betrachtung der Dimensionen von Religiosität können in diesem Zusammenhang folgende Typen religiöser Lebensstile unterschieden werden:

Religiosität als Zugehörigkeit zu einem religiösen Milieu

Religiosität als Praxis gelebter Frömmigkeit

Individuelle Patchwork-Religiosität

Religiosität als geschlossene religiöse Identität.
Trennschärfe und heuristische Fruchtbarkeit dieser typologischen Unterscheidungen werden zu diskutieren sein. Hinzuweisen ist aber vorab auf den Umstand, dass in diesem Modell Raum für religiöse und nicht-religiöse Formen des Wirklichkeitszugangs ist: Für nicht-religiöse Menschen haben Religion und Religiosität keine emotionale Relevanz, und sie schließen sich auch nicht einer der verfassten Religionen an.

Andererseits wird es in der Praxis immer wieder fließende Übergänge zwischen den einzelnen Clustern oder „Familien" religiöser Lebensformen geben können und dürfen, bis hin zu den dynamischen Veränderungen im Rahmen eines individuellen Lebenslaufs.

2.3 Religiosität als Zugehörigkeit zu einem religiösen Milieu

Religiosität als Zugehörigkeit zu einem religiösen Milieu ist typisch für jene Menschen, die ihre religiöse Identität kraft Herkunft, Familientradition und Mitleben an der religiösen Kultur ihrer Umwelt erhalten haben und bejahen. Die emotionale Relevanz religiöser Wirklichkeit tritt dahinter zurück. Als Algerier muslimisch, als Ire katholisch und als Grieche orthodox zu sein, hat durchaus Bedeutung. Eine solche Religiosität der Zugehörigkeit muss aber nicht zu regelmäßigen religiösen Vollzügen im Alltag führen und ist nicht unbedingt Gegenstand intellektueller Diskussionen.

Verwendet man als Leitbegriff für diese Form der religiösen Lebenspraxis *„glaubende Zugehörigkeit"*, so ist diese vor allem – wie erwähnt – durch ein mehr oder weniger aktives Mitleben, durch partizipatorische Teilhabe geprägt.

Typisch ist dieses Modell beispielsweise für die *Volkskirche*, wie sie über lange Jahrzehnte in Deutschland, in Italien, Polen oder Spanien gelebt wurde. Die Zugehörigkeit zur katholischen oder evangelischen Kirche galt als Selbstverständlichkeit. Erwartet wurde – wie erläutert – ein eher partizipativer Stil des Mitlebens ohne allzu deutliche kritische Distanzierung, aber auch ohne Erwartungen an ein persönliches Engagement, das über ein durchschnittliches Maß an Zeit- und Ressourcenaufwand hinausgegangen wäre. Kritisch-argumentative Auseinandersetzung mit der eigenen Religion oder Konfession ist hier nicht der Normalfall, sondern eher eine Sache für Spezialisten wie Kirchenleute und Theologen.

Dies schließt die ganze Bandbreite der Ausprägung von Dimensionen der Religiosität nicht aus, denn auch in volkskirchlichen Zusammenhängen kann es Formen religiöser Spezialisierung geben, die stärker auf die kognitive, die pragmatische oder die kommunikative Dimension von Religiosität verweisen. In differentialdiagnostischer Analyse würde man dann von individuellen Ausprägungen von Religiosität im Kontext eines volkskirchlichen religiösen Lebensstils sprechen können.

Dies hat beispielsweise Auswirkungen auf die Wahrnehmung intellektueller Herausforderungen religiöser Wirklichkeitsdeutung. In einem durch Zugehörigkeit geprägten religiösen Umfeld werden die Wahrheits- und Geltungsansprüche von Religion eher vorausgesetzt als kritisch diskutiert. „Wahr" und „falsch" sind in diesem Modell daher Kategorien für Spezialisten, die den üblichen Alltag nicht sonderlich beeinflussen. Die Alltagssituation in zahlreichen islamischen Ländern, aber auch in christlich geprägten Ländern mit volkskirchlicher Tradition lässt sich auf diese Art und Weise beschreiben. Der kognitive oder erkenntnistheoretische Gehalt konkreter Religion wird dabei schon deshalb nicht in Frage gestellt, weil die soziale Zugehörigkeit zu einem bestimmten religiösen Milieu im Vordergrund steht.

2.4 Religiosität als Praxis gelebter Frömmigkeit

Eine zweite Betrachtungsweise unterscheidet sich nur graduell von zugehörigkeitsgeprägter Religiosität. Die Dimension der religiös motivierten Lebensgestaltung gewinnt hier eine stärkere emotionale Färbung, ohne dass sie einen Gegensatz zur Religiosität als Zugehörigkeit bilden müsste. Mit anderen Worten: Die Intensität der subjektiven Relevanz von Religion und Religiosität nimmt zu.

Religiosität als Praxis gelebter Frömmigkeit hat in ihrer eher kollektiven Ausprägung Berührungspunkte mit der sogenannten *Volksfrömmigkeit*.. Religiosität lebt in dieser Lebensform aus ihren Erscheinungen wie Wallfahrten, Prozessionen, Heiligenbildern, Votivtafeln, religiösen Festen und Feiern und anderen Gestaltungsformen innerhalb einer großen religiösen Gemeinschaft wie etwa dem Christentum, aber auch dem Islam. Religiosität ist dann sozusagen die *Summe der Erscheinungsformen, in denen sich religiöses Leben*, aber auch lokale und regionale Folklore *ausdrückt*. Da sich hier teilweise ältere und frühere Formen durchmischen, handelt es sich um ein weites Feld für Kulturanthropologen, Soziologen, aber auch Volkskundler.

Theologisch gibt es allerdings gelegentlich so etwas wie ein Ressentiment gegenüber dieser Art von Religiosität: Sie gilt als theologisch wenig ergiebig, wenn nicht gar abwegig. Religionspädagogisch wird sie deswegen wenig reflektiert, weil der Prozess der Aneignung solcher volksreligiöser Praktiken häufig außerhalb organisierter religiöser Lehr- und Lernprozesse stattfindet und im Übrigen eher Unbehagen als Begeisterung hervorzurufen scheint.

Religiosität, die sich in den vielfältigen Formen der Volksfrömmigkeit ausprägt, hat wesentlich praktische Züge. Sie neigt nicht zu Reflexionsdistanz und kritischer, analytischer Auseinandersetzung. Theologische Argumentationen sieht sie eher als kritische Gefahr für die Praxis der Frömmigkeit. Als Leitbegriff könnte sich insoweit „*Frömmigkeit*" eignen, so wie sie sich in regionalen Milieus oder auch in bestimmten, eng aufeinander bezogenen Gruppen wie etwa den Herrnhutern, den Charismatikern und anderen eignet.

Da argumentative Differenzierungen in diesen Zusammenhängen geringe Durchschlagskraft entfalten, steht die religiöse Leitfigur in Gestalt eines Priesters, eines Gemeindevorstehers, eines Gurus oder eines religiösen Vorbilds im Vordergrund. „Wahr" und „falsch" sind in der frömmigkeitsbezogenen Lebensform von Religiosität eher sperrige Kategorien. Die emotionale Seite von Religion und Religiosität rückt in den Vordergrund. Gerne werden dann Begriffe wie „authentisch" und „nicht authentisch" verwendet, denn darin drückt sich die im Grunde emotionale, aber kognitiv weniger reflektierte Nähe zur vorgelebten Praxis religiöser Leitfiguren aus.

Die Unterscheidung zwischen einer Religiosität der Zugehörigkeit und der Religiosität als Praxis gelebter Frömmigkeit kann fließend sein. Beide Formen können sich in Teilen auch vom sozialen Milieu her überschneiden. Beide leben im Kontext einer identitätsstiftenden Religion, die aber im Fall der „gelebten

Frömmigkeit" individuell stärker ausgelebt und mit hoher emotionaler Bewertung versehen wird.

2.5 Individuelle Patchwork-Religiosität

Eine dritte, individuelle Ausprägung eines religiösen Weltbildes ist von kollektiven religiösen Bezügen stärker los gelöst und lässt sich als *religiös akzentuierte Patchwork-Identität oder Patchwork-Religiosität* beschreiben. Es handelt sich um eine Religiosität, die bekennende Zugehörigkeit eher meidet und sich eher als individueller religiöser Suchprozess in mehr oder weniger größer Nähe und Distanz zu verfassten Religionen beschreiben lässt. Mit Blick auf die Dimension religiös motivierter Lebensgestaltung verbindet sich also eine mittlere bis hohe Relevanz religiöser Fragen mit einem bewussten Aufschub von Entscheidungen, die religiöse Zugehörigkeit im engeren Sinn signalisieren würden.

Gemeint ist damit der Mosaikcharakter im Weltbild einer solchen Patchwork-Religiosität, das aus Versatzstücken klassischer Weltreligionen, spiritueller Lehren und teilweise auch esoterischen Denkmustern zusammengesetzt ist. Es besitzt keinen klaren Bekenntnischarakter, sondern weist eher Züge einer *Suchbewegung* auf. Zugehörigkeit zu einer Kirche oder religiösen Gemeinschaft spielt hier in der Regel keine Rolle. Wichtig ist viel mehr die wechselseitige Anerkennung von Gesprächspartnern in ihrem eigenen, individuell gestalteten Suchprozess. Es handelt sich also um eine anthropologisch offene, in einigen Fällen auch narzisstisch gefärbte Religiosität, die Dialogfähigkeit als Wert proklamiert, sich aber von jeglicher Form von letztem Wahrheitsanspruch abgestoßen fühlt und sich von ihr distanziert. „Wahr" und „falsch" gelten dann nicht als hilfreiche Kategorien. Man spricht eher von Begriffen wie „für mich förderlich" oder „für meinen Weg hinderlich". Man könnte hier sogar von einem gelebten subjektiven Utilitarismus im religiösen Bereich sprechen: Religiös sinnvoll ist, was dem eigenen Wohlbefinden und der eigenen psychischen Gesundheit nützt.

Dialoge führen insoweit zwar nicht zur Vereinnahmung, setzen aber einen relativierenden Umgang mit Wahrheitsansprüchen als gemeinsame Gesprächsplattform voraus. Standpunkte werden nicht so sehr um der Wahrheit des Gesagten willen behauptet, sondern in der Erwartung, Anerkennung für den eigenen Standpunkt als gleichwertige Form eines religiös-spirituellen Suchprozesses zu ernten. Trotz solcher relativistischer Tendenzen gilt der religiöse Dialog als Königsweg der Verständigung.

Leitbegriff einer solchen hoch individualisierten und nicht auf Gemeinschaftsbildung ausgelegten Form von Religiosität ist die *„Spiritualität"*. Nicht ganz zufällig ist dieser Begriff in der englischsprachigen Diskussion religionspsychologischer Sachverhalte weit vorherrschend, während „Spiritualität" in der deutschen Sprache eher ergänzend und komplementär zum Begriff der Religiosität verwendet wird. Religiöse Patchwork-Identität in ihren vielfältigen Ausprägungen scheint besonders in einer liberalen und individualistischen Gesellschaft wie in Europa zu Beginn des 21. Jahrhunderts, aber auch in Nordamerika, eine besondere Anziehungskraft zu entfalten.

Sie kombiniert nämlich im subjektiven Erleben die Orientierungsfunktion von Religion und Religiosität mit der Ablehnung oder mindestens der vorläufigen Aussetzung von konfliktgeneigten Wahrheitsansprüchen. Religiöse Patchwork-Identität ist, so gesehen, ein Stück entschärfter Religion, der die Sprengkraft der Zumutung von Wahrheitsansprüchen zugunsten der wesentlichen zivilisatorischen Leistung von Toleranz abhanden gekommen ist.

Dabei wird allerdings übersehen, dass Toleranz ihren Wert erst aus der Kombination von Standpunkt- und Dialogfähigkeit gewinnen kann und dass Formen religiöser Welt- und Selbstsicht auf Dauer nicht ohne den Geltungs- und Wahrheitsanspruch gemeinsamer Überzeugungen auskommen. Es ist insofern eine interessante, offene Frage, ob Patchwork-Religiosität sich nicht auf Dauer als ein Übergangsphänomen erweist, das sich im Verlauf weniger Generationen in neue Formen von religiösem Bekenntnis und identitätsstiftender Zugehörigkeit auflöst.

2.6 Religiosität als geschlossene religiöse Identität

Ein *viertes* Muster im Lebensstil von „Religiosität" ist die markant akzentuierte Übersteigerung einer bestimmten Ausprägung oder Interpretation von religiösen Weltdeutungen. Hier werden Zugehörigkeit, Wahrheitsanspruch und Wirkmacht genau dieser speziellen Interpretation im wahren Sinn des Wortes zum Maß aller Dinge erhoben. Es handelt sich insoweit um eine sowohl emotional wie auch rational ausgeprägte *Übersteigerung von religiöser Identifikation* mit sehr klarer Standpunktfähigkeit, aber eingeschränkter Lust und Fähigkeit auf Dialog. Eine solche Standpunktfähigkeit bis hin zur militanten Vereinnahmung ist typisch für fundamentalistische Gegenentwürfe innerhalb der großen Weltreligionen (Al Qaeda, Opus Dei).

Diese vierte Bedeutungsachse in der Verwendung von Religiosität setzt ein grundlegendes Verständnis über das voraus, was als absolute Wahrheit behauptet und durchgesetzt werden soll. „Wahr" und „falsch" sind insoweit eindeutig, aber häufig in hermeneutisch nur sehr kurz greifenden Argumentationsmustern, definiert.

Derartige Muster lösen im Gespräch mit Dritten immer wieder Etikettierungsdiskussionen darüber, was nun „fundamentalistisch" sei, aus. Aus dem Blickwinkel der Anhänger einer solchen Richtung kann andererseits „Wahrheit" ja nicht „fundamentalistisch" genannt werden. Vielmehr ist „Wahrheit" nichts anderes als das Wahre, Gute und Richtige, dem zu folgen ist.

Gleichzeitig lösen derartige Argumentationsfiguren heftige Distanzierungswünsche, aber auch Fundamentalkritik bei all denjenigen aus, die sich durch derartige fundamentalistische Ansagen angegriffen fühlen und in der Defensive wähnen. Fundamentalistische Positionen schaffen daher Feindbilder, benötigen sie aber auch selbst, denn im Kampf gegen die Feinde der Wahrheit leuchtet deren innere Strahlkraft umso heller.

Leitbegriff dieser Form von Religiosität ist somit die *„geschlossene Identität"*. Mehr noch: Ein gewisser zelotischer Eifer lässt alle, die nicht zu hundert Prozent glühende Anhänger der eigenen Position sind, als Abweichler und Gefahrenherde sehen. Diese aber sind im Namen der Wahrheit zu bekämpfen, denn aus Sicht dessen, der im Besitz der Wahrheit ist, darf dem Irrtum kein Raum und kein Recht gegeben werden. Fundamentalistische Positionen dieser Art, die aus einer „geschlossenen Identität" heraus leben, eignen sich daher in Extremfällen auch für militante Aktionen, die Gewalt als Mittel im Kampf gegen den Irrtum und das Verderben teilweise bewusst akzeptieren können.

Aus dem Blickwinkel der Dimension religiös motivierter Lebensgestaltung handelt es sich um die Kombination hoher emotionaler Relevanz von Religion und Religiosität mit hoher identitätsprägender Kraft und Entschiedenheit, aber auch eher geringer Ambiguitätstoleranz. Auch wenn Übergänge zu einer Religiosität der Zugehörigkeit und zu einer Religiosität gelebter Frömmigkeit gut vorstellbar sind, so ist doch die weitgehend kompromisslose Geschlossenheit einer solchen Ausprägung von Religiosität ein deutlich unterscheidendes Merkmal – auch im Blick auf die Ambivalenz religiöser Orientierungen überhaupt.

3. Reflexionsdistanz zwischen Selbst und Welt: Fruchtbarkeit und bleibende Ambivalenz religiöser Lebensstile

3.1 Offene Fragen im Blick auf ein zukünftiges Verständnis von Religiosität

Die aufgeführten, phänomenologisch beleuchteten Diskurskontexte können nun ihrerseits zum Gegenstand einer religionsphilosophischen Reflexion und Auswertung werden. Sie werfen insbesondere ein Licht auf die seit Jahrhunderten bekannte hohe *Ambivalenz religiöser Lebensstile*.

Denn der Blick auf gelebte Religiosität zeigt- nicht anders als die Analyse nicht religiös fundierter Lebensstile- Licht und Schatten. Er lässt die große Spannung zwischen der Suche nach Wahrheit und der menschlichen Neigung zu deren Durchsetzung mit Gewalt, zwischen dem Wirken als Friedensstifter und dem Aufbrechen von Konflikten, erahnen.

Einige erschließende, offene Fragen mögen zeigen, in welche Richtung interdisziplinäres Weiterdenken besonders herausgefordert sein wird:

- Wenn Religion und Religiosität tatsächlich zum Menschen gehören, welches Verständnis von Religiosität als Denk- und Lebensstil eignet sich dann als Grundlage für eine vertiefte anthropologische Diskussion dieses Lebensbereichs?
- Wie ist die Stellung des Subjekts in den unterschiedlichen Diskurskontexten und Lebensstilen von Religiosität ausgeprägt?
- Was genau bedeutet „Erfüllung", „Leid", „Sinn" und „Lebensziel" im jeweiligen Kontext?

- Ist die typologische Unterscheidung von Diskurskontexten von Religiosität dazu geeignet, Licht auf die anthropologische Konstitution des Menschen insgesamt zu werfen?

- Wie verhalten sich religionspädagogische Ziele wie etwa die Balance zwischen emotionalen und kognitiven Elementen der Welt- und Selbstdeutung oder – kurzgefasst – der *regulatorischen Leitidee der religiösen Kompetenz* (Hemel 1988) zu den empirisch erhebbaren Lebensstilen und Lebensformen von Religiosität?

- Wäre eine Religionsphilosophie mit universalistischem Anspruch nicht grundsätzlich auf eine Analyse subjektiver Erlebniswelten angewiesen?

- Wie kann über die genannten Kontexte hinaus ein ethischer Universalismus „jenseits von Religionen und religiösen Lebensstilen" behauptet und gegebenenfalls begründet werden?

- Müssen wir uns – mit anderen Worten – mit der Markierung der Differenz zufrieden geben oder lässt sich eben doch ein gemeinsamer Grund finden, der theologisch, religionsphilosophisch und auch religionspädagogisch tragbar ist?

Diese kritischen Fragen sollen nicht in Abrede stellen, dass sich die verschiedenen religionsphilosophischen Positionen sinnvoll dem jeweiligen phänomenologischen und zeittypischen Kontext in der Diskurs- und Lebensform von Religiosität zuordnen lassen. Es zeigt sich aber an der bisherigen Analyse sehr wohl, dass der Blickwinkel einer Philosophie der Religiosität Zugänge eröffnet, die über die bisher vorherrschenden Perspektiven hinauszugehen versprechen.

3.2 Religiosität und Reflexionsdistanz zwischen Selbst und Welt

Fasst man den im engeren Sinn philosophischen Ertrag einer Philosophie von Religiosität in ihren verschiedenen Spielarten zusammen, lässt sich aus dem Blickwinkel der Erkenntnistheorie vor allem auf die Auflösung von Reflexionsdistanz zwischen Selbst und Welt hinweisen: Ein Mensch mit religiöser Weltsicht wird sich unter verschiedenen Deutungsmöglichkeiten in der Regel auf eine bestimmte Form der Selbst- und Weltdeutung festlegen. Einem Menschen, der aus der ihm eigenen Form der Religiosität lebt, fehlt es dabei in keiner nachweisbaren Weise an Intelligenz. Dennoch wird er von seiner eigenen Welt- und Selbstdeutung nicht sagen, es handle sich um *eine* von mehreren möglichen Deutungen, sondern er wird in der Regel behaupten, es gehe um eine *wahrhaftige* Beschreibung. Alle anderen Beschreibungen seien eben falsch, unzutreffend, einseitig oder unvollständig.

Ausgenommen sind hier allenfalls solche Formen von Religiosität, die – wie unter dem Lebensstil der religiösen Patchwork-Identität beschrieben – die Orientierungsfunktion von Religion in ihre subjektive Religiosität integrieren, ihr Leben aber überwiegend als persönlichen Suchprozess erfahren und die Wahrheits- und Geltungsansprüche religiöser Aussagen eher mit distanzierender Relativierung betrachten.

Religiosität setzt damit in aller Regel nicht die Argumentationsfähigkeit und den erkenntnistheoretischen Diskurs außer Kraft, nimmt aber einen bestimmbaren Standort ein und relativiert so alle gegenteiligen Positionen. Die Kraft der **Komplexitätsreduktion** kann in diesem Sinn einen Teil der Faszination des Religiösen wie auch einen Teil der **Orientierungsfunktion** von Religion und Religiosität erklären.

Da der Mensch jedoch seine Stellungnahmen über sich selbst und die Welt niemals standpunktlos machen kann, verhilft eine Distanzierung von Formen von Religiosität nicht grundsätzlich zu einer besseren erkenntnistheoretischen Position. Durch ihren mindestens auch kognitiven Anspruch sind religiöse Aussagen durchaus für argumentative Interaktionen zugänglich (Joas 2003). Da aber bei jeder Form der Argumentation eine Reihe von Axiomen religiöser oder nicht religiöser Rede mitschwingt, ist es bekanntermaßen schwierig, die Axiomatik einer bestimmten Position mit Argumenten zu erschüttern, die einen ganz anderen Kontext voraussetzen.

Die *Fähigkeit zum religiösen Dialog* muss sich daher an der Fähigkeit bemessen lassen, die eigene Axiomatik im Argumentationsgang gelegentlich zurückzustellen, um gut auf das Gesagte und das Gemeinte der anderen Seite hören zu können. Für religiöse Erziehung stellt sich hier – wie für Erziehung insgesamt – die Aufgabe, Empathiefähigkeit einzuüben.

Selbst die Position grundsätzlicher Distanzierung von allem Religiösen ließe sich allerdings als eine spezifische Gegenform von „Framing" mit der Grundannahme des Bedeutungsvorbehalts gegenüber allem Religiösen darstellen. Da es unmöglich ist, Welt nicht zu deuten, ist ein Ringen im Dialog ohne Rekurs auf eine spezifische Axiomatik der eigenen Rede schlechthin nicht vorstellbar.

Eine Alternative zu einer lebenspraktisch geprägten Form von Religiosität bestünde beispielsweise in der Position des standpunkt- und orientierungslosen Relativismus, der allerdings schon lebenspraktisch schwer durchzuhalten ist. Eine andere Perspektive geht in die Richtung eines nicht-religiösen (z.B. humanistischen, marxistischen, atheistischen) Gegenpols, der seine Wahrheitsfähigkeit u.a. dadurch zum Ausdruck zu bringen versuchte, dass er eine Präferenz (oder gar einen harten Wahrheitsanspruch) für die eigene Deutung von Wirklichkeit formulieren würde – selbst wenn es nur der dogmatisch behauptete Verzicht auf jede Form eines Wahrheitsanspruchs in der persönlichen Weltdeutung wäre.

Ergebnis wäre entweder das Bekenntnis der Zugehörigkeit zu einer bestimmten weltanschaulichen Richtung (Liberalismus, Sozialismus, Agnostizismus) oder das Eingeständnis einer Partikularform des modernen oder postmodernen Individualismus inklusive seiner Kommunikations- und Verständnis-Folgeprobleme.

3.3 Stile von Religiosität, Standortfähigkeit, Dynamik und Balance religiöser Entwicklung

Aus erkenntnistheoretischer Sicht ist gelebte Religiosität, auf welcher Reflexionshöhe und in welcher kognitiven Distanz auch immer, Ausdruck der grundsätzlichen Standpunktfähigkeit und Standortbedürftigkeit des Menschen im Blick auf seine eigene Welt- und Selbstdeutung (Hemel 1988). Sie hat, so gesehen, axiomatische Züge, da sie in mancherlei Hinsicht funktioniert, als sei sie naturgegeben gesetzt. Sie kann allenfalls durch andere, ebenso oder anderweitig angreifbare Axiome ersetzt werden.

Erkenntnistheoretisch erwähnenswert ist darüber hinaus die grundlegende erkenntnisbildende Kraft, die jedem Framing durch einen gelebten Stil von Religiosität eignet und die u.a. gelegentlich mit dem Begriff der „Kontingenzbewältigung" bezeichnet wurde. Dabei gilt: Die grundlegenden Axiome einer gelebten Form von Religiosität können analytisch aufgezeigt, aber im Selbst- und Weltbild einer Person nicht ohne Veränderung ihres gesamten erkenntnistheoretischen Gefüges modifiziert werden. Damit soll gesagt werden, dass neue religiöse Einsichten nicht ohne Veränderungen im Blickwinkel auf das eigene Selbst und seine Stellung in der Welt zu haben sind, und zwar von der eher beiläufigen Korrektur einer religiösen Vorstellung bis hin zur grundlegenden Neuausrichtung einer Person wie z.B. bei einer Konversionserfahrung.

Unabhängig davon sind Veränderungen Teil des religiösen Lernens im Lebenslauf- täglich und kontinuierlich, teilweise aber auch selten und in großen Brüchen der Diskontinuität (wie z.B. durch den Tod nahestehender Menschen). Es handelt sich näher hin um Veränderungen im erkenntnistheoretischen Framing, das eine bestimmte Person auszeichnet. Religiosität hat damit grundsätzlich einen eher dynamischen als statischen Charakter.

Dies gilt auch dann, wenn es lebensgeschichtlich lange Perioden der Kontinuität und – typologisch gesehen – Formen von Religiosität gibt, die bestimmte Charakterzüge geradezu zu zementieren scheinen. Wie bei einem lange ruhenden Vulkan kann es auch unter solchen Lebensperspektiven Erschütterungen geben, die lange sicher Geglaubtes in Frage stellen und am Ende eines bisweilen schmerzhaften Prozesses zu veränderter Religiosität und Identität führen.

So erschließt der Zugang zur individuellen und kollektiven Ambivalenz von Religion und Religiosität die Perspektive der inneren und äußeren Balance: Theorie und Praxis von Religion und Religiosität hätten, von daher gesehen, die Aufgabe, in jeder Zeit neu eine geeignete Balance zwischen den Extrempolen von Diskurskontexten, Lebenspraktiken und Religiositätsstilen zu finden.

3.4 Die Suche nach Kriterien für menschenfreundliche Religiosität und der Geltungsanspruch von Religion

Speziell Religiosität als Balancebegriff legt es nahe, Kriterien für eine menschenfreundliche Religiosität zu identifizieren, die die Extrempole in der Richtung einer potenziell fundamentalistischen, geschlossenen Identität einerseits und in der Richtung einer kontur- und profillosen, eher beliebigen und frei flottierenden, subjektiven Patchwork-Religiosität andererseits vermeidet.

Religiöse Kompetenz als Ziel religiöser Erziehung und Bildung zielt in diesem Zusammenhang unter anderem auf die Balance der verschiedenen kognitiven, emotionalen, kommunikativen und spirituellen Dimensionen von Religiosität (vgl. Hemel 1988, 1992). Religiöse Kompetenz geht dabei nicht in der Förderung einzelner, noch so wesentlicher Kompetenzen auf, sondern stellt sich dann als integrative Sinnspitze religiöser Erziehung dar, wenn sie die Förderung der Orientierungsfähigkeit des einzelnen jungen Menschen meint, die sich auf sein gesamtes Leben richtet und ihn befähigt, ein begründetes Urteil über seinen eigenen religiösen oder nicht-religiösen Lebensweg zu fällen.

Ziel ist dann religiöse Kompetenz im Sinn einer Standpunkt- und Dialogfähigkeit, die sich der eigenen Position bewusst ist, zugleich aber auch anerkennen kann, dass andere Menschen in spannungsreichen, anderen Traditionen beheimatet sind. Das Ringen im Dialog setzt dann idealerweise die Wahrheits- und Geltungsansprüche der eigenen Religion nicht außer Kraft, verbindet sie aber mit der aktiven Achtung vor den Überzeugungen des Gesprächspartners.

Anzustreben ist darüber hinaus eine Haltung, die der Nachtseite von Religion und Religiosität, d.h. ihrer möglichen Aggressivität gegenüber Mitmenschen und ihrer historisch immer wieder sichtbar gewordenen Neigung zu religiös motivierter Gewalt, Einhalt gebietet und die grundsätzlich im Anderssein anderer Menschen eine mögliche Quelle wechselseitiger Befruchtung und weniger eine drohende Gefahr für das Zusammenleben sieht.

Der argumentative Meinungsstreit über die „bestmögliche" Form von Religiosität ist dabei nicht ausgeschlossen, sondern – schon aus dem legitimen Erkenntnisinteresse aller Beteiligten – sinnvoller Teil eines gemeinsamen Ringens um Wahrheit und Wahrhaftigkeit gelebter Religiosität.

Der Meinungsstreit über die beste Form von Religiosität sollte aber nicht im Vordergrund der Interaktion zwischen religiös motivierten Menschen stehen, und zwar schon deshalb nicht, weil der Diskurs- und Lebenskontext von Religiosität nur bedingt der Willens- und Entscheidungsfreiheit des einzelnen Menschen zugänglich ist. Wer in ein katholisches oder ein evangelisch-pietistisches Milieu hineingeboren wurde, mag sich davon distanzieren können – aber er hat nicht einfach die Wahl, dieses Milieu von Haus aus zu ignorieren. Hintergrund dieser Aussage ist die Beobachtung, dass das Heranwachsen in besonders stark prägenden religiösen Milieus auch Teil eines persönlichen Lebensschicksals ist, das bewältigt und lebensgeschichtlich transformiert, nicht aber ungeschehen und unwirksam gemacht werden kann.

Mindestens für organisierte Formen religiöser Erziehung wie etwa den schulischen Religionsunterricht wäre es allerdings wünschenswert, die psychogenetisch eher entfaltungshemmende „geschlossene" Form einer eher fundamentalistisch ausgeprägten Religiosität zu vermeiden.

3.5 Aufgaben der Religionsphilosophie im Blick auf komplexe Gesellschaften in der Gegenwart

Dieser Gedankengang schließt auch die gesellschaftliche und staatliche Handlungsdimension ein, denn aus der Sicht einer anzustrebenden Balance zwischen Extrempolen wäre weder der radikal laizistische Staat (Beispiel: Frankreich) noch der Staat mit einer exklusiven Staatsreligion (Beispiel: Iran) ein politisches und philosophisches Idealbild.

Vielmehr ist das mitteleuropäische Modell (Deutschland, Belgien, Österreich) einer positiven Neutralität des Staates nach wie vor anstrebenswert und entwicklungsfähig, weil es das Zusammenleben von Religionen in Toleranz, aber ohne Abstrich an der ihnen eigenen Geltungslogik ermöglicht. Dies gilt inklusive der Möglichkeit eines von Staat und Religionsgemeinschaften gemeinsam verantworteten Religionsunterrichts in einem Gemeinwesen, das Religionsfreiheit garantiert, diesen Religionen aber auch Chancen zur Entfaltung gewährt.

Anzustreben wäre auch hier die Balance zwischen Toleranz, Förderung und Abgrenzung, die nur durch ein demokratisches Ringen im Dialog erreicht werden kann. Wenn Religiosität in ihren verschiedenen Spielarten zur emotionalen und kognitiven Balance der Persönlichkeit beitragen kann, dann wird religiöse Erziehung zu einem wesentlichen Teil der Förderung einer Gesamtpersönlichkeit.

Will sie dem ganzheitlichen Anspruch religiöser Selbst- und Weltdeutung im Rahmen einer geprägten Religion entsprechen, erschöpft sich religiöse Erziehung allerdings nicht in der psychohygienischen Funktion der Förderung seelischer Gesundheit. Sie hat auch bleibend verstörende und ambivalente Züge, fordert emotional und kognitiv heraus. Gerade das aber ist ein Teil der Lebendigkeit religiöser Tradition, die es bis heute lohnend macht, sich auch persönlich mit ihr auseinander zu setzen.

Aufgabe der Religionsphilosophie aber ist es, kritisch und konstruktiv die subjektiven Brechungen von Religion in den Ausgestaltungen und Stilformen von gelebter Religiosität zu reflektieren und Impulse zu einer argumentativ und phänomenologisch herausfordernden Hermeneutik von Religion und Religiosität unter den Bedingungen der heutigen Zeit zu geben; dies mit dem Ziel besseren Erkennens, aber auch mit dem humanistischen Ziel, durch die Mittel religionsphilosophischer Reflexion zum friedlichen Zusammenleben komplexer Gesellschaften beizutragen.

Literatur

Angel, H.-F.: Religion in Europa. Ein Literaturbericht, in: rhs (2004), 221–230.
Bochenski, J.M.: The Logic of Religion, New York 1965.
Carnap, R.: Logische Syntax der Sprache, Wien 1934.

Casper, B. / Sparn, W. (Hg.): Alltag und Transzendenz, Freiburg / München 1992.

Dalferth, I.: Sprachlogik des Glaubens, München 1974.

Demmer, K.: Deuten und Handeln, Freiburg i.Br. / Freiburg (Schweiz) 1985.

Dierksmeier, C.: Das Noumenon Religion, Eine Untersuchung zur Stellung der Religion im System der praktischen Philosophie Kants, Berlin / New York 1998

Flew, A. / MacIntyre, A. (Hg.): New Essays in Philosophical Theology, London 1961.

Fraas, H.-J.: Die Religiosität des Menschen, Göttingen 1990.

Fritsche, J.: Art. „Religiosität", in: Ritter, J. / Gründer, K. (Hg.): Historisches Wörterbuch der Philosophie, Bd. 8, Basel 1992, Sp.774–780.

Goodman, R.: Wittgenstein and William James, Cambridge 2002.

Hemel, U.: Art. „Religiosität", in: Mette, N. / Rickers, F. (Hg.), Lexikon der Religionspädagogik, Bd.2, Neukirchen-Vluyn 2001, Sp.1839–1844.

Hemel, U.: Ziele religiöser Erziehung, Frankfurt/M. 1988, bes. 672–690.

Hemel, U.: Religiöse Aussagen über den Tod und die Logik religiöser Sprache, in: Archiv für Religionspsychologie 19 (1989), 34–43.

Hemel, U.: Religiöses Lernen und Dimensionen von Religiosität, in: Archiv für Religionspsychologie 20 (1992), 19–35.

Hick, J.: Religion, Die menschlichen Antworten auf die Frage nach Leben und Tod, München 1996.

Hoerster, N. (Hg.): Glaube und Vernunft, Texte zur Religionsphilosophie, München 1979.

Holm, N.: Einführung in die Religionspsychologie, München / Basel 1990.

Hookway, Ch. / Pettit, Ph. (Hg.): Handlung und Interpretation, Berlin / New York 1982.

Huber, St.: Dimensionen der Religiosität, Bern 1996.

Jaeschke, W.: Art. „Religionsphilosophie", in: Ritter, J. / Gründer, K. (Hg.): Historisches Wörterbuch der Philosophie, Bd. 8, Basel, 1992, Sp. 748–762.

Joas, H.: Die Entstehung der Werte, Frankfurt/M. 1997.

Joas, H. (Hg.): Was sind religiöse Überzeugungen? Göttingen 2003.

Just, W.: Religiöse Sprache und analytische Philosophie, Stuttgart u.a. 1975.

Kaempfert, M. (Hg.): Probleme der religiösen Sprache, Darmstadt 1983.

Kerber, W. (Hg.): Der Begriff der Religion, München 1993.

Kern, W. / Pottmeyer, H.J. / Seckler, M. (Hg.): Handbuch der Fundamentaltheologie, Freiburg i.Br. 1985, Bd. 1: Traktat Religion, Bd. 2: Traktat Offenbarung.

Koslowski, P. (Hg.): Philosophischer Dialog der Religionen statt Zusammenstoß der Kulturen im Prozess der Globalisierung, München 2002.

Koslowski, P. (Hg.): Philosophy Bridging the World Religions, Dordrecht 2003.

Kunstmann, J.: Religionspädagogik, Tübingen / Basel 2004.

Kuschel, K.-J. (Hg.): Christentum und nichtchristliche Religionen, Darmstadt 1994.

Laube, M.: Im Bann der Sprache. Die analytische Religionsphilosophie im 20. Jahrhundert, Berlin / New York 1998.

Lindbeck, G.: Christliche Lehre als Grammatik des Glaubens, Gütersloh 1994.

Michaelis, A. (Hg.): Klassiker de Religionswissenschaft, München 1997.

Moosbrugger, H. / Zwingmann, Ch. / Frank, D. (Hg.): Religiosität, Persönlichkeit und Verhalten. Beiträge zur Religionspsychologie, Münster / New York 1996.

Nebel, R.: Altmexikanische Religion und christliche Heilsbotschaft, Immensee (Schweiz) 1983.

Odin, S.: Process Metaphysics and Hua-Yen Buddhism, Albany N.Y. 1982.

Pannenberg, W.: Anthropologie in theologischer Perspektive, Göttingen 1983.

Polak, R. (Hg.): Megatrend Religion? Neue Religiosität in Europa, Ostfildern 2002.

Preus J.S.: Explaining Religion, Criticism and Theory from Bodin to Freud, New Haven and London 1987.

Schaeffler, R.: Religionsphilosophie, Freiburg / München 1983.

Schmid, H.: Religiosität der Schüler und Religionsunterricht, Bad Heilbrunn 1989.

Schroedter, H.: Analytische Religionsphilosophie, Freiburg i.Br. / München 1979.

Schütz, A.: Theorie der Lebensformen, Frankfurt/M. 1981.

Stolz, F.: Grundzüge der Religionswissenschaft, Göttingen 1988.

Weber, M.: Wirtschaft und Gesellschaft, Tübingen [5]1980.

Weiter, W.: Religion als Selbstfindung, Paderborn u.a. 1991.

Wessells, M.G.: Kognitive Psychologie, New York 1984.

Wittgenstein, L.: Vorlesungen und Gespräche über Ästhetik, Psychoanalyse und religiösen Glauben, hg. von Barrett, C., Düsseldorf / Berlin 1996.

Wuchterl, K.: Philosophie und Religion, Bern / Stuttgart 1982.

Yandell, K.: Philosophy of Religion, London u.a. 1999.

Ziebertz, H.-G. / Kalbheim, B. / Riegel, U.: Religiöse Signaturen heute, Gütersloh / Freiburg i.Br. 2003.

Religiosität als biografische Verarbeitung von Religion

Religionssoziologische Perspektiven

Monika Jakobs

Religionssoziologie fragt nicht, was Religion ist, sondern wie sie in der Gesellschaft funktioniert. Nicht ihr Wesen ist von Interesse, sondern ihr Beitrag zur Lösung gesellschaftlicher Probleme; Religion wird funktional betrachtet.

Diese funktionale Sicht auf Religion hat der Religionssoziologie in der Religionspädagogik einen zwiespältigen Ruf verschafft, da sie vom Inhaltlichen absehe und dem Phänomen Religion nicht gerecht werden könne. F.X. Kaufmann spricht von einer seit den 60er Jahren des 20. Jahrhunderts zu beobachtenden „inhaltlichen Entleerung des Religionsbegriffs". In der Tat vermisst man in der Religionssoziologie eine verbindliche Definition ihres Gegenstandes; auch zwischen Religion und Religiosität wird nicht systematisch unterschieden. Da die soziologische Betrachtungsweise immer auf Gesellschaft bzw. Sozialform gerichtet ist, wird vorwiegend von *Religion* gesprochen.

Trotz dieser Einwände hat die durch die funktionale Sicht auf Religion eröffnete Möglichkeit, religiöse Äquivalenzen auszumachen, einen enormen Reiz auf die Religionspädagogik ausgeübt, insbesondere im Hinblick auf die Beschäftigung mit Freizeit- bzw. Sinngebungsphänomenen wie Jugendkultur, Massenmedien, Popmusik und Sport. Dieser Reiz ist wohl damit zu erklären, dass hiermit das von einer Defizitperspektive ausgehende Säkularisierungsparadigma umgangen werden konnte. Religion verschwindet demnach nicht, sondern hat andere, nicht-institutionelle Formen angenommen. Kaufmann jedoch wendet ein, dass die religionssoziologische Betrachtungsweise dann in Aporien enden muss, wenn es unklar bleibt, warum religiöse Äquivalenzen noch den Namen *religiös* verdienen (Kaufmann 1989, 57f.). Damit verbunden ist auch die Problematik der Zuschreibung von Religiosität im Hinblick auf Phänomene, die nach eigenem Selbstverständnis nicht religiös sind (Jakobs 2002).

Der folgende Beitrag zeigt den möglichen Ertrag einer soziologischen Betrachtungsweise von Religion für einen Arbeitsbegriff von Religiosität in der Religionspädagogik auf. Es ist hierbei zu prüfen, was eine funktionale Bestimmung zur Klärung von Religiosität beitragen kann. Dabei wird einerseits zu beachten sein, dass der soziologische Blick auf Religion nicht in der Frage nach der Funktion aufgeht, namentlich in der verstehenden Soziologie, die wichtige Grundlagen für die Differenzierung von Religion und Religiosität gelegt hat, und dass andererseits die funktionale Sicht ein grundlegender, wenn auch nicht hinreichender Schlüssel für den Religiositätsbegriff ist.

Die Darstellung muss notwendigerweise selektiv bleiben. Der Religionsbegriff in der Soziologie wird an ausgewählten Beispielen in zwei Linien dargestellt. Durkheim, Geertz sowie Berger und Luckmann stehen für den funktionalen, Weber und Simmel für den verstehenden Ansatz in der Religionssoziologie. Gerade Georg Simmel, der Gesellschaft wie auch Religion vom Individuum her versteht, ist für die Religionspädagogik neu zu entdecken und zu würdigen.

In einem weiteren Gedankengang geht es um das Verhältnis Religion und Religiosität in der neueren Religionssoziologie, die von der Praktischen Theologie weithin rezipiert worden ist, das sind: Glock, Oevermann und Kaufmann. Glock bezieht sich in seinen Dimensionen ausdrücklich auf Religiosität. Oevermann schließlich scheint die Quadratur des Kreises zu schaffen, indem sich in seiner Bestimmung von Religiosität auch das säkularisierte Subjekt der Moderne abbilden lässt. Die von Kaufmann angesprochene Aporie vermögen jedoch auch Glock und Oevermann nicht aufzulösen.

Die These dieses Aufsatzes lautet, dass die Vergewisserung der soziologischen Außensicht auf Religion zur Begriffsklärung von Religiosität in der Religionspädagogik beiträgt. Sie geht davon aus, dass die funktionale und die substantielle Betrachtungsweise sich nicht nur im Hinblick auf Religion, sondern auch auf Religiosität ergänzen können und müssen.

1. Religion als Thema der Religionssoziologie

Religionssoziologie wie Religionspädagogik haben sich zunächst mit dem alltagssprachlichen Verständnis von Religion bzw. Religiosität auseinanderzusetzen. Es ist Knoblauch zuzustimmen, wenn er schreibt: „In der Alltagssprache der westlichen Kultur bezeichnet Religion gemeinhin die Verehrung transzendenter Mächte, die Lehre vom Göttlichen und alle Glaubensbekenntnisse der Menschen sowie die damit verbundenen Gruppen und Organisationen." (Knoblauch 1999, 9) Dieses Religionsverständnis generiert widersprüchliche Konnotationen und hat sich in der Empirie dann als Quelle von Ungenauigkeit erwiesen, wenn Kirche und Religion explizit oder implizit gleichgesetzt wurden.

Eine zweite zentrale Problematik eines im Plural verwendeten Religionsbegriffs im Sinne von „Weltreligionen" ist das lateinisch-abendländische, vom Christentum abgeleitete Verständnis, das es nicht erlaubt, Phänomene außerhalb dieses Kulturraumes als Religion zu beschreiben. Auf diese Problematik hat eindrücklich Matthes hingewiesen (Matthes 1992).

Das Thema Religion ist von Anfang mit der Entstehung der Soziologie, namentlich bei Durkheim und Weber, verbunden. Noch Comte zeichnet sich durch eine klare Opposition zur Religion aus; eine Haltung, die man jedoch seit der Konstituierung der Soziologie als akademische Disziplin 1890 als überholt bezeichnen kann. Sie wird abgelöst von dem Anspruch, Religion als einen sozialen Sachverhalt wertneutral der wissenschaftlichen Analyse zu unterziehen. Die Religionssoziologie wie auch die vergleichende Religionswissenschaft haben stets die integrierende Funktion von Religion für eine Gesellschaft betont. Sie wird gesehen als wesentlicher Integrationsfaktor vor allem im Hinblick auf das Normensystem. Die einzelnen Theorien haben jeweils eine oder zwei Funktionen akzentuiert. Das Erkenntnisinteresse richtet sich auf die Aufgaben von Religion für das gesellschaftliche Ganze und ihre beschreibbaren Wirkungen. Wenn aber Religion in einer Gesellschaft unverzichtbare Funktionen erfüllt, kann es keine religionslosen Gesellschaften geben. Sollten traditionelle religiöse Institutionen diese Funktionen nicht mehr erfüllen können, dann treten andere an ihre Stelle, so genannte funktionale Äquivalente. Sie können sich in unterschiedlichen Formen von Sozial-, Zivil- oder Ersatzreligion äußern, wobei der letztgenannte Begriff bereits wertend ist und damit dem Anspruch eines neutralen Blicks auf Religion nicht mehr gerecht wird.

Dies ist jedoch nicht die einzige soziologische Perspektive auf Religion. Die verstehende Soziologie erlaubt durchaus einen inhaltlichen Zugang. So versucht Weber nachzuweisen, dass und wie religiöse Ideen über den Weg sozialer Verhaltensweisen die Gesellschaftsstruktur prägen und verändern. Eine Spur zur Religiosität legt Simmel, denn bei ihm spielt die subjektive Ebene eine entscheidende Rolle; Religiosität „schaffe" Religion und nicht etwa umgekehrt (Simmel 1999, 8).

2. Die funktionalistische Sicht auf Religion

2.1 Emile Durkheim: Religion als soziale Tatsache

Bei Durkheim, einem der Gründerväter der Soziologie, sind Religion und Gesellschaft derart miteinander verzahnt, dass „Religionssoziologie geradezu zu einer Gesellschaftstheorie" wird (Krech 1999, 8). Religion ermöglicht Gesellschaft, weil der Ursprung der Religion selbst im Kollektiv zu sehen ist. Das Kollektiv schafft Religion und braucht sie zu seiner Aufrechterhaltung. Sie wirkt durch verpflichtende Glaubensvorstellungen und religiöse Praktiken. „Das wesentliche Merkmal der Glaubensvorstellungen wie auch der religiösen Praxis ist also deren obligatorischer Charakter. All das, was verpflichtenden Charakter besitzt, ist jedoch sozialen Ursprungs... Wäre sie im Bewusstsein des Einzelnen gegründet, dann könnte sie niemals für das Individuum diesen Zwangscharakter besitzen." (Durkheim 1967, 137) Religion ist für Durkheim ein sozialer Tatbestand, ein *fait social* par excellence, und nur als solcher interessant.

Durkheim sucht nach ganz elementaren Bausteinen dessen, was Religion ausmacht, und stößt dabei auf die Unterscheidung zwischen Sakralem und Profanem. Das Sakrale ist nach Durkheim keineswegs eine Illusion, denn seine Wirklichkeit kann durchaus erfahren werden. Jedoch ist dies – und damit stellt er sich gegen William James (James 1997) – kein Beweis für das, was dabei inhaltlich erfahren wird. Durkheim untersucht den australischen Totemismus und greift dabei auf die angelsächsische Kultur- und Sozialanthropologie zurück. Er stellt fest, dass die kultischen Praktiken das Individuum an die Gesellschaft binden; das Totem, der Gott, repräsentiert die Gesellschaft selbst. Eine wesentliche Rolle spielen dabei die religiösen Repräsentationen in der Gesellschaft. Zeremonien, Totems oder Rituale stehen für eine gesellschaftliche Gruppe oder den Klan. Sie erlauben die kognitive geistige Erfassung der Gesellschaft. Religion verleiht der Gesellschaft einen Ausdruck und erlaubt es ihr, sich selbst zu inszenieren (Durkheim 1994).

Vergesellschaftung ist die grundlegende Funktion jeder Religion, und nach Durkheim ist es letztlich die Gesellschaft selbst, die in der Religion verehrt wird. Damit vermag Religion die Gesellschaftlichkeit des Individuums herzustellen. Durch Religion wird das Individuum zu einem Teil eines Kollektivs. Diese übergreifende Funktion von Religion hat verschiedene Teilfunktionen:

1. *Integrationsfunktion:* Das Individuum wird in das Kollektiv eingegliedert.
2. *Normative Funktion:* Religion stellt Normen und Werte bereit, die von allen geteilt werden.
3. *Psychologisch-kognitive Funktion*: Religion strukturiert das Denken des Einzelnen und leitet seine Gefühle und Empfindungen. Das Denken und Fühlen des Individuums hat also letztlich einen sozialen Ursprung.

Durkheim wurde vorgeworfen, dass seine Theorie auf einer schwachen ethnographischen Grundlage fuße, und dass er den Totemismus nur unzureichend verstanden habe. Malinowski betont, dass Religion eben nicht nur im Sozialen begründet sei, sondern auch aus individuellen Quellen sowie in der Einsamkeit entstünde (vgl. Knoblauch 1999, 71). Es liegt auf der Hand, dass bei Durkheim eine Unterscheidung von Religion und Religiosität keinen Platz hat. Der Verdienst Durkheims liegt in seiner Fokussierung der Funktion von Religion für das Zusammenleben der Menschen sowie im Aufzeigen des metaphorischen Parallelismus zwischen Sakralem und Profanem. Die Entstehung der Soziologie, so kann man sagen, ist engstens mit einem zu seiner Zeit neuartigen, da funktionalen Religionsbegriff verbunden, einer Außensicht nicht um der Religion, sondern um der Gesellschaft willen.

2.2 Clifford Geertz: Symbolsystem und Handlungsorientierung

Den Schlüssel zum Verständnis von Religion bildet bei Clifford Geertz der Zusammenhang von *belief* (Symbolsystem) und *action* (Handlungsorientierung). Seine Theorie schließt an Talcott Parsons an. Die gesellschaftsintegrative Funktion von Religion zeigt sich in der Letztbegründung der normativen Ordnung, die sich nicht von selbst versteht. Damit ist ein politisches System möglich, in dem die Mitglieder einer Gesellschaft unterschiedliche Ziele vertreten können, ohne dass dies die Gesellschaft zerstört, und ein Rechtssystem, das für die Integration der einzelnen Handlungsträger und Rollen sorgt.

Religion ist von diesen Voraussetzungen her zu verstehen als „1. ein Symbolsystem, das darauf zielt 2. starke, umfassende und dauerhafte Stimmungen und Motivationen in den Menschen zu schaffen, 3. in dem es Vorstellungen einer allgemeinen Seinsordnung formuliert und 4. diese Vorstellungen mit einer solchen Aura von Faktizität umgibt, dass 5. die Stimmungen und Motivationen völlig der Wirklichkeit zu entsprechen scheinen." (Geertz 1987, 47f.) Die Leistung von Religion besteht darin, „die Differenz von individueller Gefühls- und Handlungsdisposition und sozialer Wirklichkeit zu thematisieren und durch das Angebot eines bestimmten Symbolbestands zu lösen. Zugleich stellt das religiöse Symbolsystem Motivationsressourcen zur Handlungssteuerung bei." (Krech 1999, 22)

Diese Definition von Religion kommt einer Ideologie ziemlich nahe und kann durchaus religionskritisch verstanden werden. Sie zeichnet sich, wie bei Durkheim, durch eine weitgehende Identität von Religion und Gesellschaft bzw. Gruppe aus.

2.3 Thomas Luckmann / Peter Berger: Unsichtbare Religion und der Zwang zur Häresie

Bei Berger und Luckmann ändert sich die Perspektive von der Gesellschaft bzw. Gruppe hin zu den anthropologischen Bedingungen, die Religion erfordern. Hier geht es in erster Linie um die Funktion von Religion für den Einzelnen (anthropologische Funktion), in zweiter Linie um die Funktion für die Gesellschaft.

Jeder Mensch wird mit nicht alltäglichen Erfahrungen und Grenzsituationen wie z.B. Unfällen, Leid, Zufall u.a. konfrontiert, die Zweifel an der alltäglichen Selbstverständlichkeit aufwerfen. „Die Wirklichkeit des Alltags ist immer vom Halbschatten ganz anderer Wirklichkeiten umgeben." (Berger 1973, 42) Deshalb bedürfen die Menschen einer Ordnung, die außeralltäglichen Erfahrungen Sinn verleiht. Diese wird als *Nomos* bezeichnet. Sie kann unterschiedliche Formen annehmen: persönliche Lebensphilosophien, wissenschaftliche Weltansichten, weltliche Lebensweisheiten, gesunden Menschenverstand u.ä. Ihre Funktion ist Kontingenzbewältigung. Wenn der *Nomos* den Status einer gesellschaftlich anerkannten Gewissheit erlangt, spricht man von *Kosmos*. Der Kosmos vermag den Menschen in eine historische soziale Ordnung einzubetten. Er ist eine gesamtgesellschaftliche Sinnkonfiguration, die aus der Konstruktion einer anderen Wirklichkeit besteht. Er entsteht, in dem subjektive Erfahrungen von Transzendenz intersubjektiv rekonstruiert und gesellschaftlich bearbeitet werden (Luckmann 1991).

Die religiöse Gedankenwelt ist ein symbolisches Universum, das sich einerseits auf die Welt des Alltags bezieht, andererseits auf jene Welt, die als den Alltag transzendierend erfahren wird. Ein verobjektiviertes Sinnsystem ist ein sozialer Sachverhalt, der die subjektive Erfahrung in ein Deutungsmuster integriert, dadurch mit Sinn ausstattet und somit transzendiert. Im Unterschied zu anderen Symbolsystemen zeichnet sich die Religion durch eine besondere Art der Erfahrung in Grenzsituationen aus, nämlich die Erfahrung des Heiligen. „Der Mensch erlebt das Heilige als etwas, das von den Routinen des Alltagslebens absticht, als etwas Außerordentliches und potentiell Gefährliches" (Berger 1973, 26). Nach Berger deutet sich dieses Heilige schon in der Erfahrung von Wirklichkeiten wie Spiel, Hoffnung, Humor, Ekstase u.a. an. In ihnen empfange der Mensch Signale der Transzendenz und befinde sich damit auf den „Spuren der Engel" (Berger 1971).

Thomas Luckmann hingegen spricht von abgestuften Transzendenzen, die einen Zugang zur religiösen Erfahrung anzeigen. Alles, was die unmittelbare Erfahrung in zeitlicher oder räumlicher Hinsicht überschreitet sowie raum-zeitliche Abwesenheiten innerhalb des Alltäglichen werden als kleine Transzendenzen bezeichnet. Eine mittlere Transzendenz ist das, was zugleich als alltäglich anwesend wie auch abwesend erfahren wird. Hierbei handelt es sich vor allem um die Erfahrungen, Gefühle und Gedanken anderer Menschen, die nur indirekt erschlossen werden können. Die großen Transzendenzen überschreiten den Bereich der Weltansicht; das, was erfahren wird, ist in der Alltagswelt nicht mehr zugänglich. Dazu gehören Phänomene wie Ekstasen und Träume. Diese Wirklichkeit ist von der des Alltags grundsätzlich verschieden und bedarf einer symbolischen Repräsentation.

Durch die funktionale Differenzierung in den modernen Gesellschaften werden die jeweiligen Grundfunktionen bestimmten abgegrenzten Bereichen, d.h. voneinander relativ unabhängigen Teilsystemen zugeordnet. Der Einzelne tritt vor allem als Träger von Rollenhandlungen auf, die funktional spezialisiert und im Prinzip anonym sind. Das ist die Voraussetzung für die Ausbildung eines Privatbereichs, einen Raum der Subjektivität, der umfassenden Privatisierung des Lebens außerhalb dieser Funktionen. Das bedeutet auch, dass es kein verbindliches Sinnmodell mehr gibt; die Voraussetzung für die Privatisierung von Religiosität ist geschaffen.

Dadurch verändert sich das Verhältnis zwischen Individuum und Gesellschaft, aber auch die Bedeutung von Kirchen als denjenigen, die einen verbindlichen heiligen Kosmos zur Verfügung stellen konnten. Zwar gibt es nach wie vor funktionierende traditionelle Orientierungen, die allerdings eine schmalere Basis und gesellschaftlich an Bedeutung verloren haben. In den Worten Bergers: Der heilige Kosmos verliert durch die funktionale Differenzierung der Gesellschaft seinen Einfluss auf andere institutionelle Bereiche. Die religiösen Orientierungen sind jetzt plural. Unter der Bedingung von Pluralisierung wird der Einzelne zum Aussuchen und Auswählen gezwungen. Berger spricht von einem „Zwang zur Häresie". „Für den prämodernen Menschen stellt die Häresie eine Möglichkeit dar, ... für den modernen Menschen wird eine Häresie typischerweise zur Notwendigkeit ... Modernität schafft eine Situation, in der Aussuchen und Auswählen zum Imperativ wird" (Berger 1980, 41).

Die Aufgabe der Kontingenzbewältigung bleibt bestehen und insofern bleiben Menschen religiös. Das menschliche Leben ist durch eine elementare Religiosität gekennzeichnet, weil „der Einzelne in eine transzendierende Wirklichkeit gestellt [ist] und ... sein Leben in ihr [führt]". Dementsprechend kann es auch keine Säkularisierung geben, sondern nur einen Abschied vom heiligen Kosmos (Berger 1980, 18).

Durch den „Abschied vom heiligen Kosmos" werden Religion und Religiosität zu zwei unterschiedlichen Kategorien. Die elementare Religiosität ist eine anthropologische Notwendigkeit, die aber nicht wesenhaft, sondern funktional im Sinne der Kontingenzbewältigung gesehen wird.

3. Religion in der verstehenden Soziologie

3.1 Max Weber

Der zentrale Blickpunkt der verstehenden Soziologie Webers ist das (soziale) Handeln. Es ist bestimmt als „ein menschliches Verhalten (einerlei ob äußerliches oder innerliches Tun, Unterlassen oder Dulden), wenn und insofern als der oder die Handelnden mit ihm einen *subjektiven Sinn* (Hervorhebung MJ) verbinden" (Weber 1985, 1). Religion wird bei Weber immer noch verstanden als eine bestimmte Art des Gemeinschaftshandelns, allerdings kommt die Perspektive vom Einzelnen her dazu, denn der Einzelne konstituiert das Gemeinschaftshandeln mit. Religion ist *sinnhaftes* Handeln, dessen Verständnis nur vom Einzelnen her gewonnen werden kann, es ist *diesseitig* ausgerichtet und es ist ein relativ *rationales* Handeln (Matthes 1967, 26). Es erweist sich quasi als „normales" soziales Handeln. Obwohl Religion sich durch eine spezifische Ausrichtung auf eine außeralltägliche Kraft auszeichnet, verspricht sie – wenigstens in der von Weber untersuchten protestantischen Version – weltliche Güter wie Gesundheit, langes Leben und Reichtum. Er zeichnet eine historische Bewegung nach, indem er die religiösen Wurzeln des modernen Rationalismus ergründet und gleichzeitig darstellt, wie es durch die inneren Widersprüche der modernen Gesellschaft zu einer *Entzauberung der Welt* und zum Wertepluralismus kommt (Weber 1920, 94). Diese Entwicklung erfordert vom Menschen zunehmend individuelle Entscheidungen.

Religiosität bei Weber kann man also mit den Worten Krechs als „eine spezifisch religiös motivierte Haltung zur Welt" bezeichnen (Krech 1999, 10). Dieser Zirkelschluss weist darauf hin, dass für Weber Religion als historische Erscheinungsform fassbar erschien und nicht fraglich war. Den Inhalt setzt er gewissermaßen voraus, Weber interessiert sich für Religion nicht vorrangig als *kollektives System* von Überzeugungen und Praktiken, sondern für die individuelle Religiosität „als mit subjektivem Sinn ausgestattetes religiöses Handeln. Jedes Verhalten ist religiöses Handeln, wenn es auf religiösen Vorstellungen basiert. Diese geben die subjektiven Motive für ein Handeln ab, stellen also den ‚Sinnzusammenhang' bereit, welcher dem Handelnden selbst oder dem Beobachtenden als sinnhafter ‚Grund' eines Verhaltens erscheint" (Weber 1985, 5).

Weber gilt als ein Vorreiter der Säkularisierungsthese. Das ist nicht weiter erstaunlich, denn er geht von der historischen Erscheinungsform von Religion aus. Er eröffnet aber eine Perspektive auf Religiosität als Antriebsfeder von

Handeln, das als sinnvoll erfahren werden muss, auch dann, wenn sich die Prognose der totalen Entzauberung der Welt nicht bewahrheitet hat.

3.2 Georg Simmel

Bei Simmel finden wir zum ersten Mal den Blick für das, was zunächst nicht religiös erscheint, was also von der historischen Erscheinungsform von Religion abweicht. Dieses Religiöse sieht er zu allererst in den Beziehungen der Menschen untereinander. „Wir können nämlich feststellen, dass vielerlei Verhältnisse von Menschen untereinander ein Element des Religiösen enthalten. Die Beziehung des pietätvollen Kindes zu seinen Eltern, des enthusiastischen Patrioten zu seinem Vaterland oder des enthusiastischen Kosmopoliten zur Menschheit ...". Sie alle haben „einen gemeinsamen Ton, den man als religiös bezeichnen muss" (Simmel 1992, 269). Der Glaube tritt zunächst als „ein Verhältnis zwischen Menschen auf" im Sinne eines Glaubens an Menschen (Simmel 1992, 274). Ohne diesen Glauben kann keine Gesellschaft existieren. Dieser Glaube ist die Grundlage auch für Religion, ohne selbst schon Religion zu sein.

Der religiöse Charakter dieser sozialen Beziehungen ist durchaus temporär: „In Zeiten eines erregten Patriotismus nimmt dies Verhältnis eine Weihe, Innigkeit und Hingebung an, die wir als religiös bezeichnen, während es zu anderen Zeiten von der Konvention oder vom Staatsgesetz geleitet wird. Für uns ist das Wichtigste, dass es sich hier doch überall nur um Beziehungen zwischen Menschen handelt, und dass es nur eine Änderung gleichsam des Aggregatzustandes dieser Beziehungen ist, wenn sie aus dem rein konventionellen in den religiösen, von dem religiösen in den rechtlichen ... Zustand ... übergehen" (Simmel 1992, 270). Die religiöse Beziehung wird charakterisiert durch „jenen charakteristischen Grad von Erhebung, Hingabe, Weihe, Innerlichkeit" (Simmel 1992, 272). Religiosität bezeichnet hier eine besondere Qualität des Gefühls in der Beziehung, Religion einen „idealen Inhalt", der sich daraus entwickeln kann.

Simmel vergleicht den Religiösen mit dem Verliebten: „Es ist oft genug beobachtet, dass der Affekt der Liebe sich sein Objekt selbst schafft ... als Gegenstand der Liebe bleibt der Geliebte immer eine Schöpfung des Liebenden. In der Liebe entsteht ein neues Gebilde, angeknüpft freilich an die Tatsache einer Persönlichkeit, aber seinem Wesen ... nach in einer völlig anderen, für die an sich seiende Wirklichkeit dieses Menschen unberührbaren Welt lebend" (Simmel 1989, 131). Für Simmel ist Religiosität vor allem eine bestimmte Sinn gebende Sicht der Wirklichkeit. „Religiosität und Liebe sind Beispiele für die Freiheit der Person, sich ... eine handlungsrelevante Realität zu konstruieren" (Helle 1997, 34).

Die Unterscheidung von objektiver Religion und subjektiver Religiosität ist entscheidend für Simmel. Krech zeigt auf, dass diese Unterscheidung schon um die Wende zum 20. Jahrhundert zu einem Allgemeingut geworden war und verweist auf die Wurzeln bei Schleiermacher und die differenzierte Unterscheidung bei Hermann Siebeck und anderen Religionsphilosophen. „Religion meint in der

Regel den in der Sozial- und Sachdimension ausdifferenzierten gesellschaftlichen Teilbereich mit eigener Organisation, spezifischen Institutionen und Glaubensinhalten, während Religiosität eine auf einer eigenen Bewusstseinskategorie basierende Formulierung religiöser Individualität meint" (Krech 1998, 197f.).

Religiosität ist auf der Ebene des Subjekts angesiedelt und wird bei Simmel als anthropologische wie auch als soziale Konstante verstanden. „Sie stillt den Wunsch nach Ergänzung des unvollkommenen Lebens, nach der Versöhnung der Gegensätze zwischen den Menschen, nach einem Orientierungspunkt im wechselhaften Lauf des Lebens, nach Gerechtigkeit, Glück und Heil" (Knoblauch 1999, 66). Diese beim Subjekt verankerten Gegebenheiten bezeichnet Simmel als *religioid*. „Das Religioide bzw. Religiöse bildet nicht nur die individuelle Grundlage der Religion, es kann sich auch in anderen Kulturformen äußern, wie Kunst oder Wissenschaft. Zur Religion wird sie erst, wenn sie eine bestimmte Form annimmt. Diese Form gewinnt sie in der Wechselwirkung zwischen Menschen, in denen sich Muster ausbilden. Religion ist die Kulturform, die – wie Kunst oder Wissenschaft – aus dem kontinuierlichen Zusammenwirken vieler Personen objektiviert wird" (Simmel 1989, 38).

Religiosität steht in einem Verhältnis der Wechselwirkung zur objektiven Religion mit ihren Glaubensinhalten und Institutionen als objektiven sozialen Beziehungsformen. „Als subjektive Religiosität transzendiert sie die Gesellschaft und geht deshalb nicht in einer sozialen Integrationsfunktion auf. Da Gott als ‚transzendenter Ort der Gruppenkräfte' für Religion konstitutiv bleibt, dehnt Simmel den Religionsbegriff (trotz des von ihm frühzeitig diagnostizierten modernen Trends religiöser Individualisierung) nicht auf jede Form ‚religioider' Sinnbildung aus" (Reuter 2004, 73).

Trotzdem, so urteilt Knoblauch, ist hier schon eine Dynamik der religiösen Entwicklung zu erkennen. „Wenn die sichtbaren Formen der Religion erstarren, sucht sich die individuelle Religiosität neue Formen" (Knoblauch 1999, 68). Simmel selbst betont den aktiven Aspekt des Einzelnen im Hinblick auf Religiosität. „Auch ist Religion als seelische Wirklichkeit ja kein fertiges Ding, keine feste Substanz, sondern ein lebendiger Prozess, den, bei aller Unerschütterlichkeit überlieferter Inhalte, doch jede Seele und jeder Augenblick selbst hervorbringen muss" (Simmel 1989, 172).

Simmel sieht noch kaum eine Spannung zwischen dem, was Religion lehrt, und den religiösen Haltungen Einzelner, oder anders gesprochen, zwischen Religion und Religiosität. Jedoch ist auch ihm schon eine gewisse Enttäuschung über traditionelle Formen anzumerken, welche den modernen Menschen dazu veranlassen, sich der vorgeformten Religion ab- und dem Mystizismus zuzuwenden (Simmel 1989, 172). Für ihn ist es eine Flucht in die Formlosigkeit.

4. Zum Verhältnis von Religion und Religiosität
   bei Glock, Kaufmann und Oevermann

4.1 Charles Y. Glock

„Religion bedeutet nicht für alle Menschen das Gleiche" (Glock 1968, 150). Die Suche nach einer Möglichkeit, Religion differenzierter begreifen zu können, führte Glock zu seinen viel rezipierten und zitierten *Dimensionen der Religiosität*, die er als einen „kategorialen Bezugsrahmen für die Erforschung der Religion und die Abschätzung von Religiosität" verwenden möchte. Demnach ist Religiosität ein multidimensionales Phänomen. Er unterscheidet analytisch fünf Dimensionen, die zueinander in Beziehung stehen (Glock 1968, 152):

1. Die *ideologische Dimension*: Hierbei handelt es sich um die Glaubensaussagen einer Religion. Die Glaubensinhalte unterscheiden sich nach drei Kategorien: Die erste Kategorie beinhaltet Behauptungen über die Existenz und Natur eines göttlichen Wesens, die zweite bezieht sich auf Ziel und Inhalt des göttlichen Willens und die dritte auf die Erfüllung dieses göttlichen Willens. Die Gewichtung und konkrete Inhaltlichkeit dieser Glaubenskategorien unterscheiden sich in den Religionen und Denominationen.

2. Die *rituelle Dimension*: Sie bezieht sich auf die religiöse Praxis. Glock fordert hier eine genauere Wahrnehmung der Varianten religiöser Praxis ein, damit Religion angemessen beschrieben werden kann.

3. Die *Dimension der religiösen Erfahrung*: Fokus ist das religiöse Erleben und religiöse Empfindungen.

4. Die *intellektuelle Dimension* bezieht sich auf das religiöse Wissen. Hier geht es um Umfang und Inhalt dessen, was von Gläubigen gewusst werden soll sowie um die Bedeutung, die dieses religiöse Wissen innerhalb einer Religion hat.

5. Die *Dimension der Wirkung*: Gemeint sind die Konsequenzen eines religiösen Bekenntnisses, das, was theologisch mit dem Begriff *Werke* gemeint ist.

Glock interessiert sich dafür, welche Rolle Glaube und Religion für das Individuum spielen. Knoblauch vermutet dahinter die Annahme, dass „die Religion ihr eigentliches Potential erst auf der individuellen Ebene entwickelt" (Knoblauch 1999, 94). Die Dimensionen erlauben es, unterschiedliche Religionen und verschiedene Ausprägungen derselben Religion differenziert zu beschreiben.

Die Konzentration auf das religiöse Individuum hat Glock den Vorwurf eingebracht, dass er Religion lediglich als die Summe aus der Religiosität einzelner betrachte. In der Tat fehlt eine differenzierte Antwort auf die Frage nach dem Verhältnis von Religion und Religiosität. Glock ist es aber gelungen, durch die fünf Dimensionen einen differenzierteren Zugang zur Religiosität zu eröffnen. Er macht die Beobachtung vorfindlichen religiösen Handelns und übersteigt dabei die Verengung der funktionalistischen Fragestellung.

4.2 Franz-Xaver Kaufmann

Das Christentum aus der Perspektive der Sozialwissenschaft ist der Ausgangspunkt für Kaufmanns Funktionsbeschreibung von Religion. Sie ist auf den Rückgriff auf substanzielle Religion angewiesen. Er nennt folgende sechs Funktionen von Religion (Kaufmann 1989, 84ff.):

1. Affektbindung bzw. Angstbewältigung; Identitätsstiftung im weitesten Sinne.
2. Handlungsführung im Ausseralltäglichen; das, was durch Gewohnheit und Konvention allein nicht geregelt ist.
3. Kontingenzbewältigung.
4. Legitimation von Gemeinschaftsbildung und Sozialintegration.
5. Kosmisierung, d.h. „Begründung eines Deutehorizonts aus einheitlichen Prinzipien".
6. Weltdistanzierung, d.h. „Ermöglichung von Widerstand und Protest".

Soziale Phänomene sind nach Kaufmann dann als religiös zu qualifizieren, wenn sie *mehrere* der sechs genannten Funktionen zugleich erfüllen können. Er räumt ein, dass diese Funktionen teilweise von Institutionen übernommen werden, die nicht als religiös gelten, z.B. von der Wissenschaft, der Psychotherapie u.a. Dies führe dazu, dass Religion als gesamtgesellschaftliches Phänomen notwendigerweise einen „diffusen Charakter" habe. Immer wieder artikuliert er seine Skepsis. So habe etwa das moderne Bewusstsein von der Veränderlichkeit als konstitutives Element keinen Sinn für Tradition (Kaufmann 1989, 19). Trotz seiner Auflistung der Funktionen von Religion bleibt er dem funktionalen Religionsbegriff gegenüber skeptisch, denn: „Die Soziologie ist vielmehr eine Konkurrentin der Theologie, wenn es um die Auslegung des Sinns menschlichen Daseins geht" (Kaufmann 1989, 18). Er besteht darauf, dass die „neue Religiosität" keineswegs die gleiche Wertigkeit wie das Christentum hat. „Ich neige dazu, den historischen Großreligionen zumindest für Europa immer noch einen erheblichen Potentialvorsprung vor den meisten Phänomenen ‚neuer Religiosität' zuzusprechen" (Kaufmann 1989, 88). Den Bedeutungsverlust des Christentums nimmt er mit Bedauern zur Kenntnis und fragt sich „ob und wie das Christentum als Element einer pluralistischen und plurireferentiellen Kultur noch jene Gottes- und Heilserfahrung zu vermitteln vermag, die der Inhalt seiner Botschaft ist" (Kaufmann 1989, 23).

Sein Rekurs auf den funktionalen Religionsbegriff bleibt also uneindeutig. *Religiosität* bezeichnet für ihn das Religiöse außerhalb der „historischen Großreligionen" und bleibt von der Substanz her ihnen gegenüber sekundär.

4.3 Ulrich Oevermann

Oevermann bringt die funktionale Argumentation mit dem Begriff *Religiosität* zusammen. Damit kann er die Universalität von Religiosität behaupten, ohne auf die Annahme einer anthropologischen Disposition zurückgreifen zu müssen.

Religiosität ist vielmehr zu verstehen „als allgemeine[r] Strukturzusammenhang aus den Konstitutionsbedingungen der Praxis" bzw. „als eine Funktion der zwingend universalen, die Lebenspraxis konstituierenden Sachgesetzlichkeit" (Oevermann 1996, 31f.). Religiosität beschreibt demnach nicht eine Weise des Erlebens und Empfindens analog zum Beispiel des Erlebens des Numinosen bei Otto. Für ebenso untauglich hält er den Rekurs auf ein religiöses Bedürfnis. Diese Beschreibungen entziehen sich nach Oevermann der religionswissenschaftlichen Kategorienbildung.

In seiner Argumentation bezieht er sich auf die Peirce'sche Unterscheidung von Erstheit, Zweitheit und Drittheit. Die Erstheit bezeichnet die Positionalität des Subjekts (die Subjektivität), die Zweitheit die gegenüberliegende Wirklichkeit, die ‚harten Fakten'. Diese Disposition braucht eine sprachliche Vermittlung, die Drittheit genannt wird. Die Drittheit ist die Sphäre der repräsentierenden Sinnzusammenhänge; sie wird in der Wissenschaft thematisiert.

Hier entsteht ein Widerspruch. Einerseits ist es so, dass aus der Perspektive der Subjektivität die Zweitheit mit der Drittheit übereinstimmt. Andererseits entsteht mit der Sprache „die Differenz von repräsentierter und repräsentierender Welt". Das heißt, sie eröffnet auch einen Möglichkeitsspielraum und zieht „zwingend ein Bewusstsein der Endlichkeit des Lebens und korrelativ dazu die Kategorie der Grenzüberschreitung nach sich. Mit dem Bewusstsein der Endlichkeit des Lebens konstituiert sich zugleich die Eigenlogik von Lebenspraxis, die durch die widersprüchliche Einheit von Entscheidungszwang und Begründungsverpflichtung zu charakterisieren ist" (Krech 1999, 25).

Strukturtheoretisch betrachtet ist das Leben nicht eine Abfolge von Routinen, sondern von Krisenkonstellationen, die durch eine widersprüchliche Einheit von Entscheidungszwang und Begründungsverpflichtung entstehen. In dieser Struktur von Lebenspraxis ist nach Oevermann Religiosität angesiedelt. Gerade die Möglichkeitsspielräume führen zu Krisen, welche irreversible Entscheidungen erzwingen, für die keine konventionellen oder alltäglichen Begründungsmuster zur Verfügung stehen. Hier ist das Subjekt auf sich selbst angewiesen und die Begründung hat keine fraglose Sicherheit. Oevermann spricht hier von der *Bewährungsdynamik*, denn die Frage der Bewährung stellt sich permanent. Damit diese Spannung bewältigt werden kann, muss es einen *Bewährungsmythos* geben, der auf die Fragen: Wer bin ich? Woher komme ich? Wohin gehe ich? antworten kann. Die Evidenz des Bewährungsmythos wird durch eine vergemeinschaftende Gefolgschaft kollektiv verbürgt.
Elemente von Religiosität sind demnach:
1.   Nicht-Stillbarkeit der Bewährungsproblematik.
2.   Zwang zum Bewährungsmythos.
3.   Zwang zur Evidenzsicherung.
Nach Oevermann artikuliert dieses Modell von Religiosität ein universell vorfindbares Strukturproblem in der Konstitution jeglicher Lebenspraxis. Mit ihm lassen sich empirisch vorfindbare Ausprägungen von Religiosität und von reli-

giösen Glaubens- und Wissenssystemen darstellen und, darin liegt seine Beson-
derheit, auch das säkularisierte Subjekt der Moderne (Oevermann 1996, 30).

„Vielmehr erlaubt es unser Strukturmodell von Religiosität, die paradoxale
Konstellation zu dechiffrieren, in der das Verdampfen religiöser Inhalte und
Deutungen vor der wissenschaftlichen und methodischen Rationalität im Prozess der Säkularisierung in sich auf der strukturellen Ebene eine konsequente
Fortsetzung der aus dem Strukturmodell von Religiosität ableitbaren Bewährungsdynamik darstellt – entsprechend der säkularisierte Mensch … nicht einfach ein a-religiöser … Mensch ist, sondern sein säkularisiertes Bewusstsein
strukturell die religiösen Stufen der Bewährungsdynamik in sich im Hegelschen
dreifachen Sinn aufgehoben hat, das heißt: keinesfalls nur beseitigt hat" (Oevermann 1996, 40).

Es bleibt bei Oevermann offen, warum Bewährungsproblematik, Bewährungsmythos und Evidenzsicherung religiös genannt werden sollen. Dies legt
sich letztlich nur nahe durch den Bezug auf historische Religion.

5. Funktionale Betrachtung von Religiosität in der Religionspädagogik?

Religiosität als Grundbegriff in der Religionspädagogik muss sich inhaltlich und
formal ausweisen: Erstens muss dieser bestimmbar spezifisch sein, zweitens
kann aber die inhaltliche Bedeutung im gesellschaftlichen Kontext nur dann
verstanden werden, wenn sie auch funktional bestimmt werden kann. Einen universal geltenden Begriff von Religiosität im Sinne eines anthropologischen
Apriori, kann es deshalb nicht geben. Folgt man dem Ansatz Oevermanns, so
kann es sich nur um ein strukturelles Apriori handeln, das sich aus den Konstitutionsbedingungen einer gesellschaftlich bedingten Praxis ergibt. Das heißt, der
Begriff Religiosität muss in einem wissenschaftlichen und gesellschaftlichen
Kontext immer neu bestimmt werden; er bezeichnet keinen dinghaften Tatbestand, sondern ist ein diskursiver Begriff (vgl. Matthes 1992, Jakobs 2002).

Die funktionale Betrachtungsweise entspringt, wie wir gesehen haben, der
Analyse einer Situation, in der Religion und Gesellschaft weitgehend kongruent
waren. In dieser Logik erübrigt sich institutionelle Religion, wenn die Gesellschaft auf religiöse Legitimationssysteme nicht mehr angewiesen ist und die
Funktionen anderweitig übernommen werden. Das ist jedoch ein einseitiges
Verständnis von Religion. „Solange Religion als kollektivistisch und autonomie-
feindlich erscheint, bedingen Individualisierung und Autonomisierung eine fort-
gesetzte Abwendung von Religionsgemeinschaften. Die theoretische Religionssoziologie kann darlegen, dass die Entfaltung des Individuellen ein religiös Ge-
fordertes ist, dass es aber nur als partikulare Verwirklichung des Allgemeinen
aussichtsreich sein kann …" (Helle 1999, 64). Hier verweist Helle auf einen
zentralen Punkt, denn Religion hat auch die Funktion der Individualisierung,
und damit auch der Nicht-Anpassung sowie der Veränderung. Diese Denkmöglichkeit ist in der verstehenden Soziologie angelegt – wenn auch noch nicht mit-

gedacht – und zeigt sich bei Kaufmann in der Funktion der Weltdistanzierung. Dies ist keine gesellschaftliche Funktion im engeren Sinne mehr.

Wenn aber Religion in diesem Sinne gedacht wird, stellt sich die Frage nach dem Verhältnis von Religion und Religiosität neu. Unter den Bedingungen der Moderne und Postmoderne ändert sich auch das Verhältnis von Religion und Religiosität. Diese sind eben nicht mehr zwei Seiten einer Medaille. Wie konstituiert sich Religiosität? Aus welchen Quellen schöpft sie inhaltlich und welche Funktion erfüllt sie? Unter den Bedingungen der Individualisierung wird die Biografie zum zentralen Bezugspunkt.

Schöll u.a. haben auf die Verbindung von Biografie und Religion hingewiesen (Schöll 1996, Popp-Baier 2003). Dies wurde insbesondere in der empirischen religionspädagogischen Forschung aufgegriffen und erweist sich auch für die Begriffsbildung als konstitutiv. Im Modernisierungsprozess wird die Biografie zu einer selbst zu gestaltenden Aufgabe. „Das heißt, dass die sozial entscheidenden Phasen des Lebens mit oder ohne Kirche funktionieren können, wenn man in bestimmten Phasen des Lebens der Religion noch Relevanz erweist, dann nicht um auf die Bedeutung des Religiösen, sondern auf die Relevanz der biografischen Passagen hinzuweisen" (Schöll 1996, 56). Diese Funktion wird besonders an lebensgeschichtlichen Übergängen deutlich. Hier hat Religion mehr eine reflexive als eine stabilisierende Funktion. Die Leistung besteht darin, das Religiöse biografisch zu integrieren. Orientierung an Religion ist keine Frage der Tradition, sondern eine Wahl im Kontext von Kommunikationsmilieus. Religiosität könnte in diesem Kontext als biografische Verarbeitung von Religion bezeichnet werden; eine Verarbeitung, die verschiedene Konstruktionsmodi von der Identifikation über Eklektizismus bis hin zur Ablehnung von Religion umfassen kann.

Popp-Baier weist hier auf eine wichtige Differenzierung hin: Die biografische Dimension ist deshalb unverzichtbar, weil man sonst „religiöse Erfahrung auf religiöse Semantik reduziert", also die Gefahr einer Engführung im Sinne eines substanziellen Religionsbegriffs riskiert (Popp-Baier 2003, 169). In der biografischen Konstruktion, so wie sie in biografischen Erzählungen zum Ausdruck kommen, zeigt sich die Wechselwirkung von religiöser bzw. religiös anmutender Semantik und der (funktionalen) Notwendigkeit, dem eigenen Leben und der Welterfahrung einen Sinn zu verleihen. Dies kann, wie Schöll zeigt, in unterschiedlicher Form geschehen.

Schöll unterscheidet grundsätzlich zwei verschiedene Muster von Krisenbewältigung und damit von Religiosität: Fundamentalistisch-regressive und okkasional-soziale Muster. „Unter den Bedingungen von Pluralisierung und Individualisierung ist Lebenssinn nicht einfach vorfindlich und kann als religiös Vorgegebenes übernommen werden. Vielmehr ist er jedem Menschen zur Selbstkonstruktion aufgegeben. Im Modus der okkasional-sozialen Aneignung von Sinn ist unter diesen Bedingungen mindestens zweierlei unhintergehbar:
1. Die Konstruktion von Lebenssinn ist nicht an Dritte delegierbar – dadurch unterscheidet er sich vom Modus der traditionellen Aneignung von Sinn.

2. Lebenssinn lässt sich nur gewinnen in Auseinandersetzung mit konkreten lebenspraktisch-sozialen Bezügen – dadurch unterscheidet er sich vom Modus der simulativ-instrumentellen Aneignung" (Schöll 1996, 128f.).

Ich schlage einen Arbeitsbegriff von Religiosität vor, in dem die biografische Verortung von Religiosität mit integriert wird. In der Biografie liegt der Schnittpunkt von Religion als systemischer und historischer Größe einerseits und den strukturellen Anforderungen der Lebenspraxis – nach Oevermann – andererseits. Das Verhältnis von Religion und Religiosität bestimmt sich in der biografischen Konstruktion. Diese wiederum wird durch gesellschaftliche Rahmenbedingungen wie Individualisierung und Pluralisierung gefordert und ermöglicht, jedoch auch durch den Wandel in den religiösen Institutionen selbst, für die Identifikation mit dem religiösen System nicht mehr nur die einzige Option des Individuums ist.

Die funktionale Methode bezieht Religion auf gesellschaftliche Probleme, die mit ihr gelöst werden und geht – wie oben dargestellt – zunächst von einer weitgehenden Kongruenz von Religion und Gesellschaft aus. Religiosität kann verstanden werden als eine biografische Sinnkonstitution, in der die Probleme von Individuation und Orientierung in der postmodernen Gesellschaft gelöst werden können. Religion kann hier in sehr unterschiedlicher Weise in Anspruch genommen werden. Obwohl sie eine Aufgabe des Individuums ist, steht sie in einem Bezug zu den vorhandenen religiösen Sozialformen. Religion hat nicht per se, sondern über den Weg der biografischen Konstruktion eine zentrale Bedeutung für die Konstitution personaler und sozialer Identität. In einer multidimensionalen Analyse von Religiosität darf der funktionale Aspekt nicht fehlen; er reicht aber allein nicht aus, um Religiosität spezifisch zu bestimmen und um Unterschiede in der Religiosität wahrzunehmen. Dieses Manko wird auch nicht durch die Bestimmung einer Mehrzahl von Funktionen behoben, wie bei Kaufmann vorgeschlagen. Es ist eine inhaltliche Bestimmung auf der Grundlage historischer Religionen erforderlich.

Der Gegenstand der Soziologie, so Knoblauch, zeichne sich dadurch aus, dass er eigensinnig sei: „ganz ohne das Zutun der Soziologie hat er sich schon immer selbst verstanden, hat seine Handlungen schon mit seinem Sinn versehen und seine Gemeinschaften in einem Bedeutungsgeflecht verordnet." (Knoblauch 1999, 10) Für die Religionspädagogik scheint es wichtig zu berücksichtigen, dass auch Religion und Religiosität Begriffe sind, die sich „schon immer selbst verstanden haben".

Literatur

Berger, Peter L.: Auf den Spuren der Engel. Die moderne Gesellschaft und die Wiederentdeckung der Transzendenz, Frankfurt/M. 1971.

Berger, Peter L.: Zur Dialektik von Religion und Gesellschaft, Frankfurt/M. 1973.

Berger, Peter L.: Der Zwang zur Häresie, Frankfurt/M. 1980.

Durkheim, Emile: Zur Definition religiöser Phänomene, in: Matthes 1967, 120–141.

Durkheim, Emile: Die elementaren Formen religiösen Lebens, Frankfurt/M. 1994.

Gabriel, Karl (Hg.): Religiöse Individualisierung oder Säkularisierung. Biographie und Gruppe als Bezugspunkte moderne Religiosität, Gütersloh 1996.

Gabriel, Karl / Reuter, Hans-Richard (Hg.): Religion und Gesellschaft, Paderborn u.a. 2004.

Geertz, Clifford: Dichte Beschreibung. Frankfurt/M. 1987.

Glock, Charles Y.: Über die Dimensionen der Religiosität, in: Matthes, Joachim (Hg.): Kirche und Gesellschaft. Einführung in die Religionssoziologie II, Hamburg 1968, 150–168.

Helle, Horst Jürgen: Religionssoziologie. Entwicklungen der Vorstellungen vom Heiligen, München / Wien 1997.

Jakobs, Monika: Religion und Religiosität als diskursive Begriffe in der Religionspädagogik, in: Theo-Web. Zeitschrift für Religionspädagogik, 1 (2002), H. 1, 70–82 (www.theo-web.de).

James, William: Die Vielfalt religiöser Erfahrung, Frankfurt/M. 1997.

Kaufmann, Franz-Xaver: Religion und Modernität, Tübingen 1989.

Knoblauch, Hubert: Religionssoziologie, Berlin 1999.

Krech, Volkhard: Georg Simmels Religionstheorie, Tübingen 1998.

Krech, Volkhard: Religionssoziologie, Bielefeld 1999.

Luckmann, Thomas: Die unsichtbare Religion , Frankfurt/M. 1991.

Luckmann, Thomas: Privatisierung und Individualisierung. Zur Sozialform der Religion in den spätindustriellen Gesellschaften, in: Gabriel 1996, 17–28.

Matthes, Joachim (Hg.): Religion und Gesellschaft. Einführung in die Religionssoziologie I, Reinbek 1967.

Matthes, Joachim (Hg.): Kirche und Gesellschaft. Einführung in die Religionssoziologie II, Reinbek 1969.

Matthes, Joachim: Auf der Suche nach dem Religiösen, in: Sociologia internationalis 30 (1992), 129–142.

Oevermann, Ulrich: Strukturmodell von Religiosität, in: Gabriel, Karl (Hg) 1996, 29–40.

Popp-Baier, Ulrike: Der biografische Ansatz in der Religionspsychologie und seine Beziehung zur abduktiven Korrelation in der Religionspädagogik, in: Ziebertz, H.-G. u.a.: Abduktive Korrelation, Münster u.a. 2003, 169–184.

Reuter, Hans-Richard: Vergesellschaftung und Individuation. Das Problem der Religion in Georg Simmels formaler Soziologie, in: Gabriel / Reuter 2004, 71–91.

Schöll, Albrecht : Zur Funktion religiöser Deutungsmuster in der Adoleszenz, in: Gabriel 1996, 112–129.

Simmel, Georg: Gesammelte Schriften zur Religionssoziologie, Berlin 1989.

Simmel, Georg: Aufsätze und Abhandlungen 1894–1900 [Gesamtausgabe; 5]
    Frankfurt/M. 1992.
Weber, Max: Wirtschaft und Gesellschaft, Tübingen ^{5}1985.
Weber, Max: Gesammelte Aufsätze zur Religionssoziologie 1, Tübingen 1920.

Die Entwicklung von Religiosität

Psychologische Perspektiven

Hans-Ferdinand Angel

1. „Religiöse Entwicklung" – Konturen einer unbefriedigenden Diskussion

(1) Das Thema Religiosität unter dem Aspekt Entwicklung zu betrachten, ist nicht selbstverständlich. Bislang ist meist von „religiöser Entwicklung" die Rede, was nicht das Gleiche ist. Betrachtet man Religiosität und den Aspekt Entwicklung, so sind Voraussetzungen zu veranschlagen, die mit dem Begriff Entwicklung sowie mit seinen Verwendungszusammenhängen in Religionspädagogik bzw. Theologie sowie Psychologie zu tun haben. Es wird dann auch erkennbar, dass es nicht besonderes hilfreich ist, von „religiöser Entwicklung" zu sprechen und dass die diesbezügliche Diskussion bislang eher unbefriedigend bleibt.

Der Begriff „Entwicklung" ist in der europäischen Geistesgeschichte relativ jung, als Übersetzung von „explicatio" war der Ausdruck in der neuplatonischen Tradition als komplementärer Gegenpol zu „complicatio" (Ein-Wicklung) gedacht. In der Verbindung beider Begriffe geht es um die „Entfaltung des in der Einheit des Grundes Eingefalteten". Der Neuplatonismus setzte vor allem im 17. und 18. Jahrhundert eine lebhafte und vielschichtige philosophische Diskussion in Gang, die im 19. Jahrhundert durch die Evolutionstheorie von Charles Darwin überlagert, wenn nicht abgelöst wurde (Weyand 1972). Als sich in der zweiten Hälfte des 19. Jahrhunderts die wissenschaftliche Psychologie als akademische Disziplin zu etablieren begann, geriet das Interesse am Entwicklungsgedanken auch in ihren Sog und führte zur Herausbildung eigenständiger psychologischer Entwicklungstheorien und der allmählichen Etablierung einer akademischen „Entwicklungspsychologie". Auch in der systematisch-theologischen Diskussion konnte der Entwicklungsgedanke Bedeutung gewinnen. Er ist mit verschiedenen Themenstellungen verbunden und spielt dort eine Rolle, wo „Geschichte", „Fortschritt", „Teleologie", „Eschatologie", „Anfang und Ende" oder „Schöpfung" reflektiert werden. Es verblüfft, dass der Entwicklungsgedanke hierbei fast nur mit Themen verbunden wird, bei denen es um die phylogenetische Entwicklung geht[1].

---

[1] Wie wirkmächtig diese phylogenetische Tradition des Entwicklungsgedankens ist, zeigt sich etwa daran, dass in der TRE „Entwicklung" ausschließlich unter diesem Vorzeichen diskutiert wird.

Diese Fixierung wird von der Religionspädagogik durchbrochen. Sie hatte sich seit den Anfängen ihrer Wissenschaftsgeschichte zu Beginn des 20. Jahrhunderts mit Fragen „religiöser Entwicklung" – im Blick auf psychologische (also ontogenetische) Fragestellungen – auseinandergesetzt. Der Perspektivenwechsel ist bemerkenswert, wenngleich „religiöse Entwicklung" nicht primär oder gar ausschließlich unter Rückgriff auf (entwicklungs-) psychologische Kategorien erörtert wurde. Der religionspädagogische Referenzrahmen integrierte vielmehr verschiedene theologische, philosophische oder pädagogische Ansätze. So kamen bei den Überlegungen zur „religiösen Entwicklung" implizite Vorstellungen über das „Kind sein" zum Tragen. Nachhaltigen Einfluss hatten z.B. die diesbezüglichen Vorstellungen von Aurelius Augustinus gezeigt, die schon lange im Zentrum des wissenschaftlichen Interesses gestanden hatten (Girgensohn 1921, Hogger 1937). Wirkungsvoll war auch die Aufklärung, welche die Sichtweise der Eigenständigkeit von Kindern und Jugendlichen gefördert hatte. Es hatte eine revolutionäre Note, wenn Jean Jacques Rousseau im 1762 erschienen *Émile*, „einem Mischprodukt aus Roman, Abhandlung und Traktat" feststellte: „Die Kindheit hat Ansichten, Begriffe, Gefühle, die nur ihr eigen sind" (nach Holmsten 1972, 109 u. 112). Allerdings wurde – wie die jüngere sozial- und mentalitätsgeschichtliche Forschung aufzeigt – dem „Kind sein" über weite Strecken der europäischen Geschichte nicht die gleiche Bedeutung zugemessen, wie wir dies heute gewohnt sind. Doch selbst wenn die historische Rekonstruktion von Kindheits-Konzepten, vor allem im Anschluss an die Untersuchungen von Philippe Ariès (Ariès 1975), kontrovers diskutiert wird, nahm sie Einfluss auf die (religions-) pädagogische Sichtweise: Wenn die jeweiligen Vorstellungen von „Kindheit" historischen und soziokulturellen Bedingungen unterliegen, sind auch Erziehungskonzepte – die immer eine (aus Erwachsenenperspektive) konstruierte Vorstellung vom Kind voraussetzen (Bäumer 1990, Nastainczyk 1995) – grundsätzlich relativiert. Sowohl Literatur wie auch Ikonographie und Malerei bieten ein reichhaltiges Material zur Rekonstruktion der Beziehung von Erwachsenen zu Kindern. Die Interaktion war auffälligen Wandlungen „zwischen Zucht und Zuneigung" (Arnold 1980,78-86) unterworfen, in denen auch der Straf- und Züchtigungsgedanke fast immer eine maßgebliche Rolle spielte. Eindrucksvoll zeigt Franz Renggli anhand der ikonographisch fassbaren Veränderung der Beziehung zwischen Maria und dem kleinen Jesus auf, wie sehr eine zärtliche Berührung von Mutter und Kind am Ende des Hochmittelalters von einer Berührungslosigkeit abgelöst worden war (Renggli 1992). Möglicherweise ist es Folge dieses eher philosophisch-pädagogischen Traditionsstranges, dass auch in der aktuellen Religionspädagogik ein gewisses Auseinanderfallen soziologischer und entwicklungspsychologischer Forschungsarbeiten zu beobachten ist. So bleiben Einsichten der mittlerweile von der Religionspädagogik systematisch betriebenen Jugendsoziologie (etwa Sandt 1996, Polak 2002, Ziebertz u.a. 2003) weiterhin meist ohne Bezug zu entwicklungspsychologischen Konzepten. (2) Dabei wäre der Rückgriff auf die Entwicklungspsychologie durchaus nahe liegend; hatte sie doch schon seit den 1980er Jahren in der Religionspädagogik

Aufmerksamkeit erzielt und Reflexionen über den Verlauf „religiöser Entwicklung" angeregt. Die damit einhergehende religionspädagogische Offenheit für psychologische Themen beendete eine lange Phase einer tief greifenden Skepsis gegenüber der Psychologie. Obwohl das aufkommende psychologische Denken um 1900 zum Entstehen der Religionspädagogik als wissenschaftlicher Disziplin beigetragen hatte, war es dennoch nur zaghaft zu einer Rezeption psychologischer Erkenntnisse gekommen, nicht zuletzt wegen des Vorwurfs, Theologie und Glauben würden „psychologisiert". Das lange Vermeidungsverhalten hatte zur Folge, dass psychologisches Wissen innerhalb der Religionspädagogik nur relativ wenig Raum gewinnen konnte. Das hat sich – von Ausnahmen abgesehen – bis heute nicht wesentlich geändert, was innerhalb des Faches aber anscheinend kaum als störend empfunden wird. Es gehört zu den bemerkenswerten Ausnahmen, wenn Bernhard Grom dieses Defizit kritisch beklagt (Grom 2002). Dennoch ist gerade auf dem Weg über die Entwicklungspsychologie die lethargische Abstinenz gegenüber der Psychologie generell brüchig geworden. Bei dem seit den 80er Jahren einsetzenden Import entwicklungspsychologischer Theorien sind zwei Charakteristika auffällig: (a) Zum einen geschah das Eindringen der Entwicklungspsychologie in die Religionspädagogik in erheblichem Maße in Form einer „angewandten Psychologie", nämlich als Verbindung von Entwicklungspsychologie und Pädagogik, etwa als „Pädagogische Psychologie" für Theologen (Korherr 1990) oder als „Religionspädagogische Psychologie" (Grom 2000). Aus diesen Bemühungen erwuchs ein heute in der Religionspädagogik verbreiteter Grundbestand an entwicklungspsychologischem Wissen, das allmählich auch für den Religionsunterricht fruchtbar gemacht wurde (Hofmann 1991, Schweitzer 1995). (b) Zum anderen ist bemerkenswert, dass die religionspädagogische Rezeption entwicklungspsychologischer Theorien hochgradig selektiv ist. Ein erheblicher Teil der psychologischen Zugänge zur Entwicklungsthematik wird kaum zur Kenntnis genommen, geschweige denn aufgegriffen. Als symptomatisch für das religionspädagogische Rezeptionsverhalten kann die Äußerung von A. Bucher angesehen werden. Obwohl gerade er sich markant für die Integration entwicklungspsychologischen Denkens einsetzte (Bucher 1995, 2000, 2004) versteht es sich für ihn von selbst, „dass Religionspädagog/innen unmöglich die Entwicklungspsychologie in ihrer gesamten Breite und Vielfalt überschauen können, für ihre Arbeit nützlich, ja unverzichtbar sind jedoch die wichtigsten Erkenntnisse zur moralischen und religiösen Entwicklung" (Bucher 2000, 414). So verwundert es nicht, wenn in der Religionspädagogik fast nur „kognitive" bzw. „tiefenpsychologische" Entwicklungstheorien eine größere Rolle spielen. Da diese mittlerweile schon häufig vorgestellt wurden, kann auf ihre nähere Beschreibung verzichtet werden. Das folgende Streiflicht soll lediglich exemplarisch an Akzentsetzungen der kognitiven Variante erinnern:

Das Konzept der kognitiven Entwicklung geht maßgeblich auf die Pionierarbeit von Jean Piaget zurück. Seinem strukturgenetischen Ansatz zufolge entwickeln Kinder Schemata (z.B. das Greifschema), die sie in einem Prozess, der sich zwischen Adaption und Akkomodation be-

wegt, einzusetzen lernen. Der Organismus, der nach einem ausbalancierten Gleichgewicht
strebt (Äquilibrium), entwickelt sich über vier „Stadien" hinweg. Dabei nehmen die kognitiven
Fähigkeiten und die damit verbundenen Möglichkeiten für bestimmte „Operationen" vom sen-
somotorischen, über das präoperative und konkret-operative bis zum formal-operativen Stadium zu. Piagets Stufenmodell wurde vielfach rezipiert – aber auch kritisch kommentiert und
modifiziert (Edelstein / Hoppe-Graff 1993). Es war ein ähnlicher Stufengedanke, der Laurence
Kohlberg motivierte, die Entwicklung des moralischen Urteils zu beschreiben (Kohlberg
1996). Das in den 1950er Jahren vorgestellte und mehrfach weiterentwickelte Modell beinhaltet drei Niveaus, die jeweils zwei Stufen umfassen (präkonventionelles Niveau mit Orientierung (1) an Strafe und Gehorsam und (2) am naiv-instrumentellen Hedonismus; konventionel-
les Niveau mit Orientierung (3) an Gleichgesinnten und (4) an den Regeln eines übergeordne-
ten sozialen Systems sowie postkonventionelles Niveau mit Orientierung (5) an einem als vor-
gängig akzeptierten Sozialvertrag und (6) an universal gültigen Prinzipien). Operationalisier-
bar wird Kohlbergs moralpsychologischer Ansatz mittels so genannter Dilemma-Geschichten.
Die Antworten der Proband/innen auf die in einem Dilemma vorgelegte Entscheidungssituati-
on lassen Rückschlüsse auf deren jeweilige Stufe der moralischen Entwicklung zu. Unter dem
Gender-Aspekt erfuhr der Ansatz von Kohlberg heftige Kritik durch Carol Gilligan, da die
Frauenperspektive in Kohlbergs Forschungen nicht existiere. Das Versagen der Frauen, „sich
innerhalb der Grenzen des Kohlbergschen Systems zu entwickeln", sei in deren anderer „Auffassung des Moralproblems" begründet (Gilligan 1984, 30). In deutlicher Anlehnung an Piaget
entwickelte auch Fritz Oser eine „genetische Epistemiologie" (Oser / Gmünder 1984), also ein
strukturgenetisches Modell religiöser Entwicklung. In einer Abfolge von sechs Stufen sind es
sechs Modi der Orientierung: (1) Orientierung an absoluter Hegemonie (Deus ex machina), (2)
Orientierung an „do ut des", (3) Orientierung an absoluter Autonomie (Deismus), (4) Orientierung an vermittelter Autonomie und Heilsplan, (5) Orientierung an religiöser Autonomie durch
unbedingte Intersubjektivität und (6) Orientierung an universaler Kommunikation und Solida-
rität. Obwohl ebenfalls strukturgenetisch konzipiert, fand das von James Fowler (Fowler 1991)
entwickelte Stufenmodell einer Entwicklung des Glaubens (genetische Pisteologie), das auch
ausdrücklich die Genderfrage thematisiert, trotz des großen Engagements von Karl Ernst Nipkow (und Friedrich Schweitzer) bislang weniger Verbreitung. Fowler meint die Glaubensent-
wicklung folgenden Stufen zuordnen zu können: (1) intuitiv-projektiver Glaube, (2) mythisch-
wörtlicher Glaube, (3) synthetisch-konventioneller Glaube, (4) individuierend-reflektierender
Glaube, (5) verbindender Glaube und (6) universalisierender Glaube. Grundlegend ist für ihn
die Unterscheidung von „Faith" und „Belief" (bes. Fowler 1991, 30–45). Die strukturgenetisch
orientierten Modelle religiöser Entwicklung fanden Eingang in empirische Untersuchungen
und wurden für „psychobiographische" Forschungen fruchtbar gemacht (Bucher 2004).

Von den tiefenpsychologischen Ansätzen, deren religionspädagogische Rezepti-
onsgeschichte[2] hier nicht weiter vorgestellt werden soll, wären in religionspädagogischem Zusammenhang Sigmund Freud und in eingeschränkterem Maße
Carl Gustav Jung zu nennen. Nachhaltigen Einfluss hatte das Krisenmodell von
Erik H. Erikson (Erikson 1966). Insbesondere die Frage nach der Entstehung
von (Ur-)Vertrauen bot einen besonders geeigneten Anknüpfungspunkt für theo-
logisch-religionspädagogische Fragen, z.B. hinsichtlich der Entstehung eines
vertrauensvollen Gottesbildes. Eine tiefenpsychologisch orientierte Entwicklungspsychologie rief teils auch über therapeutisch ausgerichtete (populärwis-

---

[2]   Der Titel von E.J. Korherr: ,Von Freud bis Drewermann' ist irreführend, da Korherrs
      Psychologie-Rezeption nicht tiefenpsychologisch enggeführt ist.

senschaftliche) Literatur große Resonanz hervor[3]. Die Ansätze der genannten Autoren (die männliche Form ist hier exklusiv!) aus beiden Bereichen – d.h. die der kognitiven bzw. tiefenpsychologischen Entwicklung – gehören heute zu einem konsensuell akzeptierten Grundbestand religionspädagogischen Basiswissens.

(3) Auch wenn die selektive Wahrnehmung von Seiten der Religionspädagogik kritisiert wurde, so ist bei ihr dennoch eine Offenheit für die (Entwicklungs-) Psychologie erkennbar. Das weckt die Erwartung, dass Gleiches auch umgekehrt bei der Entwicklungspsychologie anzutreffen sei. Das ist jedoch nicht der Fall und (entwicklungs-)psychologisches Interesse für religiöse Phänomene sucht man – bis auf wenige Ausnahmen[4] – vergeblich. Zur Geschichte der (deutschsprachigen) akademischen Psychologie gehört, dass sie das Interesse am Religiösen immer mehr verkümmern ließ. Zwar hatte noch Wilhelm Wundt, der mit dem 1879 gegründeten „Leipziger Laboratorium" am Beginn der universitären Institutionalisierung der Psychologie stand, den religiösen Phänomenen in seiner zehnbändigen Völkerpsychologie erhebliche Bedeutung zugemessen. Auch Sigmund Freud hatte sich intensiv, wenn auch in pointiert kritischer Weise, mit religiösen Erfahrungen auseinandergesetzt. Doch das Religiöse konnte sich – trotz etlicher Ausnahmen, wie etwa bei Carl Gustav Jung oder Viktor Frankl – innerhalb der Psychologie keinen überragenden, ja vielleicht nicht einmal einen nennenswerten Platz sichern. Es ist eine rühmliche Ausnahme, wenn in einem Lehrbuch der Psychologie die spirituelle Dimension überhaupt genannt wird (Walach 2004, 225–231).

Die Gründe für das bisherige Ausblenden religiöser Themen sind vielfältig. Sie reichen von den Nachwirkungen jener frühen Konfliktkonstellation mit (der Theologie und vor allem) der Philosophie, in der die Psychologie einen bisweilen heftigen anti-religiösen Affekt an den Tag legte, bis hin zu Vorbehalten aus methodischen Gründen oder aufgrund einer pietätvollen Abstinenz. Der Grazer Entwicklungspsychologe Helmuth P. Huber attestiert der „universitären Religionspsychologie im deutschsprachigen Raum" geradezu eine Randständigkeit (Huber 1999, 94). Doch scheinen sich in jüngster Vergangenheit die Anzeichen dafür zu mehren, dass die Erstarrung einer zaghaften Öffnung für religiöse Fragestellungen weicht. Indiz hierfür kann etwa Rolf Oerters handlungstheoretisch konzipierter Zugang (Oerter 1996) sein oder Tatjana Schnells Ansatz, die eine Psychologie des Lebenssinns mit Fragen impliziter Religiosität verknüpft (Schnell 2004). Das Aufbrechen entwicklungspsychologischer Beschränkung zugunsten einer Öffnung für religiöse Phänomene mag zum Teil am Einfluss

---

[3]   Etwa Tilmann Moser und v.a. in Österreich Erwin Ringel. Der pathogene Aspekt religiöser Erziehung wurde von theologischer bzw. religionspädagogischer Seite als Herausforderung aufgegriffen (Biesinger / Virt 1986).

[4]   Die Publikation des Entwicklungspsychologen Franz Buggle „Denn sie wissen nicht, was sie glauben" zählt nicht zu diesen Ausnahmen. Sie ist hier nicht einschlägig, da sie theologisch skurril ist und allenfalls als Ausdruck einer (extrem problematischen) Rezeption christlichen Gedankenguts Interesse beanspruchen kann.

amerikanischer Psychologie liegen. Sie zeigt sich gegenüber religiösen Fragen merklich unverkrampfter[5], was zuweilen allerdings auch mit einem Mangel an kritischer Distanz zu missionarisch-dogmatisierenden Konzepten einhergehen kann. Nicht ohne Bedeutung für das aufkeimende religiöse Interesse dürfte ferner die zunehmend klarere Konturierung des Themenkomplexes „Religion und Gesundheit" sein. Ihm werden seit Beginn der 1990er Jahre beträchtliche methodische wie inhaltliche Fortschritte bescheinigt (Miller / Thoresen 2003); insbesondere jene als Psychoneuroimmunologie (PNI) bezeichnete Forschungsrichtung befindet sich im Aufwind (Koenig / Cohen 2002). Sie geht davon aus, „that what people believe, think, and feel may have a direct impact on neuroendocrine and immune function-systems that play a vital role in warding off disease and speeding recovery from illness" (Koenig 2002, 31). Es ist allerdings schwer abzuschätzen, wie lange es dauern wird, bis man auch von der europäischen Psychologie ein ähnliches Plädoyer für die wissenschaftliche Beschäftigung mit Spiritualität finden wird, wie dies unlängst im *American Psychologist* der Fall war, als William R. Miller und Carl E. Thoresen die Frage diskutierten: „Why not study Spirituality?" (Miller / Thoresen 2003). Von einer größeren Offenheit der Psychologie für den Phänomenbereich des Religiösen ließen sich Präzisierungen hinsichtlich Begrifflichkeit und Konzeptbildung – und damit mittelfristig auch ein Effizienzzuwachs in der angewandten Psychologie[6] – erwarten. Auf jeden Fall leiden Versuche einer umfassenden Theoriebildung zur religiösen Entwicklung auch an der terminologischen wie konzeptionellen Fremdheit von Psychologie und Theologie bzw. Religionswissenschaft[7]. Das erwachende Interesse der Neurowissenschaft am Phänomen des Religiösen lässt die Defizite in der Theoriebildung deutlich erkennen und bietet die Chance, dass Human- und Religionswissenschaften inkl. der (christlichen) Theologie konzeptionell zusammenarbeiten.

2. Religiöse Entwicklung als „Entwicklung von Religiosität"

(a) Die Konstruktion eines umfassenden konzeptionellen Rahmens für das Thema „religiöse Entwicklung" erfordert eine wichtige Weichenstellung: Es gilt zu realisieren, dass „religiöse Entwicklung" eine eher alltagssprachliche Formulierung ist, die mehr verschleiert als erhellt. Sie lässt nicht erkennen, dass es dezidiert darum geht, *Religiosität* und ihre Entwicklung in den Blick zu nehmen. Deswegen muss die Vorstellung über „religiöse Entwicklung" präzisiert

---

[5]   Die American Psychologist Association (APA) hat eine eigene Abteilung für Religionspsychologie.

[6]   Die Herausgeber des „Handbook of Psychotherapy and Religious Diversity" gehen sogar soweit, die Aufnahme von „increased education in religious and spiritual diversity" in die Trainingsprogramme für zukünftige Therapeuten zu fordern (Richards / Bergin 2000, 486).

[7]   Exemplarisch könnte dies etwa an der psychologischen Verwendung des Terminus „Gewissen" aufgezeigt werden (vgl. Zimmer 1999).

werden, der Terminus ist als „Entwicklung von Religiosität" zu verstehen bzw. zu übersetzen. Bewusstsein dafür zu schaffen, dass die auch im wissenschaftlichen Bereich fast ausschließlich verwendete Formulierung „religiöse Entwicklung"[8] schwammig und somit wenig brauchbar ist, wird zu den wesentlichen Weichenstellungen bei der Erforschung des damit gemeinten Phänomens gehören. Nimmt man diesen Perspektivenwechsel aber vor, so hat das Konsequenzen:

- Entwicklung von Religiosität kann dann analog zur Entwicklung anderer „Bereiche"[9] wie Sprache, Denken, Problemlösen, Gedächtnis, geschlechtlicher Selektion, Intelligenz u.a.m. verstanden werden. Es ist methodisch ein Unterschied, ob man die Frage stellt: „Wie entwickelt sich Intelligenz bzw. Religiosität?" oder ob man fragt: „Was ist intelligente bzw. religiöse Entwicklung?"

- Es ist auch ein anderer theoretischer Zugang als der über die genannten „Funktionsbereiche" denkbar. Religiosität ist ein hochkomplexes Konzept. Deswegen kann ihre Entwicklung auch in Analogie zu anderen umfassenden Entwicklungskonzepten gefasst werden und man könnte überlegen, ob die Entwicklung von Religiosität z.B. analog zur Entwicklung der Identität, der Musikalität oder „Entwicklung des Selbst" (Kegan) gedacht werden soll.

(b) Die veränderte Akzentuierung kann das Gespräch mit der Psychologie fördern, da im Zusammenhang mit Entwicklung nicht mehr primär „religiöse" Phänomene zur Diskussion stünden; vielmehr ginge es um die Frage, ob „Religiosität" (und ihre Entwicklung) eine psychologisch interessante Kategorie darstellt oder nicht. Für die Erforschung menschlicher Religiosität wäre es nicht erforderlich, transzendente Parameter einzuführen. Im Gegenteil: Für Konzepte der Entwicklung von Religiosität könnte gelten, was Howard Gardner im Blick auf Intelligenz formulierte: „Solange wir nicht das Ungewöhnliche verstehen können – sei es exzentrisch, autistisch, genial oder schizophren –, solange werden unsere allgemeinen Theorien nicht wirklich umfassend sein" (Gardner 1999, 28). Ohne Verständnis der „Entwicklung von Religiosität" wird kein entwicklungspsychologisches Konzept umfassenden Anspruch erheben können!

Diese Sichtweise erfordert eine klare Umschreibung dessen, was unter Religiosität verstanden werden soll. Wie an anderer Stelle dargelegt, kann Religiosität verstanden werden als „Ausstattung des Menschen (homo sapiens sapiens) mit einer Balancefähigkeit (balancing-capacity), die Creditionen, Emotionen und Kognitionen in Einklang bringt"[10]. Die Frage nach der Entwicklung von

---

[8]   Die ausdrückliche Perspektive einer „Entwicklung von Religiosität" wurde vereinzelt immer wieder einmal eingebracht (Bucher / Reich 1989; ansatzweise und nicht systematisch durchgehalten Fraas 1990).

[9]   Die Terminologie ist uneinheitlich und oszilliert zwischen „Funktionsbereichen" (Oerter / Montada 1995, 487–894), und „Entwicklungsbereichen" (Keller 1998, 443–595).

[10]   Vgl. Angel „Potenzial" in diesem Band.

Religiosität beinhaltet somit ein Verständnis der Beziehung von Kognitionen, Emotionen und Creditionen (inklusive solcher, die auf Gott bezogen sind). Es gilt zu verstehen, wie sich die Entwicklung von Kognitionen zu der Entwicklung von Creditionen verhält und welche Rolle dabei Erfahrungen mit „Gott" bzw. andere Erfahrungen „transzendenter" Art spielen. Und es bedarf einer Klärung der Frage: Wie entwickelt sich bei Menschen die Balance-Fähigkeit, die Creditionen mit Kognitionen und Emotionen in Einklang bringt? Es wird nicht genügen, für diese Fragen eine theoretische Antwort zu suchen. Es wird erforderlich sein, sie auch experimentell zu überprüfen. Immerhin ist das hier zugrunde gelegte Verständnis von Religiosität – zumindest in erheblichem Maße – auch experimentellen Methoden der modernen Psychologie zugänglich.

(c) Die Religionspädagogik könnte ebenfalls von einer expliziten Theorie menschlicher Religiosität profitieren. Falls Religiosität als anthropologische Größe konzipiert wird, könnte deutlich gemacht werden, dass christliche – oder wie immer geartete – Erscheinungsformen religiösen Verhaltens, religiösen Erlebens, usw. immer von einem Individuum vollzogene *Ausprägungen* von Religiosität sind. Da Individuen und ihre Ausprägung von Religiosität sich verändern, müssten auch so unterschiedliche Parameter wie die Entwicklung des Charakters, der Einstellung, der Werthaltungen oder – um eine Größe der theologischen Tradition zu nennen – des Gewissens[11] – in ein Religiositätskonzept integriert werden. Die Kategorie Religiosität böte auch einen adäquaten Rahmen, Spezifika männlicher und weiblicher Ausprägungen von Religiosität zur Sprache zu bringen. Die konkreten Ausprägungen von Religiosität (z.B. als unterschiedliche kognitive Verarbeitungen von Creditionen oder als unterschiedliche emotionale Färbung von Creditionen) können als Religiositätsstile bezeichnet (vgl. Hemel in diesem Band) und damit wiederum Gegenstand empirischer Erhebungen werden (vgl. Pirner und Jakobs in diesem Band). Empirische Untersuchungen dürften auch erkennen lassen, dass es unterschiedlich zuträgliche Weisen der Ausprägung von Religiosität geben kann. Es ist unschwer vorstellbar, dass sich Kriterien für lebensfördernde wie für destruktive Religiositätsstile herausarbeiten und mit Methoden empirischer Individual- wie Sozialpsychologie überprüfen lassen.

3. Konzeptioneller Rahmen für eine Theorie der Entwicklung von Religiosität

Der Rahmen für eine Entwicklung von Religiosität setzt eine grundsätzliche anthropologische Auseinandersetzung mit dem Phänomen Religiosität voraus. Die darin enthaltenen Implikationen sind zu veranschlagen und auf ihre Bedeutung für die Konzeption einer Entwicklungstheorie zu überprüfen. Da dieser Aspekt an anderer Stelle diskutiert wurde[12] kann im Folgenden der Fokus auf den Bereich der Psychologie gelenkt werden, wobei die Vorannahmen der Psy-

---

[11] Zur Frage des Gewissensbegriffs in der Psychologie vgl. Zimmer 1999.
[12] Vgl. Angel „Religiosität" in diesem Band.

chologie ihrerseits einer philosophischen Klärung bedürfen (Heine 2005). Eine
Theorie der Entwicklung von Religiosität muss sich in psychologischer Hinsicht
in zwei Richtungen orientieren, die kaum Gemeinsamkeiten aufweisen.

(a) Für die Frage nach der „Entwicklung" von Religiosität ist die Entwicklungspsychologie eine unverzichtbare Bezugswissenschaft. Dabei ist zu veranschlagen, dass die Entwicklungspsychologie infolge der Ausdifferenzierung der akademischen Psychologie sowie der großen Trends der Psychologiegeschichte
(z.B. Bewusstseinspsychologie, Psychologie des Unbewussten, Behaviorismus,
Psychologie nach der kognitiven Wende usw.) bis heute eine heterogene Wissenschaft mit verschiedenen, teils widersprüchlichen Konzepten und Ansätzen
ist. Zu den Theorien der Entwicklungspsychologie zählen nicht nur die von der
Religionspädagogik favorisierten kognitiven und psychoanalytischen Theorien.
Es gibt traditionell eine ganze Reihe weiterer Ansätze, wie z.B. „Entwicklungstheorien sozialen Lernens", „Entwicklungstheorien der Informationsverarbei-
tung", „ethologische Entwicklungstheorien", „Theorien der Wahrnehmungsent-
wicklung" und „kontextuelle Entwicklungstheorien" (vgl. Miller 1993). Dazu
kommen die in jüngster Zeit erstarkenden „Entwicklungstheorien zum Bewälti-
gungsverhalten" (Strack / Feifel 1996) sowie die „Theorien emotionaler Entwicklung" (Friedlmeier / Holodynski 1999). Über die grundlegenden konzeptionellen Ansätze hinaus haben zwei markante Perspektivenverschiebungen den
Horizont der Entwicklungspsychologie erweitert. So fokussiert Entwicklungspsychologie heute nicht ausschließlich die Entwicklung während der ersten Lebensjahre bzw. der ersten beiden Lebensjahrzehnte. Vielmehr hat sich eine auf
die gesamte Lebensspanne ausgerichtete Sichtweise durchgesetzt. Gerade das
(hohe) Alter findet zunehmend wissenschaftliche Aufmerksamkeit und beeinflusst auch solche Theorien und Konzepte, die lange vor allem bezüglich kindli-
cher bzw. jugendlicher Entwicklung diskutiert wurden, wie Intelligenz („kristal-
line Intelligenz" des Alters) oder Gedächtnisleistungen. Ferner hat eine gendersensible Sichtweise in alle Theorien Einzug gehalten. Exemplarisch kann für die
Wahrnehmungsthematik auf die Gender-Schema-Theorie von Sandra L. Bem
hingewiesen werden, derzufolge es eine „Brille des Geschlechts" (gender lenses) gibt, die soziokulturell gefärbt ist und die Kinder von klein auf internalisie-
ren. Später nehmen sie als Erwachsene die Welt auf diese Weise wahr und konstruieren ihre Identität entsprechend der Gender-Brille (Bem 1993). Eine Theorie der „Entwicklung von Religiosität" kann – entgegen dem oben zitierten Votum von Anton Bucher – nicht darauf verzichten, die Entwicklungspsychologie
in ihrer ganzen Bandbreite wahrzunehmen. Für dieses Anliegen müsste sich die
gegenwärtige Religionspädagogik erst öffnen; die Herausforderung, eine ent-
wicklungspsychologisch tragfähige Religiositätstheorie zu entwickeln, könnte
diesen Prozess positiv befördern. Es ließen sich dann auch solche Aspekte religiöser Entwicklung beleuchten, die bislang kaum in den Blick gerieten, geschweige denn intensiver diskutiert wurden.

(b) Während aus der Perspektive „Entwicklung" von Religiosität die Entwicklungspsychologie als Bezugsdisziplin in den Mittelpunkt des Interesses rückt,

richtet sich bei der Frage nach dem genuin „religiösen" Aspekt von Entwicklung die Aufmerksamkeit auch auf die Religionspsychologie. Die Wissenschaftsgeschichte der Religionspsychologie hat wenig Parallelen zu derjenigen der Entwicklungspsychologie und verweist auf einen der größten weißen Flecken in der heutigen Wissenschaftslandschaft. Religionspsychologie existiert nur in einer bedauernswerten Kümmerform, und das, obwohl religionspsychologische Themen ab ca. 1880 vor allem in Amerika, aber auch in Frankreich und Deutschland, auf wissenschaftliches Interesse zu stoßen begannen. Im Gefolge kam es zu einer breiteren Ausdifferenzierung mit der Ausbildung verschiedener Strömungen (Bucher / Oser 1988). Trotz einer ermutigenden Situation – insbesondere in der Zwischenkriegszeit der 1920er und 1930er Jahre – gelang es der Religionspsychologie dennoch kaum, an europäischen Universitäten als eigenständiges Fach Fuß zu fassen (van Belzen 1998a; 1998b). Hinsichtlich einer Theorie der Entwicklung von Religiosität kommt erschwerend hinzu, dass religionspsychologische Publikationen den Entwicklungsaspekt eher selten ausdrücklich zur Sprache bringen. So spielt Entwicklung von Religiosität beim Forschungsüberblick von Michael Utsch (Utsch 1998) keine Rolle und selbst einer der führenden amerikanischen Religionspsychologen behandelt in seinem Standardwerk die Entwicklungsperspektive fast ausschließlich in Zusammenhang mit der Theorie von Erik H. Erikson (Wulff 1997, 371–404).

Nach diesem Verweis auf die unabdingbar zu integrierenden Perspektiven der Entwicklungs- bzw. Religionspsychologie sollen nun Bausteine für ein integratives Religiositätskonzept vorgestellt werden.

4. Bausteine für ein integratives Konzept der „Entwicklung von Religiosität"

Grundlegend ist bezüglich der Entwicklung von Religiosität vorauszuschicken, dass sie vermutlich weder mit der Entwicklung von Bewusstsein identifiziert werden kann, noch unabhängig davon geschieht. Eine Rolle wird die biologische Basis der Persönlichkeit spielen – wobei auch Unterschiede hinsichtlich männlicher oder weiblicher Entwicklungen von Religiosität hypothetisch zu veranschlagen sind. Die biologischen Gegebenheiten präfigurieren die Spielräume für eine Entwicklung (Hennig / Netter 2005), somit auch für eine Entwicklung der Religiosität. Insbesondere der Entwicklung des Gehirns kommt dabei eine prominente Bedeutung zu. Es dürfte aber vermutlich nicht zu weit gegriffen sein, wenn man auch den physiologischen Aspekten Bedeutung zumisst. Warum sollten Hormone und Proteine die Ausprägung von Religiosität nicht beeinflussen? Es ist ferner denkbar, dass bei einzelnen Individuen eine biopsychologische Ausstattung vorliegt, die eine Entwicklung von Religiosität beeinträchtigt. Könnten womöglich Defekte, wie sie etwa bei der Entstehung einer (schon in jungen Jahren diagnostizierbaren) Soziopathie (Schulter / Neubauer 2005) eine Rolle spielen, auch die Ausprägung von Religiosität beeinträchtigen? Dies wäre nicht deckungsgleich mit der weiter unten genannten pathologischen Entwicklung von Religiosität.

Im Folgenden sollen nun drei Bereiche genannt werden, die für ein integratives Konzept der „Entwicklung von Religiosität" berücksichtigt werden müssen. Die Entwicklungspsychologie rechnet mit zwei Grundparametern, welche die Entwicklung jedes Individuums beeinflussen. Sie werden mit bipolaren Ausdrücken wie „Erbe-Umwelt" oder „endogen-exogen" gekennzeichnet. Verortet man Religiositätsentwicklung in diesem Horizont, dann ist eine umfassende Theorie so zu konzipieren, dass (a) die endogenen Einflussfaktoren und (b) der soziokulturelle Kontext der Entwicklung von Religiosität zu veranschlagen ist. Darüber hinaus muss in eine Theorie der Religiositätsentwicklung die Thematik einer (c) „gesunden bzw. normalen" Entwicklung integrierbar sein.

(a) Welche individuellen Potenziale sind bei der Entwicklung von Religiosität zu veranschlagen? Orientiert man sich an der oben genannten Bandbreite entwicklungspsychologischer Ansätze, so wird man beispielsweise zwischen der Entwicklung von Religiosität und der Entwicklung von Wahrnehmung einen Zusammenhang sehen. Es könnte zu den Charakteristika einer Religiositätsentwicklung gehören, für *spezifische* Bereiche der Weltwahrnehmung sensibel zu sein. Sensibilität für Armut und Ausgrenzung hängt vermutlich doch auch davon ab, welche Creditionen junge Menschen hierzu entwickeln. Es ist nahe liegend, dass auch die anderen Entwicklungstheorien wichtige Momente beleuchten. Welche Bedeutung für eine Ausprägung von Religiosität hat die Entwicklung der Lernfähigkeit, des Gedächtnisses oder die Entwicklung des Bewältigungsverhaltens, das gerade in letzter Zeit nachdrücklich mit dem religiösen Phänomen in Zusammenhang gebracht wurde (Pargament 1997)? In analoger Weise kann man die Frage nach dem Zusammenhang der Religiositätsentwicklung mit der Entwicklung der Motivation[13], der Emotionen (Watts 1996, Hill / Hood 1999, Emmons / Paloutzian 2003) oder der Sprache stellen.

• Die Bedeutung der *Kognitionen* für die Entwicklung von Religiosität ist – wie die Rezeption kognitiver Entwicklungskonzepte zeigt – in der Religionspädagogik unstrittig. Der Entwicklung von Kognitionen wird im Rahmen einer umfassenden Religiositätstheorie auch weiterhin signifikante Bedeutung zukommen. Insbesondere in der Adoleszenz kommt es häufig zu einer Ablösung bis dahin tragender religiöser Vorstellungen. Im Blick auf eine als unvereinbar erlebte Antinomie naturwissenschaftlicher und religiöser Deutemodelle konnte in kleineren Testgruppen empirisch nachgewiesen werden, dass ein Denken in Komplementarität bei der Überbrückung oder Überwindung der kritischen Phase hilfreich ist (Reich 2004). Bislang kaum

---

[13]   Eine Bestätigung der neurowissenschaftlichen Vermutung, der zufolge der individuelle freie Wille zwar subjektiv erlebt, aber neurophysiologisch determiniert sei, müsste dazu führen, dass den soziokulturellen Faktoren bei der individuellen Entwicklung (bis hin zu eben dem Zeitpunkt, bei dem sich der Anstieg des Erregungspotenzials feststellen lässt) größere Bedeutung zukommt.

thematisiert ist die Bedeutung kindlichen Spracherwerbs (Fletcher / Mac-Whinney 1997, Klann-Delius 1999, Tomasello 2003) für die Ausprägung von Religiosität. Dies ist in doppelter Hinsicht erstaunlich. Gehört es zum einen doch zu den religionspädagogisch konsensfähigen Grundlagen, dass religiöse Ideen auch mit Kommunikation und Interaktion zu tun haben. Das Ausblenden von Spracherwerbstheorien erstaunt aber auch deswegen, weil die Religionspädagogik gerade für den Strang der hier auch relevanten kognitiven Entwicklungstheorien (Stern 1928, Wygotski 1969, Bruner 1987, Piaget 1972) grundsätzlich offen ist. Man kann in diesem Zusammenhang an die von Ulrich Hemel formulierte Analogie von Religiosität und Sprache bzw. Sprachlichkeit erinnern: Soll sie mehr sein als eine explikative Metapher, dann wäre zu überlegen, ob und in wie weit analog zum „Sprachinstinkt" in dem Sinne, wie ihn Steven Pinker versteht, auch von einem „Religiositätsinstinkt" gesprochen werden könnte[14]. Doch selbst wenn die Analogie von „Sprachinstinkt" und „Religiositätsinstinkt" zu weit gedacht wäre: Sie könnte immerhin die Theoriebildung fruchtbar beeinflussen. Insbesondere könnte die Analogie zwischen Sprachlichkeit und Religiosität – durch methodisch ähnliches Vorgehen beim Überprüfen der Hypothese eines Religiositätsinstinkts – Fruchtbarkeit entfalten. So ist es nicht abwegig, wenn man zur Erhellung verschiedener Facetten von Religiositätsentwicklung sprachtheoretische wie auch soziolinguistische Ansätze heranzieht. Zu denken wäre an Themen wie universale Grammatik (Chomsky 1965, Chomsyk 1995), Grammatik der Zeichensprache bzw. auch daran, wie „Sprach"-Lernprozesse tauber bzw. taubstummer Kinder vonstatten gehen (Emmorey 2002). Könnte es so etwas geben wie eine universale Grammatik religiöser Symbole, die auch taubstumme Kinder erlernen? Welche Einsichten für eine Theorie der Religiositätsentwicklung könnten aus einer Beobachtung der Prozesse des Fremdsprachenerwerbs oder der Übersetzung gewonnen werden? Wäre es denkbar, dass das Verhältnis von „religiöser" Sprache und „Alltagssprache" analog zum Verhältnis zweier Sprachen zu sehen sind, die während eines Übersetzungsprozesses mit einander in Beziehung gesetzt werden? Wenn Sprachentwicklung und Neuroplastizität des Gehirns zusammenhängen: Könnte es dann nicht auch sein, dass der Erwerb „religiöser" Sprache ebenfalls Auswirkungen auf die Ausbildung und Stabilität von Synapsen hat?

- Während Kognitionen seit geraumer Zeit Aufmerksamkeit gewidmet werden, rückte der Zusammenhang von Religiositätsentwicklung und *Emotionen,* erst seit kurzem – insbesondere durch die bahnbrechende Arbeit von Hartmut Beile (Beile 1998) – in den Bereich des religionspädagogischen

---

[14] Dabei dürfte nicht außer Acht gelassen werden, dass die Suche nach „Instinkten" psychologiegeschichtlich schon einmal in die Sackgasse unfruchtbarer Instinktkataloge geführt hatte.

Wahrnehmungshorizontes[15]. Allerdings ist Beiles Definition „Religiosität ist gleich Beziehung" (27) problematisch und seine Aussagen irritieren durch häufiges Oszillieren zwischen Religion und Religiosität. Zudem beschränkt sich Beile vor allem auf das Verhältnis von Emotionen und religiösem Urteil. Somit fehlt noch immer ein umfassender Zugang zur Bandbreite der emotionspsychologischen Diskussion. So wird es darauf ankommen, die Religiositätsentwicklung in Beziehung zu setzen zu den verschiedenen Emotionen wie Freude, Ärger, Angst[16], Ekel usw. sowie ihrer Ontogenese (Schneider / Dittrich 1990). Ferner muss ein adäquates Verständnis des Verhältnisses von Emotionen und Kognitionen zugrunde gelegt werden. Es wurde schon darauf hingewiesen, dass aus Sicht heutiger Psychologie sich diese selbstverständlich nicht (mehr) im Sinne eines „entweder – oder" gegenüberstehen, sich die Interdependenz von Kognitionen und Emotionen vielmehr als äußerst vielschichtig erweist (Dörner / Stäudel 1990) und es möglich ist, „Affekte als grundlegende Operatoren von kognitiven Funktionen" zu sehen (Ciompi 1997, 93). Es besteht die Gefahr, dass die Bandbreite der emotionspsychologischen Diskussion durch die religionspädagogische Wahrnehmung – ähnlich wie im Bereich „kognitiver Entwicklungstheorien" – wiederum allzu selektiv ausgefiltert wird. Das ginge zulasten einer integrativen Theorie der Religiositätsentwicklung, für die eine umfassendere Rezeption der Emotionspsychologie unverzichtbar ist. So enthalten beispielsweise die bindungstheoretischen Ansätze (Ainsworth 1978, Bowlby 1984, Spangler / Zimmermann 1999), die mittlerweile bis in den Therapiebereich (Scheuerer-Entlisch u.a. 2003) wirksam werden, bislang unentdecktes religionspädagogisches Potenzial. Für eine regional entgrenzte (d.h. auch für den außereuropäisch-außeramerikanischen Raum anwendbare) Theorie der Religiosität wird es ferner erforderlich sein, die kulturspezifische Bedeutung und sprachliche wie handlungsbezogene Kodierung von Emotionen in den Blick zu nehmen (Masuda / Nisbett 2001, Nisbett 2003). Zu integrieren sind jene neurophysiologisch-emotionspsychologischen Einsichten aus der Trauma-Forschung, die in therapeutischen Konzepten positiv wirksam werden. Der mittlerweile sehr erfolgreich angewandte, von Francine Shapiro entwickelte Ansatz „Eye Movement Desensitization and Reprocessing" (EMDR) lässt erkennen, welche Ressourcen der Glaube in Heilungsprozessen darstellt (Roukema 2004). Hier ließe sich eine Brücke zu dem wieder entfachten Interesse am therapeutischen Potenzial der großen Religionen schlagen, wobei gerade dieses Thema die Bedeutung des Verhältnisses von Kognitionen und Emotionen zentral in den Blick rückt.

---

[15]   Auch die (amerikanische) Religionspsychologie schenkt diesem Zusammenhang seit einiger Zeit (erneute) Aufmerksamkeit (Watts 1996, Hill / Hood 1999, Emmons / Paloutzian 2003).

[16]   Die Auseinandersetzung mit Angst machenden Gottesbildern geschieht auch von therapeutischer Seite. Vgl. A. Schweitzer 2000.

- Da fraglich ist, ob Kognitionen und Emotionen eine ausreichende theoretische Grundlage für die Erfassung und Beschreibung von Religiosität darstellen, wurde an anderer Stelle dieser Publikation vorgeschlagen, *Creditionen* als eine dritte – von Emotionen und Kognitionen abzugrenzende – Größe ins Spiel zu bringen[17]. Sollten sich Creditionen als eigenständig umschreibbare Größe erweisen lassen, dann wäre eine Theorie der Entwicklung von Religiosität so zu konzipieren, dass sie auch eine Theorie der „Entwicklung von Creditionen" enthält. Die Entwicklung von Creditionen müsste dann zu Theorien der Entwicklung von Kognitionen wie zu Theorien der Entwicklung von Emotionen in Beziehung gesetzt werden.

- Eine Theorie der Entwicklung von Religiosität hätte sich des weiteren mit der Frage zu beschäftigen, wie sich die *Interdependenz* der drei Größen erfassen und beschreiben lässt, zumal davon auszugehen ist, dass diese ihrerseits einer Entwicklung unterliegt. In diesem Zusammenhang müsste dann schließlich die Frage gestellt werden, wie die *quasi-homöostatische Balance* zwischen Kognitionen, Emotionen und Creditionen zu denken ist und ob sie ebenfalls einer Entwicklung unterliegt. Zumindest darf die Vermutung in den Raum gestellt werden, dass die hier unterstellte Balance-Fähigkeit nicht statisch ist, sondern von vielerlei Faktoren beeinflusst wird. Umgekehrt dürfte von der jeweiligen Ausprägung dieser Balance-Fähigkeit auch die Wahrnehmung und Bewertung der je innerpsychischen Prozesse (Introspektion) sowie der umgebenden Umwelt beeinflusst sein[18].

(b) An dieser Stelle wird deutlich, dass die Entwicklung von Religiosität nicht ausschließlich in Hinsicht auf das Individuum beschrieben werden kann. Da zudem jede Entwicklung im Spannungsfeld der Erbe-Umwelt-Problematik angesiedelt ist, spielen auch hinsichtlich der Entwicklung von Religiosität die soziokulturellen Rahmenbedingungen eine maßgebliche Rolle. Hier sind sowohl die kulturtheoretische Richtung der Religionspsychologie (van Belzen 2006) wie auch die Ansätze kontextueller Entwicklungstheorien zu veranschlagen. Auch ist der Blick auf jene Entwicklungstheorien zu lenken, die soziales Lernen sowie Begegnung mit Fremdem bzw. Fremden in den Mittelpunkt stellen. Auch für Fragen der Entwicklung männlicher und weiblicher Religiosität ist die soziokulturelle Perspektive unabdingbar. Bindungs- oder Gedächtnistheorien können beispielsweise aufzeigen, in welch subtiler Weise individuelle Entwicklung mit soziokulturellen Faktoren verknüpft ist. Derartige Überlegungen sind für die Religionspädagogik nicht grundsätzlich fremd, da es schon seit geraumer Zeit zu den fachlichen Selbstverständlichkeiten gehört, dass religiöse Entwicklung

---

[17] Vgl. Angel „Religiosität" in diesem Band.

[18] Anhand der europäischen Seuchengeschichte kann man feststellen, wie sehr sich die Wahrnehmungen des gleichen Katastrophenphänomens unterscheiden konnten. Aus den Unterschieden in der Wahrnehmung und Bewertung resultierten dementsprechend divergierende Handlungsreaktionen. Auf den Ausbruch einer Seuche konnte man durch Aufruf zur Wallfahrt ebenso reagieren wie durch einen energischen Kampf gegen die Prostitution (Angel 2004a).

nicht ohne sozialisatorische Einflüsse gedacht werden kann. Dementsprechend finden auch sozialisationstheoretische Konzepte Anklang[19]. Die soziokulturellen Rahmenbedingungen für die Entwicklung von Religiosität bieten ferner Anknüpfungspunkte für die heutige (christliche) Theologie und deren Interesse an den konkreten Lebensbedingungen, besonders auch der Randständigen einer Gesellschaft[20]. Allerdings wird diese Thematik innertheologisch meist ohne Bezug zu entwicklungspsychologischen Fragestellungen diskutiert.

Wenn für die konkrete Ausprägung von Religiosität der soziokulturelle Kontext ein unaufgebbarer Referenzrahmen ist, der Lernprozesse modulierend beeinflusst, dann bekommen Orte der Sozialisation maßgebliche Bedeutung. Den weitaus größten Teil der Aufmerksamkeit widmet die Religionspädagogik der Schule, so dass noch immer gegen die Fehleinschätzung anzukämpfen ist, Religionspädagogik und Religionsunterricht seien identisch. Doch auch die Familie, in begrenztem Maße sogar deren postmodernen Patchwork-Derivate, sind im Blick, wobei idealisierte Familienbilder noch immer ein erhebliches Gewicht haben. Die Jugendkultur ist, wie weiter oben schon festgestellt, in jüngster Vergangenheit intensiv Gegenstand empirischer Untersuchungen geworden; ihnen liegen bislang allerdings keine kompatiblen Religiositätskonzepte zugrunde (Angel 2004b). In geringerem Maße werden auch Universität (Nastainczyk 1986) und Kindergarten (Habringer-Hagleitner 2006) als Orte reflektiert, die für die Ausprägung von Religiosität Bedeutung haben. Diese kann ferner durch religiöse Gemeinschaften, Zentren oder Klöster spezifisch beeinflusst werden (Heufelder 1948, Kirchner 1994). Grundsätzlich ist zu unterstellen, dass die Selbstartikulation bezüglich der jeweils individuellen Entwicklung von Religiosität auch von den Erwartungshaltungen und Kommunikationsmustern der verschiedenen Kontexte beeinflusst ist: Wer also als Schüler in einem christlichen Internat über seine religiöse Entwicklung spricht, wird vermutlich auf ein anderes Sprachspiel zurückgreifen, als jemand, der ohne Kontakt zu einer religiösen Gemeinschaft aufwächst. Verbindet man für die Formulierung einer integrativen Theorie der Entwicklung von Religiosität Entwicklungspsychologie mit Sozialpsychologie, kommen weitere Themen, wie z.B. *Forgiveness* oder *Altruismus* (Samariter-Syndrom, Spieltheorie) in den Blick. Ihnen kommt gegenwärtig außerhalb der Religionspädagogik verstärkte wissenschaftliche Aufmerksamkeit zu.

Die Thematik der Religiositätsentwicklung darf allerdings nicht ausschließlich vor dem Hintergrund einer halbwegs passabel lebenden europäischen oder amerikanischen Mittelklasse reflektiert werden. Die Traumaforschung wurde weiter oben schon angesprochen. Welchen Beitrag spielt Religiosität, wenn es um die Verarbeitung von Traumatisierungen geht? Oder ist Religiosität womöglich gar ein Faktor, der zur Produktion traumatischer Erfahrungen beitragen

---

[19]   Vgl. Jakobs und Pirner in diesem Band.

[20]   Aus religionspädagogischer Sicht ist hier auf das Compassion-Projekt aufmerksam zu machen (Gönnheimer / Kuld 1998, Gönnheimer / Kuld 2004).

kann? Wie oft waren es gerade Auseinandersetzungen um die Ausprägung von Creditionen, die in Unterdrückung, Gewalt, Folter und Morde mündeten. Insofern ist die Religiositätsthematik von innen her in besonderer Weise mit dem Traumatisierungsthema eng verbunden, wie die Geschichte der Unterdrückung von Glaubenden über die Jahrhunderte hinweg erschütternd zeigt. Die Versuche, „Glauben" (d.h. bestimmte Ausprägungen von „Creditionen") zu brechen, sind Legion: Gläubige erfuhren immer wieder physische und psychische Gewalt, von den Märtyrerinnen und Märtyrern der frühen Kirche bis hin zu den Opfern in den nationalsozialistischen und stalinistischen Folterkammern. Creditionen versuchte man zu brechen, indem man Kinder oder Verwandte von Gläubigen bedrohte. Kollektiver Mord, Genozid und Shoa sind Folge von aggressivem Verhalten gegen diejenigen, die auf eine bestimmte Ausprägung von Creditionen als Eckstein für ihre Lebensentwürfe bauten. Auch die Geschichte der christlichen Missionierung zeigt sich verstrickt in Versuche, Creditionen, seien es solche von jüdischen oder solche von nicht-christlichen Gläubigen, gewalttätig zu manipulieren. Immer wieder waren es gerade „Creditionen" (z.B. „Glaube" an eine materialistische Welt ohne Gott, an den Sieg des Proletariats, an eine arische Vorherrschaft, an die „Minderwertigkeit" von Völkern, Ethnien oder Rassen), die in Verbindung mit Macht zu aggressiver Brutalität führten. Wie können Creditionen Gewalt und Brutalität hervorrufen? Hängt das damit zusammen, dass in solchen Fällen das individuelle oder kollektive (quasi-homöstatische) Gleichgewicht bedroht ist und Angst und Hass massiven Einfluss auf die Ausprägung von Creditionen nehmen können[21]? Diese Frage ist von globaler Bedeutung in einer Zeit, in der ein „Kampf der Kulturen" in den Horizont gerückt wird und die Bruchlinien gerade mit unterschiedlichen „Religionen" in Verbindung gebracht werden (Huntington 1996). Hier ist dringend erforderlich, die irreführende (und politisch exzellent funktionalisierbare) Fixierung auf „Religionen" zu sprengen und durch den Blick auf „Religiosität" und ihre individuellen Ausprägungen zu erweitern!

(c) Der Mensch ist in der Entwicklung seiner Religiosität nicht festgelegt. Möglich ist eine große Spannbreite zwischen Formation und Deformation, zwischen „normal" und „verrückt" (Foucault 1969). Das – selbstverständlich höchst relevante – Spannungsfeld zwischen pathologischer und gesunder Entwicklung von Religiosität wird von der heutigen Religionspädagogik kaum behandelt, obwohl Autoren wie Tilmann Moser und Erwin Ringel noch immer großes Publikumsinteresse erregen. Wenn man Überlegungen darüber anstellt, was unter einer „gesunden" Religiosität zu verstehen ist, sind jene in Medizin bzw. Psychologie bekannten Klassifizierungs- bzw. Zuordnungsprobleme zu veranschlagen, die mit der Frage zusammenhängen, welche Konstitutionen bzw. welches Verhalten als „gesund" oder „krank" gelten sollen. Die Kriterien dafür, was unter „normal" zu verstehen ist, sind kultur- und weltbildabhängig (Canguilhem 1977).

---

[21] Die Mentalitätsgeschichte konnte eindrucksvoll zeigen, zu welchen gesellschaftlichen Veränderungen es in Zeiten kollektiver Ängste gekommen ist (Delumeau 1985).

Dies gilt auch für Kriterien bezüglich der Entwicklung einer nicht-deformierten Religiosität. So gab es für die antike Medizin zwischen bestimmten Formen der Epilepsie und der Sphäre des Göttlichen einen – wenngleich kontrovers gesehenen – Zusammenhang, der sich sogar in der Namensgebung „hiera nosos (heilige Krankheit)" ausdrückte (Wickersheimer 1960, Leven 2005). Auch Anton Buchers instruktiver Überblick über tiefenpsychologisch beeinflusste Interpretationen religiöser Biographien zeigt deutlich, dass pathologische „Befunde" religiöser Entwicklung in hohem Maße von den zugrunde liegenden (soziokulturell und zeitgeschichtlich geprägten) Deutemustern der jeweiligen Autor/innen beeinflusst sind (Bucher 2004, 17–79). Es ist bekannt, dass auch eine gendersensible Perspektive in diesen Fragen zu anderen Ergebnissen kommt als traditionelle patriarchale Zugänge.

Bislang weiß man relativ wenig darüber, wie sich eine „gesunde" oder „normale" Entwicklung eines Menschen zur Entwicklung seiner Religiosität verhält. Es ist vermutlich einfach vorstellbar, dass es bei einem Menschen trotz Krankheit, Behinderung oder großer psychischer Belastung zu einer „gesunden" Ausprägung von Religiosität kommt. Dass dies auch tatsächlich häufig der Fall war, kann die Geschichte der Heilpädagogik eindrucksvoll belegen (Nastainczyk 1957). Doch ist es im Gegenzug auch denkbar, dass man einer stabilen und in sich gefestigten Persönlichkeit gegenübersteht, deren Religiosität sich in „krankhafter" oder „pathologischer" Weise entwickelt hat? Wie und in welchem Ausmaß beeinflusst eine gesunde/pathologische Entwicklung von Religiosität die Entwicklung der gesamten Persönlichkeit? Was passiert, wenn sich Religiosität in „deformierter" Weise entwickelt? Anhand welcher Phänomene wird dies erkennbar?

Die Frage ist bislang so kaum gestellt, und dementsprechend vorsichtig ist mit bisherigen Untersuchungen umzugehen. Generell ist darauf aufmerksam zu machen, dass die Religionsgeschichte, speziell auch die Geschichte der jüdisch-christlichen Tradition, nicht wenige eindrucksvolle Persönlichkeiten kennt, bei denen die Grenzlinie zwischen „gesunder" und „pathologischer" Entwicklung unscharf ist. So lassen sich einige der alttestamentliche Prophetengestalten (z.B. Jeremias oder Amos), aber auch manche große Heilige des Christentums (z.B. Johannes von Gott oder Nikolaus von der Flüe) mit einer Klassifikation „gesund-krank" nur bedingt erfassen. Das gleiche gilt für manche der exzentrischen religiösen Strömungen – wie das mittelalterliche Flagellantentum oder die im Umfeld der großen Pandemien des Mittelalters entstandene Bewegung „Narren für Christus". Für die Theologie stellt sich damit die grundsätzliche Frage, wo die Grenzen menschlicher Erfahrungen anzusetzen sind. „Von der Existenz Gottes auszugehen, ist der progressivste, der am weitesten vorausschreitende und transzendierbare Grenzen überschreitende Ansatz zu einem theologischen Verständnis von Grenzerfahrungen" (Biesinger / Kiessling 2003, 65).

Wenn aus theologischer Sicht die Kategorien „gesund" und „krank" in einen weiteren Horizont zu stellen sind, dann kann dies auch als kritisches Korrektiv gegenüber einem bisweilen allzu biologistischen Gesundheitsverständnis einer Apparate-Medizin dienen, deren Einteilungsschemata für die Frage nach einer pathologischer Entwicklung von Religiosität nicht unkritisch übernommen werden dürfen.

Versucht man, deformierte Religiosität von einem *theologischen Standpunkt* aus in den Blick zu bekommen, stößt man auf Phänomene wie Besessenheit, Skrupulantentum oder Bigotterie. Offensichtlich werden diese Ausdrücke verwendet, um eine pathologische Entwicklung zu signalisieren. Es können aber auch zentrale theologische Kategorien wie Sünde und Laster auf eine problematische oder pathologische Entwicklung von Religiosität hinweisen.

Untersucht man eine pathologische Entwicklung von Religiosität von einem dezidiert *medizinischen bzw. psychologischen* Standpunkt aus, so stößt man auf eine andere Palette von Themen, wie z.B. Aggressivität, Gewalt, Kriminalität, Angst, Exzentrik, Wirklichkeitsverlust, Neurose, Hysterie, Wahn, Depression, Autismus, Borderline o.ä.. Sie alle können völlig ohne Bezug zum Phänomen Religiosität thematisiert werden, sie können mit diesem aber auch in unterschiedlicher Weise verknüpft sein. Schon Karl Girgensohn hatte festgestellt, dass bestimmte Formen von Ekstase „natürlich nur ein Symptom für eine schwere Erkrankung des psychischen Organismus" seien (Girgensohn 1921, 629). Mit der Verbindung von religiösen und medizinischen Perspektiven folgte er einer Linie, die schon von der frühen amerikanischen Religionspsychologie vorgezeichnet war. Doch wie treffgenau sind medizinisch-psychologische Kategorien, wenn sie sich auf Ausprägungen von Religiosität beziehen? In den 1950er und 1960er Jahren fanden – um nur ein Beispiel zu nennen – pathologische Religiositätsstile unter dem Stichwort „ekklesiogene Neurosen" (Spring u.a. 1996) eine gewisse Aufmerksamkeit. Doch scheint bezüglich des Zusammenhangs zwischen Neurotizismus und religiöser Orientierung der Befund nicht eindeutig (Hark 1985, Thomann 2004). Auf der Basis bisheriger Untersuchungen scheint auch strittig, ob und in welcher Weise ein Zusammenhang zwischen Depression und religiöser Erfahrung/Einstellung besteht (Dörr 1992). Im Zusammenhang des in jüngster Zeit erwachten „neurotheologischen"[22] Interesses rückte auch die Epilepsieforschung – erneut – in den Blick. Die medizinhistorische Forschung will in retrospektiver Diagnostik für manche der mystischen Erfahrungen großer Persönlichkeiten oder Heiliger wie z.B. Paulus, Theresia von Avila oder Jeanne d'Arc epileptische Erkrankungen verantwortlich machen[23]. Hintergrund ist, dass es in Phasen bestimmter epileptischer Anfälle (v.a. der Temporallappen-Epilepsie) zu Intensiverfahrungen kommt, von denen die Patienten nicht selten mit traditionell „religiöser" Begrifflichkeit berichten. Zur Beschreibung derartiger Erfahrungen ist in der klinischen Psychologie sogar der Ausdruck „Hyperreligiosität" anzutreffen. Die Thematik ist jedoch nicht so neu, wie es gegenwärtig den Anschein hat. Schon in der Frühzeit ihrer akademischen

---

[22]   Der Begriff ist leicht handhabbar, aber sachlich unangemessen (Angel 2002 sowie Angel „Das Religiöse" in diesem Band).

[23]   Vgl. die Übersicht bei Saver / Rabin 1997.

Verankerung konstatierte die Psychologie einen Zusammenhang von pathologischem Verhalten und religiöser Erfahrung (vgl. Bucher 2004, bes. 17–25), wobei sie einen aus heutiger Sicht bisweilen geradezu naiv anmutenden Positivismus an den Tag legte.

Allerdings interessieren sich weder die Psychologie noch die Religionspädagogik übermäßig für das Thema pathologischer Religiositätsentwicklung. In einschlägigen Handbüchern der Religionspädagogik (Hilger / Leimgruber / Ziebertz 2001, Mette / Rickers 2001, Bitter u.a. 2002) fehlt die Thematik genauso wie in denen der Entwicklungspsychopathologie (Petermann u.a. 1998, Resch u.a. 1999), die noch immer darauf verzichtet, Religiosität überhaupt zu reflektieren.

Das ist umso erstaunlicher, als die Bedeutung von Religiosität (und ihrer Entwicklung) für Gesundheit und Krankheit in den letzten 10-15 Jahren zu einem „heiß umkämpften Forschungsfeld" avancierte, das die Zahl der Publikationen sprunghaft ansteigen ließ (Schmitz 1992, 131). Dass die Befunde bislang widersprüchlich[24] sind, braucht schon angesichts der widersprüchlichen und ungeklärten Religiositätskonzepte nicht zu verwundern. Meta-Analysen ließen erkennen, dass der Ausprägung von Religiosität eine dominierende Rolle zukommt, und vor allem eine – im Sinne Allports – starke intrinsische Religiosität positive Wirkung hat.

Eine positive Funktion des Religiösen wird auch mit anderen Schlagwörtern verbunden: Religion als Bewältigungshilfe, als Sozialisierungskontrolle oder als Integrationsfaktor bei psychischen Störungen. Die „therapeutische Wirkung" des Betens ist gut belegt (Schmitz 1992, 151) und die Bedeutung des religiösen Aspekts für den Erfolg von Therapien wird mittlerweile konfessionsspezifisch differenziert gesehen (Richard / Bergin 2000). Doch geht es bei der Thematik „Religiosität und Gesundheit" nicht nur um Konzepte von Religiosität, sondern auch um die Fragen „Was ist Gesundheit?" und damit implizit: „Was ist Medizin?" Für das Konzept Religiosität wäre es zumindest heuristisch interessant, die unterschiedlichen medizinischen Konzepte bzw. Heilungsverfahren daraufhin zu überprüfen, welche Bedeutung darin „Creditionen" bzw. „Balanceprozessen" zugemessen wird. Hier wäre etwa an jene therapeutischen Richtungen zu denken, die mit Stress- und Belastungsreduktion arbeiten (Grossarth-Maticek 2000, Servan-Schreiber 2004). Auch für die schon genannte Psychoneuroimmunologie (PNI) könnte es aufschlussreich sein, der Bedeutung von Creditionen Aufmerksamkeit zu widmen. Das gleiche gilt für die Erfahrungen der sog. „alternativen" Medizin, denen in jüngster Zeit sogar die sog. „klassische" Medizin Interesse entgegenbrachte. Auch bei diesem Aspekt ist wiederum darauf zu achten, dass ein Religiositätskonzept nicht ausschließlich aus einer eurozentrischen

---

[24] Ärgerlich ist noch immer das Wahrnehmungsdefizit einer wissenschaftlichen Psychologie, die Ergebnisse religionspsychologischer Forschung verzerrt oder einseitig präsentiert, etwa wenn ausschließlich die negative Korrelation hervorgehoben wird (so etwa Traue 1998, 284).

Perspektive entwickelt wird. So wäre darzustellen, wie das bisher Gesagte etwa – um nur ein Beispiel anzuführen – mit dem Phänomen des „Geistheilens" in Verbindung gebracht werden kann, das außerhalb des europäisch-amerikanischen Kulturkreises, z.B. auf den Philippinen (Licauco 1983) noch immer relativ weit verbreitet ist (Obrecht 1999).

In das Nahfeld pathologischer Kategorien gehört schließlich auch der Bereich der „außergewöhnlichen" Erfahrung. Allerdings zeigt sich die kulturhistorische Bedingtheit theoretischer Interpretation hier besonders nachdrücklich. „Im Verlauf der menschlichen Kulturgeschichte wurden außergewöhnliche Erfahrungen nicht immer mit anomalen oder pathologischen Erlebnissen und Zuständen gleichgesetzt. Vielmehr ist diese Entwicklung erst in den letzten 150 Jahre entstanden" (Kohls 2004, 172). Für die Frage nach den Erscheinungsmodi, die bei der Ausprägung von Religiosität im Blick zu behalten sind, wäre es vermutlich interessant, sie neu zu betrachten. Obwohl die gegenwärtige Psychologie diesen Phänomenen noch immer mit großem Vorbehalt begegnet, beginnt sie doch, sich ihnen unbefangener zu nähern. Aus neuropsychologischer Sicht erregte der Ansatz von Peter Brugger Aufmerksamkeit, der außergewöhnliche Erfahrungen auf Wahrnehmungsprozesse zurückführt, für die er den Begriff „Apophänie" verwendet. Unter Apophänie versteht man „die plötzliche Wahrnehmung von Verbindungen und Bedeutungen von nicht miteinander in Zusammenhang stehenden Phänomenen" (Brugger 2001, Brugger 2003, Leonard / Brugger 1998). „Grenzerfahrungen" und ihre Bewertung spielen auch bei den Kontroversen um die Wissenschaftlichkeit der „Transpersonalen Psychologie" eine erhebliche Rolle. Stanislaw und Christina Grof stehen für die Auffassung, „dass es sich bei einigen der dramatischen Erfahrungen und ungewöhnlichen Geistesverfassungen, die von der klassischen Psychiatrie als Geisteskrankheiten diagnostiziert und behandelt werden, in Wirklichkeit um Krisen bei der persönlichen Transformation, um spirituelle Notfälle handelt" (Grof / Grof 1990, 10). Von hier ergeben sich Verbindungen und Anknüpfungen an die Bekehrungsthematik, die seit den Anfängen der (amerikanischen) Religionspsychologie zu den besonders intensiv beobachteten Phänomenen gehört (Hall 1891, Leuba 1912).

Die skizzierten Aspekte sind keineswegs vollständig, ihre Bedeutung für eine Theorie der Religiosität und ihrer Entwicklung müsste noch schärfer konturiert und systematisch herausgearbeitet werden. Aber immerhin lassen sie erkennen, dass das Erarbeiten einer Theorie der Religiosität und ihrer Entwicklung in einer komplexen Forschungslandschaft angesiedelt ist.

(d) Die Vielzahl der Bezüge wirft schließlich ein markantes Licht auf einen weiteren Aspekt: Kann und soll man die Entwicklung von Religiosität beeinflussen? Angesichts der Spannweite, in der sich die Ausprägung von Religiosität vollziehen kann, sowie der globalen Bedeutung, die den potenziellen Ausprägungen zukommt, rückt die Bedeutung des Themas „Ausrichtung der Religiositätsentwicklung" drastisch vor Augen. Die Frage nach einer möglichen Beeinflussung bzw. Unterstützung der Religiositätsentwicklung ist allerdings untrennbar mit der Frage nach den dabei zu verfolgenden Zielen verbunden. Die Thematik wird traditionell unter dem Stichwort „Ziele religiöser Erziehung"[25] reflektiert. Spätestens seit den 1970er Jahren wurde im Zusammenhang der Curriculumsfrage auch die Bedeutung von Zielen für religiöse Lernprozesse bewusst (Hemel 1988). Die Frage nach Zielen religiöser Entwicklung ist vor dem Hintergrund einer Religiositätstheorie jedoch eher so zu formulieren, dass nach möglichen, sinnvollen und hilfreichen Zielen bei der Förderung der Religiositätsentwicklung gefragt wird. In welchem Ausmaß etwa Barmherzigkeit, Friedfertigkeit, Gerechtigkeit oder Wahrhaftigkeit individuell oder sozial geschätzt werden, hängt auch davon ab, welche Ausgestaltung von Religiosität gefördert und kultiviert wird. Während Kognitionen – und zunehmend auch Emotionen – als Herausforderung für Bildungskonzepte gesehen werden, werden Creditionen bislang gesellschaftlich marginalisiert. Ihre Wirksamkeit wird unterschätzt und die Notwendigkeit einer entwicklungsbezogenen Unterstützung und Pflege geradezu dramatisch verkannt. Das Ausblenden der Wirksamkeit von Creditionen überlässt diese aber weitgehend einem Wildwuchs und öffnet die Wege für ihre Funktionalisierung bezüglich gesellschaftlicher, politischer oder wirtschaftlicher Ziele. Markante gesellschaftliche Größen, denen es um die Kultivierung von Creditionen zu tun ist, waren bis vor kurzem in erster Linie die Kirchen in ihren unterschiedlichen Konfessionen. Sie zählen gegenwärtig aber noch immer zu jenen Instanzen, die sich der Herausforderung stellen, Erfahrungen im Bereich der Creditionen in die Sprache von Kognitionen und Emotionen zu übersetzen[26]. Eine christlich orientierte Religionspädagogik wird sich hier einem unabschließbaren Prozess der Vermittlung nicht entziehen und Creditionen angesichts des christlichen Propriums ins Gespräch bringen, demzufolge eine untrennbare Verbindung von *glauben*, hoffen und lieben gegeben ist. Allerdings ist die Frage nach den Zielen religiöser Erziehung nicht mehr Gegenstand dieses Beitrags.

Literatur

Ainsworth, M. u.a.: Patterns of attachment. A psychological study of the strange, Hillsdale 1978.

Angel, H.-F.: Aufruf zur Wallfahrt oder Kampf gegen die Prostitution. Problematik und Wirksamkeit christlicher Katastrophendeutungen, in: Pfister, C. / Summermatter, S. (Hg.): Katastrophen und ihre Bewältigung, Bern / Stuttgart / Wien 2004 (= Berner Universitätsschriften Nr. 49), 120–144 (= Angel 2004a).

---

[25] Diese Diskussion ist bislang allerdings selten ausdrücklich auf die Entwicklung von Religiosität bezogen.

[26] Das Zueinander von Glaube, Denken und Fühlen im Blick einer ganzheitlichen (und zwar heilvollen) individuellen und sozialen Entwicklung ist eine der Triebfedern für die Etablierung der wissenschaftlichen Theologie.

Angel, H.-F.: Neurotheologie – Die Neurowissenschaften auf der Suche nach den biologischen Grundlagen menschlicher Religiosität, in: Religionspädagogische Beiträge 49/2002, 107–128.

Angel, H.-F.: Religion in Europa. Ein Literaturbericht, in: rhs 4/2004, 221–230 (= Angel 2004b).

Ariès, Ph.: Geschichte der Kindheit, München 1975.

Arnold, K.: Kind und Gesellschaft in Mittelalter und Renaissance, Paderborn / München 1980.

Bäumer, F.-J.: Religionspädagogische Vorstellungen vom Kind im Spiegel didaktischer Entwicklungen, in: Religionspädagogische Beiträge 25/1990, 110–125.

Beile, H.: Religiöse Emotionen und religiöses Urteil, Ostfildern 1998

Bem, S.L.: Lenses of Gender. Transforming the Debate on Sexual Inequality. New Haven / London 1993.

Belzen, J.A. van: Cultural psychology of religion: perspectives, challenges, possibilities, in: Aletti, M. 2006 (im Druck).

Belzen, J.A. van: Errungenschaften, Desiderata, Perspektiven – Zur Lage der religionspsychologischen Forschung in Europa, 1970–1995, in: Henning, C. / Nestler, E. (Hg.): Religion und Religiosität zwischen Theologie und Psychologie, Frankfurt/M. 1998, 131–158.

Belzen, J.A. van: The psychology of religion in Europe – a contextual report; in: Pastoral Psychology, 1998, 46 (3), 145–162.

Biesinger, A. / Kiessling, K.: Christliche Kontemplation und Meditation als Grenzerfahrung. Ein religionspädagogischer Beitrag zum interdisziplinären Dialog von Psychiatrie und Theologie, in: Klosinski, G. (Hg.): Grenz- und Extremerfahrungen im interdisziplinären Dialog, Tübingen 2003, 63–75.

Biesinger, A. / Virt, G.: Religionsgewinn durch religiöse Erziehung, Salzburg 1986.

Bitter, G. / Englert, R. / Miller, G. / Nipkow, K.E. (Hg.): Neues Handbuch religionspädagogischer Grundbegriffe, München 2002.

Bovet, Th.: Die Angst vor dem lebendigen Gott, Tübingen 1950.

Bowlby, J.: Bindung, Frankfurt/M. 1984.

Brugger, P.: Extrasensory Perception or Effect of Subjective Probality?, in: Journal of Consciousness Studies 10/2003, 221–246.

Bruner, J.S.: Wie das Kind sprechen lernt, Bern 1987.

Bucher, A.A. / Oser, F.: Hauptströmungen in der Religionspsychologie, in: Frey, D. / Graf Hoyos, C. / Stahlberg, D. (Hg.): Angewandte Psychologie, München 1988, 466–486.

Bucher, A.A. / Reich, K.H. (Hg.): Entwicklung von Religiosität, Fribourg 1989.

Bucher, A.A.: Entwicklungspsychologie, in: Mette, N. / Rickers, F. (Hg.): Lexikon der Religionspädagogik, Neukirchen-Vluyn 2000, Bd. 1, 411–417.

Bucher, A.A.: Psychobiographien religiöser Entwicklung, Stuttgart 2004

Bucher, A.A.: Religionspädagogik und empirische Entwicklungspsychologie, in: Ziebertz, H.-G. / Simon, W. (Hg.): Bilanz der Religionspädagogik, Düsseldorf 1995, 28–46.

Buggle, F.: Denn sie wissen nicht, was sie glauben. Oder warum man redlicherweise nicht mehr Christ sein kann, Reinbek b. Hamburg 1992.

Canguilhem, G.: Das Normale und das Pathologische, Frankfurt/M. / Berlin / Wien 1977.

Chomsky, N.: Aspects of the Theory of Syntax, Cambridge/Mass. 1969.

Chomsky, N.: Syntactic Change. A Minimalist Approach to Grammaticalization, Cambridge/Mass. 2003.

Ciompi, L.: Die emotionalen Grundlagen des Denkens. Entwurf einer fraktalen Affektlogik, Göttingen 1997.

Delumeau, J.: Die Angst im Abendland. Die Geschichte kollektiver Ängste im Europa des 14. bis 18. Jahrhunderts, 2 Bde., Reinbek b. Hamburg 1985.

Dörner, D. / Stäudel, Th: Emotion und Kognition, in: Scherer, K.R. (Hg.): Psychologie der Emotion (= Enzyklopädie der Psychologie, Themenbereich C, Serie IV, Bd. 3) Göttingen / Toronto / Zürich 1990,293–343.

Dörr, A.: Religiosität und Depression, in: Schmitz, E.: Religionspsychologie, Göttingen 1992, 159–180.

Edelstein, W. / Hoppe-Graff, S.: Die Konstruktion kognitiver Strukturen. Perspektiven einer konstruktivistischen Entwicklungspsychologie, Bern 1993.

Emmons, R.A. / Paloutzian, R.F.: The Psychology of Religion, in: Annual Review of Psychology 54 (2003), 377– 402.

Emmorey, K.: Language, Cognition and the Brain. Insights for Sign Language Research, Mahwah NJ 2002.

Erikson, E.H.: Identität und Lebenszyklus, Frankfurt 1966.

Fletcher, P. / MacWhinney, B. (Hg.): The Handbook of Child Language, Oxford 2004.

Foucault, M.: Wahnsinn und Gesellschaft. Eine Geschichte des Wahns im Zeitalter der Vernunft, Frankfurt/M. 1969.

Fowler, J.W.: Stufen des Glaubens, Gütersloh 1991.

Fraas, H.-J.: Die Religiosität des Menschen. Ein Grundriss der Religionspsychologie, Göttingen 1990.

Friedlmeier, W. / Holodynski, M. (Hg.): Emotionale Entwicklung, Heidelberg / Berlin 1999.

Gardner, H.: Kreative Intelligenz, Frankfurt / New York 1999.

Gilligan, C.: Die andere Stimme. Lebenskonflikte der Frau, München 1984.

Girgensohn, K.: Der seelische Aufbau des religiösen Erlebens, Leipzig 1921.

Gönnheimer, St. / Kuld, L. (Hg.): Praxisbuch Compassion – Soziales Lernen an Schulen, Donauwörth 2004.

Gönnheimer, St. / Kuld, L.: Das Compassion-Projekt. Zwischenbericht über einen Modellversuch, in: Christ in der Gegenwart 42 (1998),357–359.

Grof, S. / Grof, Chr.: Spirituelle Krisen. Chancen der Selbstfindung, München 1990.

Grom, B.: Für eine Religionspädagogik ohne Psychologiedefizit, in: Katechetische Blätter, 127 (2002), 293–297.

Grom, B.: Religionspädagogische Psychologie, 5. vollst. überarb. Aufl., Düsseldorf 2000.

Grossarth-Maticek, R.: Autonomietraining. Gesundheit und Problemlösen durch Anregung der Selbstregulation, Berlin / New York 2000.

Habringer-Hagleitner, S.: Wahrnehmen, zur Sprache bringen und lieben, was ist. Ein religionspädagogisches Modell für das Zusammenleben im Kindergarten heute, Stuttgart 2006.

Hall, G.St.: Untersuchungen des Phänomens der Bekehrung, New York 1891.

Hark, H.: Neurose und Religion, in: Archiv für Religionspsychologie 17 (1985), 21–73.

Heine, S.: Grundlagen der Religionspsychologie, Göttingen 2005.

Hemel, U.: Ziele religiöser Erziehung, Frankfurt/M. 1988.

Hennig, J. / Netter, P. (Hg.): Biopsychologische Grundlagen der Persönlichkeit, München 2005.

Heufelder, E.: Der Weg zu Gott nach der Regel des heiligen Benedikt, St. Ottilien 1948.

Hilger, G. / Leimgruber, St. / Ziebertz, H.-G. (Hg.): Religionsdidaktik, München 2001.

Hill, P.C. / Hood, R.W. (Hg.): Measures of Religiosity, Birmingham AL 1999.

Hofmann, B.F.: Kognitionspsychologische Stufentheorien und religiöses Lernen, Freiburg u.a. 1991.

Hogger, J.: Die Kinderpsychologie Augustins, München 1937.

Holmsten, G.: Jean Jacques Rousseau, Reinbek 1972.

Huber, H.P.: Religiosität als Thema der Psychologie und Psychotherapie, in: Schmidinger, H. (Hg.): Religiosität am Ende der Moderne, Innsbruck 1999, 94–123.

Huntington, S.: Der Kampf der Kulturen, München 1996.

Keller, H. (Hg): Lehrbuch Entwicklungspsychologie, Bern 1998.

Kirchner, B.: Benedikt für Manager, Wiesbaden 1994.

Klann-Delius, G.: Spracherwerb, Stuttgart 1999.

Koenig, H.G. / Cohen, H.J.: The Link between Religion and Health. Psychoimmunology and the Faith Factor, Oxford 2002.

Koenig, H.G.: The Connection between Psychoneuroimmunology and Religion, in: Koenig / Cohen 2002, 11–31.

Kohlberg, L.: Die Psychologie der Moralentwicklung, Frankfurt/M. 1996.

Kohls, N.B.: Außergewöhnliche Erfahrungen – Blinder Fleck der Psychologie, Münster 2004.

Korherr, E.J.: Von Freud bis Drewermann. Tiefenpsychologie und Religionspädagogik, Innsbruck 1993.

Leuba, J.H.: A Psychological Study of Religion, New York 1912.

Leven, K.-H.: Heilige Krankheit, in: Leven, K.-H. (Hg.): Antike Medizin, München 2005, 390.

Licauco, J.T.: Geistheilen auf den Philippinen, Schaffhausen 1983.

Masuda, T. / Nisbett, R.E.: Attending Holistically Versus Analytically, in: Journal of Personality and Social Psychology 81 (2001), 929–934.

Mette, N. / Rickers, F. (Hg.): Lexikon der Religionspädagogik, Neukirchen-Vluyn 2001.

Miller, P.: Theorien der Entwicklungspsychologie, Heidelberg / Berlin / Oxford 1993.

Miller, W.R. / Thoresen, C.E.: Spirituality, Religion, and Health, in: American Psychologist, Jan. 2003, 24–35.

Moser, T.: Gottesvergiftung, Frankfurt/M. 1976.

Nastainczyk, W.: Christsein lernen mit und von Kindern. Paidotrope religionspädagogische Spuren- und Zukunftssuche, in: Religionspädagogische Beiträge 35/1995,43–56.

Nastainczyk, W.: Hochschule, in: Bitter, G. / Miller, G. (Hg.): Handbuch religionspädagogischer Grundbegriffe, München 1986,160–163.

Nastainczyk, W.: Johann Baptist von Hirschers Beitrag zur Heilpädagogik, Freiburg i.Br. 1957.

Nisbett, R.E.: The Geography of Thought. Why We Think The Way We Do, London 2003.

Obrecht, A.J.: Die Welt der Geistheiler, Wien / Köln / Weimar 1999.

Oerter, R. / Montada, L. (Hg): Entwicklungspsychologie, München [3]1995.

Oerter, R.: Ein handlungstheoretischer Zugang zur Religiosität, in: Oser, F. / Reich, K.H. (Hg.): Eingebettet ins Menschsein: Beispiel Religion, Lengerich 1996, 24–40.

Oser, F. / Gmünder, P.: Der Mensch – Stufen seiner religiösen Entwicklung, Zürich / Köln 1984.

Pargament, K.I.: The Psychology of Religion and Coping, New York 1997.

Petermann, F. / Kusch, M. / Niebank, K.: Entwicklungspsychopathologie, Weinheim 1998.

Piaget, J: Sprechen und Denken des Kindes (1923), Frankfurt/M. 1983.

Polak, R. (Hg.): Megatrend Religion? Neue Religiosität in Europa, Ostfildern 2002.

Reich, H.: The Role of Cognition in Religious Development. The contribution of Relational and Contextual Reasoning (RCR), (Diss.) Utrecht 2004.

Renggli, F.: Selbstzerstörung aus Verlassenheit. Die Pest als Ausbruch einer Massenpsychose im Mittelalter – Zur Geschichte der frühen Mutter-Kind-Beziehung, Hamburg 1992.

Resch, F. u.a.: Entwicklungspsychopathologie des Kindes- und Jugendalters, Weinheim 1999.

Richards, P.S. / Bergin, A.E. (Hg.): Handbook of Psychotherapy and Religious Diversity, Washington 2000.

Ringel, E. / Kirchmayr, A.: Religionsverlust durch religiöse Erziehung, Wien / Freiburg / Basel 1985.

Roukema, R.W.: Counceling for the Soul in Distress, New York / London / Oxford ²2003.

Sandt, F.-O.: Religiosität von Jugendlichen in der multikulturellen Gesellschaft. Eine qualitative Untersuchung zu atheistischen, christlichen spiritualistischen und muslimischen Orientierungen, Münster / New York 1996.

Saver, J.L. / Rabin, J.: The Neural Substrates of Religious Experience, in: Salloway, St. / Malloy, P. / Cummings, J.L. (Hg): The Neuropsychiatry of Limbic and Subcortical Disorders, Washington / London 1997, 195–207.

Scheuerer-Entlisch, H. / Suess, G.J. / Pfeifer, W.-K. (Hg.): Wege zur Sicherheit. Bindungswissen in Diagnostik und Intervention, Gießen 2003.

Schmitz, E.: Religion und Gesundheit, in: Ders.: Religionspsychologie, Göttingen 1992, 131–158.

Schneider, K. / Dittrich, W.: Evolution und Funktion von Emotionen, in: Scherer, K.R. (Hg.): Psychologie der Emotion (= Enzyklopädie der Psychologie, Themenbereich C, Serie IV, Bd. 3) Göttingen / Toronto / Zürich 1990, 41–114.

Schnell, T.: Implizite Religiosität – Zur Psychologie des Lebenssinns, Lengerich 2004.

Schulter, G. / Neubauer, A.: Zentralnervöse Grundlagen der Persönlichkeit, in: Hennig, J. / Netter, P. (Hg.). Biopsychologische Grundlagen der Persönlichkeit, München 2005, 35–190.

Schweitzer, A.: Der erschreckende Gott. Tiefenpsychologische Wege zu einem ganzheitlichen Gottesbild, München 2000.

Schweitzer, F. u.a.: Religionsunterricht und Entwicklungspsychologie. Elementarisierung in der Praxis, Gütersloh 1995.

Servan-Schreiber, D.: Die neue Medizin der Emotionen, München 2004.

Spangler, G. / Zimmermann, P. (Hg.): Die Bindungstheorie. Forschung, Grundlagen und Anwendung, 3. durchges. Auflage, Stuttgart 1999.

Spring, H. / Moosbrugger, H. / Zwingmann, Chr. / Frank, D.: Kirchlicher Dogmatismus und ekklesiogene Neurosen, in: Spring, H. / Moosbrugger, H. / Frank, D. (Hg.): Religiosität, Persönlichkeit und Verhalten, Münster / New York 1996, 153–163.

Stern, W. / Stern, C.: Die Kindersprache, Leipzig 1928.

Strack, S. / Feifel, H.: Age Differences, Coping, and the Adult Life Span, in: Zeidler / Endler 1996, 485–501.

Thomann, H.P.: Der Zusammenhang von Lebensrückblick, religiöser Orientierung und Todesangst bei älteren Personen (Diss. Graz 2004).

Tomasello, M.: Die kulturelle Entwicklung menschlichen Denkens, Frankfurt/M. 2006.

Traue, H.C.: Emotion und Gesundheit, Heidelberg 1998.

Utsch, M.: Religionspsychologie, Stuttgart / Berlin / Köln 1998.

Walach, H.: Psychologie. Wissenschaftstheorie, philosophische Grundlagen und Geschichte, Stuttgart 2004.

Watts, F.N.: Psychological and religious perspectives on spirituality, in: International Journal of Psychology of Religion 6 (1996), 71–87.

Weyand, K.: Art. „Entwicklung", in: Historisches Wörterbuch der Philosophie, hg. von J. Ritter, Bd. 2, Basel / Darmstadt 1972, 550–557.

Wickersheimer, E.: ‚Ignis Sacer' – Bedeutungswandel einer Krankheitsbezeichnung, in: Ciba-Symposium 8 (1960), 160–169.

Wulff, D.M.: Psychology of Religion, New York ²1997.

Wygotski, L.S.: Denken und Sprechen, Berlin 1969.

Zeidler, M. / Endler, N.S. (Hg.): Handbook of Coping, New York 1996.

Ziebertz, H.-G. / Kalbheim, B. / Riegel, U.: Religiöse Signaturen heute. Ein religionspädagogischer Beitrag zur empirischen Jugendforschung, Gütersloh / Freiburg i.Br. 2003.

Zimmer, A.: Das Verständnis des Gewissens in der neueren Psychologie, Frankfurt/M. 1999.

Religiosität und Bildung

Pädagogisch-bildungstheoretische Perspektiven

Joachim Kunstmann

1. Zur gesellschaftlichen und geisteswissenschaftlichen Nachfrage nach religiöser Bildung

„Bewusstes religiöses Erleben, das auf Erhabenes und Heiliges gerichtet ist, scheint den Menschen in unserer Zivilisation abhanden zu kommen." (Ruff 2002, 8). Zwar wird die These der „Säkularisierung" der Gesellschaft inzwischen nur noch stark eingeschränkt vertreten, doch die Abwanderung der Religion aus Institution und Öffentlichkeit in die Privatsphäre ist bekannt und soziologisch eingehend beschrieben worden. Die privatisierte Religion allerdings verliert offenbar nachhaltig an Kontur. Sie wird unkenntlich, verliert an Verbindlichkeit und Gewissheit, und wird tendenziell zum Bedürfnis, zur offenen Frage. „Das religiöse Bedürfnis ist eine *Sehnsucht* nach Religion, das *Verlangen* also, in einen religiösen Lebens- und Erfahrungshorizont hineinzukommen ... Man will in einem geistig-seelischen Sinne zu Hause sein" (Safranski 2002, 17).

Auch für die Religiosität gilt also, was für die sozialpsychologische Befindlichkeit im Allgemeinen diagnostiziert wird. An die Stelle der Traditionsorientierung, der Achtung von vorgegebenen Autoritäten, Ordnungen und Pflichten ist eine durchgehende Innenorientierung getreten, ein „narzisstischer Sozialisationstyp", der sich an der Befriedigung von Bedürfnissen orientiert. Die Angebote des Konsummarktes, zu denen längst auch die geistigen zählen, werden nach persönlicher Passung und Brauchbarkeit gewählt. Die faktischen Möglichkeiten persönlicher Entfaltung korrespondieren allerdings inzwischen negativ mit den wachsenden Schwierigkeiten, einen angemessenen Platz in einer als unüberschaubar und kälter werdend empfundenen Welt zu finden. Die *Privatisierung der Religion* hat darum im Bereich der *Bildungsbedürftigkeit* eine auffällige Parallele. Religiosität und Lebensfähigkeit werden zu gefragten Posten.

Darum soll hier der Frage nach Bildung und Religiosität und ihrem gegenseitigen Verhältnis nachgegangen werden. Wenn beide Bereiche als unverzichtbare Erfordernisse einer vorangeschrittenen Individualisierung gelten müssen, dann sollte Pädagogik ebenso wie Religionspädagogik an beiden markantes Interesse haben.

Interessanterweise war die „Bildung" aus der Pädagogik lange Zeit ebenso verschwunden wie die „Religion" aus der Theologie. Gründe dafür lassen sich im Rückblick cum grano salis in ihrem Äußerlichwerden und einem Lebendig-keitsverlust durch Schematisierung angeben. Der „Verkirchlichung" der (christ-lichen) Religion entsprach die bürgerliche Vereinnahmung der Bildung. Die his-torische Parallele ist auch inhaltlich aufschlussreich. Denn die Rückkehr der Bildung, die inzwischen als Grundbegriff nicht nur der Pädagogik, sondern der gesamten Geisteswissenschaften bezeichnet wird, lässt sich ebenso wie die Rückkehr der Religion in Philosophie, Soziologie und Theologie als ein Reflex auf Erfordernisse einer fortgeschrittenen Individualisierung verstehen. Für die Bildung, die als Entfaltung der Person verstanden werden kann, ist das leicht einzusehen. Ebenso für die Religion: Neben den funktionalen Effekten der Reli-gion für die Gesellschaft erhält vor allem ihre Bedeutung für das Leben des Ein-zelnen neue Aufmerksamkeit. Dafür steht mit dem Begriff der „Religiosität" eine eigene Begriffsprägung zur Verfügung.

Nach gängiger soziologischer Beschreibung ist das einzelne Individuum zur allein verantwortlichen Planungsinstanz des eigenen Lebens geworden. Die Re-ligion – als sichtbare Sozialgestalt verstanden, die mehr oder weniger klare Konturen zeigt und ein gewisses Maß an Verbindlichkeiten voraussetzt – scheint derzeitigen Bedürfnissen nach Orientierung, Identitätsfindung und Selbst-Vergewisserung nur noch wenig zuzuarbeiten. Das christliche Leben mit seiner Heils- und Erlösungsvorstellung, seiner Weltdeutung, seinen grundlegenden Bekenntnisaussagen und seinen kultischen Vollzügen, gilt weitgehend als unin-teressant. Die „Transzendenz", die lange als Grundkennzeichen des Religiösen galt, stößt auf ein durch Technik, Ökonomie und Konsumverhalten auf Nutzen-kalkulation getrimmtes funktionales Denken und ein Bewusstsein der Relativität aller Dinge und Optionen. Religion fällt unter die Auswahlkriterien, denen alle materiellen und inzwischen auch geistigen Optionen unterliegen: denen nach unmittelbar einsichtigem Lebensbezug und Nutzen auf der einen, nach intensi-vem Erleben auf der anderen Seite. Nutzenfrage und Erlebnisorientierung wir-ken offensichtlich wie unbewusste „Filter", die die Subjekte auch ohne weiteres Nachdenken unmittelbar zu anderen Optionen oder Suchrichtungen führen, falls die religiösen Optionen nicht sofort und einleuchtend auf sie „antworten". Sichtbare und längerfristig verbindliche Religion hat darum nachhaltig an Ein-fluss verloren.

Auf der anderen Seite lässt sich eine meist unartikulierte Sehnsucht nach *Religiosität* feststellen – insbesondere nach spiritueller Erfahrung und danach, überhaupt etwas glauben und ausdrücken zu können, was über konkrete Vor-findlichkeiten und funktionalen Nutzen hinausgeht. Auch für die Religiosität muss die Wirksamkeit der genannten „Filter" angenommen werden. Sie schei-nen hier aber weit durchlässiger zu sein als in einer als Systemgröße aufgefass-ten Religion. Religiosität „bringt" offenbar etwas und wird als Erlebnis gesucht. Damit ist eine erhebliche Umstellung bzw. Gewichtungsverschiebung von Reli-gion zu Religiosität gegeben. Religiöse Erfahrung und Religion als gewordene Größe hängen freilich in schwer zu differenzierender Weise zusammen und ineinander, was hier nicht weiter ausgeführt werden kann. Forschungslogisch lässt sich die Problematik als Frage der Perspektive beschreiben.

Angesichts der komplex gewordenen Welt lässt sich mit Grund vermuten, dass die religiöse Suche sich auch nach einer *Entlastung* vom individuellen Ich-Bewusstsein richtet. In der religiösen Erfahrung wird eine Defokussierung weg vom eigenen Ich gesucht; etwas, was das eigene Leben (emotional) tragen könnte, ohne es einzuengen. Religiosität ist offensichtlich ein Phänomen, das eine Krise anzeigt – ebenso wie der Bildungsgedanke. Beide gewinnen an Bedeutung, wenn alte Orientierungsmuster ihre tragende Kraft verlieren. Hier zeigt sich also eine Parallele, die auch historisch erkennbar ist: Seine große Karriere hat der Bildungsgedanke in der Aufklärung genommen – als einzig menschliche Antwort auf den Verlust von Tradition, allgemeinverbindlicher Sitte und fester Vorgaben, die dem Leben bis dato Kontur und Boden gegeben hatten. Am späten Ende dieses Prozesses steht ein aufgeklärtes, „entzaubertes" (Max Weber), zunehmend emotionsfreies und als bedeutungslos empfundenes Leben in einer geheimnislosen Welt, das den Individuen prinzipiell schrankenlose Freiheiten, aber keinerlei Halt und verbindliche symbolische Kommunikation über Sinn und Ausrichtung des Lebens mehr bereitstellte. Das macht Bildung unverzichtbar, und es dürfte auch Grund für die Rückkehr der religiösen Frage sein.

Aus diesem Gedanken soll hier die These abgeleitet werden, dass Bildung und Religiosität sich in pädagogischem, d.h. auf Lebensfähigkeit bezogenem Sinne, wechselseitig bedingen. Religiöse Bildung ist weit mehr als nur ein Teilbereich der Bildung; entfaltete und reflektierte Religiosität ist ein grundlegendes *Merkmal* von Bildung. Umgekehrt: Religiosität macht nicht ohne Rekurs auf die Bildungsidee Sinn. Die wissenschaftstheoretische Diagnose ebenso wie die sozialpsychologische Beschreibung legen nahe: Bildung und Religiosität zeigen eine deutliche Parallelität. Sie legen sich gegenseitig aus.

Zunächst wird die Verwendung der beiden Begriffszusammenhänge in Pädagogik und Theologie befragt, dann „Bildung", dann „Religiosität" und deren gegenseitige Parallelen aufgezeigt. Abschließend folgen wissenschaftstheoretische Konsequenzen.

2. Wiederkehr von Bildung und Religion in der Pädagogik

Die Bildung erlebte in den 1980er Jahren eine breite Wiederkehr im pädagogischen Denken. Seither gilt sie als Grundbegriff jeder sinnvollen Pädagogik. Sie hat freilich ihre Konturen verändert. Im Rekurs auf die klassischen Bildungstheorien wurde deutlich, dass Bildung nicht (allein) Wissen, Ausbildung, Information oder Fähigkeit sein kann. Eher sind ihr ästhetische Kategorien angemessen (Wahrnehmung, Resonanz, inneres Bild usw.), die auch aus moderner neurobiologischer Perspektive ihre Bedeutung als Entfaltung verstehbar machen: Bildung meint eine sinnlich konturierte Wahrnehmungs- und Verarbeitungsoffenheit. Zu dieser auch in der Pädagogik inzwischen verbreiteten Annahme haben verschiedene Überlegungen geführt. Zum einen sind Lernvorgänge grundsätzlich über die Sinne vermittelt; Kognition ist eine Abstraktion sinnlicher Wahrnehmungen, Reflexion deren nachträgliche Bearbeitung. Zum anderen gehen in Lernvorgänge die Wahrnehmung von Umgebungen, Atmosphären, sowie Körperempfindungen (sog. coenästhetische Wahrnehmungen) mit ein. Schließlich verarbeitet unser Gehirn Eindrücke durch Mustervergleiche, die sich als a-kausale, komplexe Bilder beschreiben lassen (s. dazu auch unter 3.).

Die erneuerte Bildungsdiskussion der Pädagogik hat lange Zeit auf *religiöse* Gehalte verzichtet. Wolfgang Klafki etwa rechnete die Religion lange nicht zu seinen „Schlüsselproblemen". In jüngster Zeit mehren sich allerdings die Stimmen von Pädagogen, die eine religionslose Pädagogik als unsinnig ansehen. Darum wird auch in der Pädagogik der Zusammenhang von Bildung und Religion neu verhandelt. Jürgen Oelkers etwa meint, dass die moderne Pädagogik eine Folgeerscheinung (protestantisch-)religiösen Denkens sei; Religion sei jene symbolische Realität, die die großen existentialen Fragen wach halte – genau so, wie es eine verantwortungsvolle Pädagogik tun müsse. Ähnlich hat Dieter Neumann auf eine „religiöse Konstante" der Pädagogik hingewiesen (Neumann 1999), die nicht durch aufklärungskonforme Rationalität überwunden werden könne. Religion müsse ein unverzichtbares *Thema* der Pädagogik sein. Auch für Dietrich Benner bleibt moderne Bildung ohne Religion unvollständig und ohne tragendes Fundament. Benner geht von einer Ausdifferenzierung der gesellschaftlichen Praxis in verschiedene Felder aus, zu denen faktisch auch die Religion gehört. Das Praxisfeld Religion hat, so wie die anderen Praxisfelder auch, ein eigenes Proprium, nämlich das Bewusstsein der Endlichkeit, das Benner als begleitendes Handlungsbewusstsein und als Thematisierung der Möglichkeit von (vorausliegendem) Sinn beschreibt. Damit kann Religion nicht im strengen Sinne Gegenstand des Wissens sein, sie hat dagegen aber gerade Bedeutung für die Selbstbildung.

Benner nimmt seine an Schleiermacher geschulte Bestimmung der Religion bezeichnender Weise über dimensionale Kriterien der *Religiosität* bzw. der religiösen Erfahrung: „Zum Proprium des religiösen Wahrnehmens, Denkens, Urteilens und Handelns aber gehört erstens, dass Religion Welt aus einem Sinnhorizont heraus wahrnimmt, deutet und auslegt, der der Erfahrung der Abhängigkeit des Endlichen von etwas entspringt, die nicht vom Menschen willkürlich und planvoll gesetzt und gestiftet wird." (Benner 2002, 57) Will Religion der Bildung dienen, so kann sie sich nicht – wie in der Religionspädagogik lange Zeit für plausibel und selbstverständlich gehalten – an „Schlüsselproblemen" orientieren, sondern muss an „vorfindlichen religiösen Erfahrungen anknüpfen" (ebd., 70) und diese so ergründen und klären, dass sie zur freien Aneignung zur Verfügung stehen.

Ähnlich argumentiert auch die wiederum an Schleiermacher orientierte Pädagogin Ursula Frost: „Die Notwendigkeit religiöser Bildung, begründet mit der Unverzichtbarkeit umfassender Lebensbewältigung und Weltdeutung, ist ... weder in der Pädagogik übereinstimmend und mit Gründen abgewiesen noch tatsächlich überholt. Die Abgabe dieser Thematik an die Theologie kann keine Alternative zu einer innerpädagogischen Klärung ihrer Bedeutsamkeit bieten, wenn nicht die Preisgabe einer wesentlichen und fundamentalen Möglichkeit menschlicher Identitätsgewinnung in Kauf genommen werden soll." (Frost 1991, 16)[1] Allein die Religion „bietet ... der theoretischen und technischen Vernunft ein kritisches Gegengewicht, indem sie das erkennende und hervorbringende Ich selbst noch einmal als hervorgebrachtes, von einer umfassenden Wirklichkeit abhängiges anspricht ... Nur noch die Religion kann eine Grundlage dafür bieten, hinter aller Brüchigkeit und Zerrissenheit des Denkens und Lebens eine tragende Einheit zu vermuten." (Frost 1993, 77f.) Für die Bildung ist damit wiederum implizit der Akzent auf die subjektive Erlebnisform und Ausgestaltung der Religion gelegt, also auf Religiosität.

3. Der klassische Bildungsbegriff

„Bildung" wird als Begriff derzeit für schulische Systeme und als Synonym für Wissen, Vernunft und kritische Problemorientierung gebraucht. Damit aber ist kaum anderes als Erziehung zum rationalen Denken und berufsbezogene Ausbildung gemeint, die weder die Voraussetzungen, noch den Sinn, noch die bedeutsame Tradition einer Bildung kennen, die diesen Namen wirklich verdient.

Als Grundlegung einer zeitgemäßen Bildungstheorie lassen sich nach wie vor die Überlegungen der Neuhumanisten nutzen, die auch in der Pädagogik derzeit neue Wertschätzung erhalten. Sie haben ihre Bildungsgedanken als kritische Einrede und Ergänzung zu einer Aufklärungs-Rationalität entworfen, die zwar unverzichtbar bleibt, aber in der Gefahr steht, den Menschen zu verzwecken. Ungelöst blieb im euphorischen Erziehungs-Denken der Aufklärung vor allem die pädagogisch fundamentale Frage nach den menschlichen Bedürfnissen und der Lern-Motivation.

Wilhelm von Humboldt verstand darum Bildung als die möglichst weit getriebene, individuell unverrechenbar bleibende Entfaltung der „Kräfte" (d.h. Anlagen und Begabungen) des einzelnen Menschen, zu der nichts anderes nötig ist als Freiheit auf der einen, möglichst anregende Lern- und Begegnungsmöglichkeiten auf der anderen Seite. Allein so wird die Lust zur Bildung begreifbar: „Der wahre Zwek des Menschen – nicht der, welchen die wechselnde Neigung, sondern welchen die ewig unveränderliche Vernunft ihm vorschreibt – ist die höchste und proportionirlichste Bildung seiner Kräfte zu einem Ganzen. Zu dieser Bildung ist Freiheit die erste, und unerlassliche Bedingung. Allein ausser der Freiheit erfordert die Entwikkelung der menschlichen Kräfte noch etwas andres,

---

[1]   In genau diese Richtung zielt auch der Religionspädagoge Horst F. Rupp: Religion – Bildung – Schule, Weinheim ²1996, der mit der Analyse des ursprünglich religiösen Bildungsbegriffs und seines „Ortswechsels" in die säkular tendierende Pädagogik heute eine für beide Seiten unbefriedigende Situation der wechselseitigen Abtrennung gegeben sieht, die es zu überwinden gelte; vgl. ebd., 308f. u.ö.

obgleich mit der Freiheit eng verbundenes, Mannigfaltigkeit der Situationen. Auch der freieste und unabhängigste Mensch, in einförmige Lagen versetzt, bildet sich minder aus." (Humboldt 1903, 106)

Diese berühmt gewordenen Sätze, 1792 verfasst, versuchen Humboldts höchst ambivalente Eindrücke der französischen Revolution zu verarbeiten. Bildung kann nach dem Wegfall der alten Sicherheiten nur als die freie und verantwortete Entfaltung der Selbsttätigkeit durch Anregung zwischen Selbst und Welt, zwischen Individuum und Gesellschaft, Natur oder Kultur verstanden werden, wenn sie nicht alte Abhängigkeiten erneuern will. Sie bezeichnet die freie Selbst-Verortung des Menschen in den spannungsreichen Bezügen des Lebens. Der so gebildete Mensch ist die souveräne Persönlichkeit, die ihre Fähigkeiten, Einsichten, Kräfte etc. aus freiem Mitteilungsbedürfnis der Gemeinschaft zur Verfügung stellt.

Humboldts Freund Friedrich Schiller untersuchte in seinen wirkungsstarken „Briefen über die ästhetische Erziehung" (Schiller 1975) vor allem die Bildungs-Motivation. Seine Antwort auf die Frage, *wie* die allseitige Forderung nach „aufgeklärter", vor allem politischer Vernunft eigentlich erreicht werden könne, zielt auf die Ästhetik: Einzig im Spiel sind menschliche Bedürfnisse und Rationalität so vereint, dass der Mensch sich gleichermaßen lustvoll, wirkungsvoll und sozial entfaltet.

Friedrich Schleiermacher (Schleiermacher 1981), der die Unverzichtbarkeit einer gegenseitigen Auslegung von Bildung und Religion beschrieb, verwies vor allem auf die Bedeutung des inneren Bildes, d.h. auf die individuell verschiedenen Resonanzen des Wahrgenommenen in Phantasie und Bedeutungs-Erleben. Religion ohne Bildung galt ihm als Frömmelei, Bildung ohne Religion als „Barbarei" – hier klingen fast schon Gedanken der „Dialektik der Aufklärung" an, wie sie später Adorno und Horkheimer formuliert haben.

Friedrich Nietzsche schließlich, der gegen die hohle „Bildung" des Bürgertums polemisierte, hat vollends klar gemacht, dass es für echte Bildung keine festen Vorgaben oder gar Wahrheiten mehr geben kann. „Es giebt keine ‚materielle Bildung'" (Nietzsche 1999, 682f.). Das Leben selbst bildet, „Bildungsgüter", „Bildungskanones" oder feste Wertvorstellungen taugen dazu nicht. Bildung, die wirklich den Menschen meint, geht weit über bloße Rationalität hinaus; sie schließt vor allem die dunklen Seiten des Lebens in sich.

Bildung ist für die Klassiker nicht aufgeklärtes Denken – ihre hohe pädagogische Bedeutung hat sie gerade in ihrer Entfaltung *gegen* das einseitige Vernunft- und Erziehungsdenken der Aufklärung erfahren. Für solche Bildung kann es keinerlei inhaltliche Vorgaben, und erst recht keine Kanones mehr geben. Dass bildende Anstöße wesentlich, aber keineswegs ausschließlich aus dem Bereich der gestalteten Kultur (und hier exemplarisch immer wieder aus der griechischen) kommen, lässt sich schlicht durch die Verdichtung menschlicher Erfahrung in diesem Bereich erklären. Allgemein aber gilt für die klassische Bildungstheorie: Das *Leben* bildet, und zu ihm gehören sehr viel weitere und andere Dimensionen als Verstand, Problemfähigkeit und angemessenes Funktionieren – etwa Gefühl, wache Wahrnehmung, Interesse, Bereitschaft, Kultiviertheit usw. Bildung im Sinne der Klassiker ist die nicht berechenbare und steuerbare optimale Entfaltung der individuellen Person, zu der reflexive, emotionale, körperliche, ästhetische und andere Fähigkeiten gehören. Diese Grundlegung zeigt, dass sich Bildung nicht nur in recht kritischen Gegensatz zur *Erziehung* stellt, sondern auch zur *Aus-Bildung*. Jedes bloße Wissen, die heute gängigen Bildungs-Komposita, ferner die These Klafkis: Bildung sei durch Umgang mit epochentypischen Schlüsselproblemen zu erreichen, verbleiben aus dieser Perspektive im Bereich der Sozialisation.

Der Prozess der Bildung vollzieht sich im Zusammenspiel von Selbst und Welt, d.h. von Wahrnehmungen und Resonanzen (inneren Bildern, Mustern, Bedeutungen). Die *Einbildungskraft* spielt in ihm eine Schlüsselrolle; „Ergebnis" ist eine immer differenziertere Wahrnehmungsfähigkeit (Sensibilität, Gespür, Geschmack). Der Bildung angemessen sind darum vor allem die vorwiegend ästhetisch konturierten Bereiche des Zweck-losen, nicht Funktionalisierbaren, aber persönlich Bedeutsamen: Sprache, Theater-Spiel, Religion, Poesie und Kunst usw. Bildung hat über sinnliche Erfahrungen eine deutliche Nähe zu Sinn-Erfahrungen. Hier zeigen sich weitere strukturelle Parallelen zur Religiosität.

Bildung geschieht grundlegend über die Wahrnehmung der Sinne: Sensibilität, Empfänglichkeit, Offenheit, Aufnahmebereitschaft sind deren Grundlage; Rationalität ist durch solche Wahrnehmungsprozesse bedingt und baut auf ihnen auf. Es ist eine starke Verkürzung, wenn Bildung heute mit Verantwortung und Rationalität gleichgesetzt wird. Denn es gibt rationale, aber ungebildete Menschen. Kritische Rationalität mag Bildung stimulieren, nie aber wirklich begründen. Bildung geschieht weit eher über Evidenzerlebnisse als über „Problembewusstsein"; dieses ist umgekehrt durch ersteres bedingt.

Der klassische Bildungsgedanke steht für die unverrechenbar freie Entfaltung des Menschen. Freiheit, fördernde Anregung, Unverfügbarkeit und Abwehr gegen verzweckende Kalküle sind seine Voraussetzungen. Bildung ist so verstanden Antwort auf zerbrechende Selbstverständlichkeiten und das Gegenüber zu jeder ideologischen Funktionalisierung des Menschen. Sie ist in einer pluralen und individualisierten Welt höchst aktuell, in der die Menschen ihr Leben selbst gestalten, frei von verbindlichen Vorgaben und verlässlichen Hilfen. Individualisierung *erfordert* Bildung. Begriffszusammensetzungen wie Bildungseinrichtungen, Bildungspolitik, Bildungspläne verweisen dagegen auf eine Institutionalisierung von „Bildung", die deren funktionale Zurichtung bedeutet. „Aus Bildung ist ein Instrument gesellschaftlicher Konditionierung geworden" (v. Hentig 1996, 50) – der ursprüngliche Sinn der Bildung ist damit in sein glattes Gegenteil verkehrt.

Bildung ist nicht denkbar ohne die Kommunikation und das Erleben von Bedeutungen und ohne Sinnverstehen. Sie ist das nur als tiefe Emotion zu verstehende Bewusstsein davon, dass wir – trotz aller eigenen Initiative – von Vorgaben und Beziehungen leben, die wir selbst nicht garantieren, sondern nur annehmen können. Hier hat Bildung einen offenen Rand hin zur Religion. Der

Bildungsgedanke hat seinen Ursprung nicht zufällig in der christlichen Religion – Meister Eckhart hatte ihn aus dem biblischen Gedanken der „Ebenbildlichkeit" abgeleitet. Beide hängen also auch historisch zusammen. Ganz analog zur Bildung ist auch Religiosität auf freie Entfaltung angewiesen. Ideologieanfällige „Halbbildung" (Adorno) gibt es auch und gerade in ihrem Bereich. Wo Letztbedeutsames verhandelt wird, stehen Menschen in der Gefahr, „aufs Ganze" zu gehen, den eigenen Standpunkt der kritischen Relativierung zu entziehen und aggressiv durchzusetzen zu wollen (vgl. Hemel in diesem Band zu fundamentalistischer Religiosität).

4. Religiosität: Beschreibungsversuch in bildungstheoretischer Absicht

Religiosität ist auf Grund ihrer unverrechenbaren Subjektivität ein schwer eingrenzbares Phänomen. Unverzichtbar für ihre Beschreibung dürfte allerdings ihre Erfahrungskomponente sein, verstanden entweder als Möglichkeit unmittelbaren Empfindens oder als der Bezug auf solches (vgl. „Erfahrbarkeit"). „Religiosität im eigentlichen Sinn ... wird in der religiösen Erfahrung als unmittelbaren Erlebens des Numinosen (R. Otto) gründend gesehen (als unableitbarer Sinnzuspruch), als Schlüssel-Erlebnis (J.T. Ramsey), als Überwältigtwerden von etwas Nicht-Verrechenbaren ... (Sie) kann sich aber auch im geschichtl. Niederschlag religiöser Erfahrung (Texten, Lebensformen, Gemeinschaftsriten usw.) vermitteln." (Fraas 1992, 1619f.) Religiosität ist Betroffenheit von und Umgang mit subjektiv Bedeutsamem. Sie ist daher nicht notwendig mit „Transzendenz", mit Gott bzw. einer höheren Macht oder mit „Glauben" zu verbinden; Glauben lässt sich umgekehrt als spezifische Form von Religiosität angeben.

Der religiösen Erfahrung vermögen zunächst nur ganz subjektive Einzelerlebnisse Kontur zu geben. Schleiermacher nannte sie „religiöse Erregungen". Religiöse Erfahrung wird oft von einem Gefühl des Erwachens und der Einswerdung begleitet; sie ist intensiv gefühlter Moment, der ein atmosphärisches inneres Bild abgibt. „Jener geheimnisvolle Augenblick, der bei jeder sinnlichen Wahrnehmung vorkommt, ehe noch Anschauung und Gefühl sich trennen, wo der Sinn und sein Gegenstand gleichsam ineinander geflossen und eins geworden sind ... Ich liege am Busen der unendlichen Welt: Ich bin in diesem Augenblick ihre Seele ... Dieser Moment ist die höchste Blüte der Religion." (Schleiermacher 1981, 254f.) Auch die weiteren Dimensionen der Religiosität (Deutung, Praxis usw.) lassen sich auf religiöse Erfahrungen zurückbeziehen und aus solchen verstehen.[2]

---

[2]   Der Begriff „Erfahrung" ist hier auf Grund seiner umfassenden sprachlichen Verwendbarkeit i.S. von unmittelbarer Empfindung gebraucht, auch wenn hierfür eher der Begriff des „Erlebnisses" gebräuchlich ist; streng genommen sind Erfahrungen gedeutete und erinnerbare Erlebnisse. Religiöse Erfahrungen leuchten unmittelbar ein, sie sind Evidenzen höchster Art. Auch Religion als Systemgröße ist nicht ohne religiöse Erfahrung denkbar; Erfahrung liegt allen ihren Gestaltungsformen zu Grunde, und diese selbst zielen wieder-

Religiöse Erfahrungen sind Betroffenheitserfahrungen (wie vor allem Be-
kehrungserfahrungen zeigen) oder nach außen hin wahrnehmbare Erregungen
(wie bei Rausch und Ekstase). Sie sind die innere Resonanz eines oft unfassba-
ren Anstoßes oder Erlebnisses, etwa die einer göttlichen Präsenz und Macht, die
in Verehrung und Anbetung umschlagen kann, oder einer mystischen Erfahrung
des Einsseins mit dem Göttlichen oder dem Kosmos. „Es handelt sich dabei um
jene Erfahrung, die im Leben und im Sein ein letztlich unauflösbares Geheimnis
und einen unerschöpflichen Reichtum sieht – und die von diesem Umgreifenden
angerührt ist. ... Mit der religiösen Erfahrung gerät man in einen vivifizierenden
Zirkel hinein: Man wird belebt und entfaltet Kräfte der Belebung – bis hin zur
Begeisterung. Religiöse Erfahrung in diesem Sinne ist nicht etwas, an das man
glauben müsste. ... Diese Erfahrung impliziert eine Art Ergriffenheit vom Ganzen, weshalb der Gedanke nicht fern liegt, dass sie auch alle angeht oder doch
angehen sollte" (Safranski 2002, 19f.). Diese Umschreibung legt den Bezug der
Religiosität zur Bildung wiederum sehr nahe.

Daneben bzw. aus solchen Erfahrungen heraus entwickelt sich auch ein bestimmtes Verstehen und Verhalten – ähnlich wie Bildung ganz von selbst über-
geht in Handlung, Darstellung und Kommunikation. Religiosität ist also ein
mehrdimensionales Phänomen, an ihr sind im Prinzip alle menschlichen Wahr-
nehmungs- und Verarbeitungsfähigkeiten beteiligt: Emotionen (Eindruck, Ekstase, Rausch, mystisches Erleben, Leid- und Heilungserfahrungen usw.), Deutungen (symbolisches, mythologisches, erzählendes Verstehen, Weltbilder, Be-
kenntnistraditionen, Theologie, Philosophie, usw.) und Praxisvollzüge (religiöser Ausdruck und Kommunikation, Spiritualität, Sprache, Kultus usw.; vgl. Hemel in diesem Band).[3] Vergleichbare Umschreibungen ließen sich wiederum für
Bildung finden.

---

um auf religiöse Erfahrung, die sich in und an ihnen je neu machen lassen – andernfalls
verliert die Religion ihre Lebendigkeit und spürbare Bedeutsamkeit. Ein solcher Verlust
dürfte der Grund für die derzeitige Suche nach Religiosität sein, in der offensichtlich die
Sehnsucht nach Sinn durch sinnliche Erfahrung fortlebt, die sich von der religiösen Tradition gelöst hat und dort immer weniger Ausdruck findet.

[3]   Religiosität, verstanden als letztgültige Orientierung, gibt es auch „nicht-religiös", z.B.
als Orientierung an Kunst, Leistung, Moral, Besitz; das macht ihre Bestimmung schwierig. Statt von „Religionsersatz" sollte man von religiösen Äquivalenten sprechen, die sich
drei Bereichen zuordnen lassen: „Äußere" Formen (Geld, Konsum, Besitz, Macht), „innere" Formen (Selbstverwirklichung, Leistung, Erfolg) und Identifikationen mit Kulturphä-
nomenen (Fußball, Popmusik, Heldenverehrung usw.). Religion und Religiosität dürften
sich also wechselseitig bedingen. Religion ohne Religiosität führt zu leerer Routine, Religiosität ohne Religion verkümmert im subjektiven Binnenraum. – Die Entstehung von
Religiosität und ihre weitere Entwicklung sind subjektiv höchst verschieden, da abhängig
von religiöser Veranlagung (z.B. einer entsprechenden Sensibilität, vergleichbar der mu-
sikalischen Veranlagung), von diese fördernden bzw. anregenden Umfeldern (z.B. der religiösen Sozialisation), von spezifischen Anlässen und von religiösem Interesse, Neugier
oder Suchverhalten, die selbst wiederum durch religiöse Angebote oder Erfahrungen stimuliert werden können. Religiöse Anlage, religiöse Sozialisation und religiöse Identifika-

Alle diese subjektiv bedingten Umschreibungen zeigen ein hohes Maß an Unschärfe. Als Schwierigkeit kommt noch hinzu, dass religiöse und nicht-religiöse Selbst- und Fremddeutung heute nicht mehr übereinstimmen; deutlich „religiöses" Verhalten/Empfinden kann von den Betroffenen selbst ganz säkular beschrieben werden, säkulare Phänomene dagegen (etwa in der Kunst, in der Populären Kultur usw.) können eine religiöse Aura und Erlebnisqualität erhalten. Auf Grund dieser Unverrechenbarkeit und Vieldimensionalität kann hier abschließend wieder nur ein Umschreibungsversuch des Phänomens vorgenommen werden: Religiosität ist die Empfindung und Verarbeitung von lebensbezogener Bedeutungs-Erfahrung, eigentlich also von Sinnerfahrung. Sie ist so verstanden die *letztbedeutsame*, d.h. für eine Person nicht ersetzbare, überbietbare, relativierbare oder sektorial eingrenzbare Einstellung (Haltung), die sich auf ihr Dasein in der Welt (Natur, Kultur, sozialer Kontext usw.) bezieht. Sie ist die zum besonderen Bewusstsein kommende Empfindung des Ich im Lebenskontext oder die Suche nach dieser und darum auf sinnliche Wahrnehmung verwiesen und mit einer spezifischen Sensibilität verbunden. Sie äußert sich zunächst als Grundgestimmtheit dem Leben gegenüber (W. James spricht von einer „Steigerung des Lebensgefühls") und verbindet sich in der Regel mit einer entsprechenden Praxis bzw. einem entsprechenden Interesse.

Damit zeigt sich eine deutliche Parallele zwischen Religiosität und Bildung. Bildung im eingeführten, umfassenden Sinn ist Entfaltung, die sich mit der Erfahrung von Sinn (d.h. persönlicher Bedeutung) verbindet und zu einem bewussten und gestalteten Weltverhältnis führt. Bildung ist darum nicht teleologisch vorhersehbar oder planbar. Auch Religiosität lässt sich konsistent als Entfaltung verstehen. Auch sie ist ein ästhetisch verstehbares Phänomen sensibilisierter Wahrnehmung, vergleichbar der Musikalität (vgl. den Hinweis in Schleiermachers „Reden", oder ex negativo Max Webers Aussage, er sei „religiös unmusikalisch"). Sie ist ebenso wenig wie Bildung vorhersehbar oder planbar. Beide sind anfänglich aus Affekten entstehende Formen des Bewusstseins, die sich aus dem Wechselverhältnis von Selbst und Welt heraus ergeben. Ebenso wie Bildung ist Religiosität grundlegend ein Erfahrungsphänomen. Sie sind exemplarischer Ausdruck von Subjektivität. Beide bezeichnen das formende Weltverhältnis des Menschen, das in der gestalteten Religion und in der gegebenen Kultur ihre jeweils vorrangigen, aber keineswegs einzigen Reservoirs hat. Für die Religiosität lässt sich im Unterschied zur Bildung lediglich ein umfassenderer Bezug (Erfahrung und Deutung des „Ganzen") angeben.

Religiosität ebenso wie Bildung bezeichnen entfalteten Sinn für die Welt und das Leben, bedeuten darum offensichtlich einen Zugewinn an Fähigkeiten und Orientierung, also einen Lebens-Vorteil. Angemessen sind beiden vor allem die vorwiegend ästhetisch konturierten Bereiche des Zweck-losen, nicht Funktionalisierbaren, aber persönlich Bedeutsamen: Sprache, Theater-Spiel, Natur,

---

tion ergeben zusammen die Chance zu religiösem Bewusstsein (Hemel), ferner zu religiöser Ausdrucks- und Verstehensfähigkeit.

Poesie und Kunst. Beide zeigen eine Tendenz zum Ausdruck, d.h. zur Darstellung und Mitteilung. Eine erhebliche Rolle für ihre Entfaltung spielt die Einbildungskraft, die eine weitere Berührung mit dem Bildungsthema anzeigt.

Religiosität und Bildung legen sich gegenseitig aus. Religiosität ist eine Dimension menschlicher Entfaltung wie Sprache, Bewegung, künstlerischer Ausdruck und Wahrnehmung und andere. Ihr Spezifikum ist die symbolische Kommunikation existentieller Fragen, ohne die das Leben verflacht und dem Zugriff nutzenorientierten funktionalen Denkens ausgesetzt bleibt. Darin zeigt sich ein Spezifikum von grundlegender Bedeutung. Menschen mit sinnvoll entfalteter Religiosität (die von neurotischen Formen der Religiosität sorgfältig zu unterscheiden ist) sind ebenso wie gebildete Menschen offenbar selbstkompetenter und orientierungsfähiger als andere. Die Pädagogik hat darum gute Gründe, neben der „Bildung" auch der „Religiosität" grundlegende Bedeutung zuzumessen.

Aus neurologischer und evolutionsbiologischer Perspektive sollte geprüft werden, ob und inwiefern sich Religiosität als Entwicklungs- und „Überlebensvorteil" angeben ließe – entsprechend der allgemeinen Funktion von Emotion und Bewusstsein, die nach Aussagen von Neurobiologen einer Steigerung, Präzisierung und Erweiterung der Entscheidungs- und Orientierungsfähigkeit dienen (vgl. Angel „Das Religiöse" in diesem Band). Für religiöses Bewusstsein lassen sich neuronale Strukturen benennen, vergleichbar zu allen anderen geistigen Phänomenen. Religiosität dürfte, analog dem allgemeinen Bewusstsein, darum auch einen biologisch angebbaren Sinn haben. Weil Religiosität Form von Bewusstsein ist, geht sie in solchen funktionalen Zuschreibungen aber nicht auf.

5. Religionspädagogische Implikationen und Forschungsaufgaben

Für die Religionspädagogik, die Theorie religiösen Lernens, sind mit diesen Einsichten Akzentverschiebungen angezeigt. Religiöses Lernen, Erziehen und Unterrichten, das sich als Bildung auslegt, kann sich nicht mehr so wie bisher umstandslos als Einführung in einen bestehenden symbolischen Religionskomplex verstehen, also als religiöse Sozialisation. Sie kann weder Glaubens-Lehre noch christliche Tradierungs-Agentur allein sein. Stattdessen legen die gesteigerte Aufmerksamkeit auf Religiosität, der stark gestiegene Bedarf an Hilfen zur Lebensführung und die Neubestimmung der Bildung in Pädagogik und Geisteswissenschaften überhaupt es nahe, religiöses Lernen konsequent als Teil, besser noch: als Fundierung der Bildung zu verstehen. Denn religiöses Lernen macht das Gegebensein des Lebens und der Welt zum Thema, damit die Grundbedingungen aller Bildung.

Damit werden religiöse Gestaltungsformen und Traditionen nicht überflüssig, sie werden in religionspädagogischer Sicht aber zu Medien der Bildung, die nicht um ihrer selbst, sondern um der lebendigen Entfaltung der Menschen willen kommuniziert werden. Der Sinn religiösen Lernens wäre es dann, Religion (bzw. religiöse Tradition, ebenso wie allgemein bedeutsame Lebenserfahrung) in persönlich stimmige und bedeutsame Religiosität zu überführen.

Der Begriff Religiosität steht hier für die Idee, dass das Christentum seine Gehalte nicht weiter um ihrer selbst willen kommunizieren kann. Religiöse Bildung lässt sich dort mit einer hohen bildungstheoretischen wie lebenspraktischen Plausibilität versehen, wo es gelingt, sie als Ausdruck des Weltverhältnisses und eines entsprechenden Differenzumgangs auszuweisen, das zu neuen und höherwertigen Gleichgewichtszuständen führen kann – die sich häufig auch erst aus grundlegenden Umstrukturierungen des persönlichen Lebens, des Empfindens oder der Denkweise ergeben. Religionspädagogik betreibt in diesem Verständnis das möglichst plausible Angebot (christlich-)religiöser Gehalte und Deutungsperspektiven für Menschen im heutigen Lebenskontext; d.h. sie fördert *subjektive Religiosität* aus christlichem Hintergrund und Interesse. Sie fragt darum nach den (religiösen wie allgemeinen) *Einstellungen, Bedürfnissen und Fragen heutiger Menschen*, ferner nach den (religiös wie existentiell bedeutsamen) *Gehalten und Valenzen der gegenwärtigen Kultur*. Weniger bedeutsam dürfte ihr dabei die normative Bedeutung traditioneller christlicher Gehalte sein, (deren Klärung Sache der systematischen Theologie ist, der sich die Religionspädagogik hier unter kritischem Vorbehalt anschließen kann), sondern eher die Erfahrbarkeit, Verstehbarkeit, Vermittelbarkeit und heute plausible Bedeutung von *Religion,* also deren bildende Wirkung. Sie nimmt also in ihrem Umgang mit den (christlich-)religiösen Gehalten die (impliziten) Lebensfragen und Orientierungsbedürfnisse heutiger Menschen auf – und umgekehrt. Dabei geht sie davon aus, dass religiöse Gehalte immer auch prozessual neu entstehen können. Wenn sie sich als wechselseitige Vermittlungs-Agentur zwischen christlicher Religion und personaler Religiosität versteht, muss sie in beiden Bereichen – Religion wie Religiosität – analytisch und inszenierungstechnisch kompetent sein.

Der Gebrauch des Begriffs Religiosität ist alltagssprachlich eingeführte Selbstverständlichkeit, in der wissenschaftlichen Religionspädagogik bisher aber nur wenig reflektiert worden. Entsprechend zeigt sich das religionspädagogische Desiderat einer plausiblen Begründung *christlicher* Religiosität, die angesichts der angesprochenen Zugangs-„Filter" nur eine bildungstheoretische sein kann.

Im Einzelnen ergeben sich drei neue Forschungsfelder, die gewichtige allgemeinpädagogische Konsequenzen in sich tragen:
a) Die Erforschung der Mechanismen des Aufbaus von allgemeiner wie christlicher Religiosität: Die genaue, d.h. auch empirisch überprüfte Kenntnis der Entstehung von Religiosität vor allem bei Kindern, d.h. von möglichen ersten religiösen Eindrücken, von religiösem Wissen, der „intermediären" oder anderen Verarbeitung von religiöser Erfahrung, der Mechanismen von deren Veränderung im Lebenslauf, der Formen, Mechanismen und Motivationen religiöser Identifikation sowie die konzeptuelle und didaktische Entwicklung einer bildungsbedeutsamen persönlichen Religiosität.

b) Die (empirische) Erhebung der bildenden Wirkung von Religiosität.

c) Die Analyse und Bereitstellung eines darauf abgestimmten, lebenspraktisch plausiblen Angebots (christlich-)religiöser Traditionsformen, Perspektiven und Gehalte, d.h. die bildende Didaktik, Inszenierung, Präsentation von und die Beteiligung an religiösen Gestaltungsformen.

Unter der Annahme, dass entfaltete Religiosität bildend wirkt, sollen einige Forschungsaspekte des ersten Gegenstandsbereichs kurz noch skizziert werden.

(1) Religiöse Anlage und Entwicklung

Eine religiöse Anlage lässt sich im Sinne von Sensibilität verstehen, ähnlich wie Sprachbegabung oder Musikalität. Sie kann mehr oder weniger ausgeprägt sein. Welche frühkindlichen Erfahrungen prägen das Selbst- und Weltverständnis? Solche dürften über gesunde oder neurotische Formen von Religiosität mitbestimmen. Die religiöse Entwicklung ist generell die (auch implizite) Verarbeitung von religiösen Vorerfahrungen. Sie kann unstetig verlaufen (Konversion, Abbruch). Die Entwicklung von Religiosität dürfte abhängig sein von religiöser Veranlagung und von diese fördernden bzw. anregenden Umfeldern (Sozialisation). Sie dürfte aus als letztbedeutsam empfundenen Wahrnehmungen und entsprechenden subjektiven Resonanzen entstehen; letztere sind weiterhin abhängig von spezifischen Anlässen. Welche Umfelder und Anlässe lassen sich ausmachen? Eine erhebliche, bisher unterschätzte Rolle für die religiöse Entwicklung dürfte auch die Einbildungskraft spielen, die in der Bildungstheorie unter dem Stichwort „intermediärer Raum" (D. Winnicott) verhandelt wird. Wie verarbeitet sie religiöse Erfahrungen? Die gängigen religiösen Entwicklungstheorien (Oser / Gmünder, Fowler usw.) stellen wenig mehr als ungefähre, empirisch erhobene Stufen des Verstehens dar und gehen auf die genannten Problemfelder nicht ein.

(2) Religiöses Interesse

Religiöses Interesse bezeichnet – vergleichbar der bildungsbedeutsamen Neugier – ein neues religionspädagogisches Denkmuster, das heuristisch verwendet werden kann. Solches Interesse kann explizit (wahrnehmbar) oder implizit sein (in Form einer Suche oder Sehnsucht). Es kann sich an Religion ebenso orientieren (z.B. Faszination buddhistischer Praxis oder religiöser Kunst) wie an Religiosität (z.B. Suche nach religiöser Empfindung, Spiritualität). Religiöses Interesse ist derzeit sehr hoch, bleibt in unserem Kulturkreis meist privat und wird darum nach außen hin kaum sichtbar. Die Frage nach Herkunft und möglicher Stimulation von religiösem Interesse ist weitgehend unbeantwortet, religionspädagogisch aber von besonderem Gewicht. Anzunehmen ist, dass religiöses Interesse – wie Interesse allgemein – sich schlicht an der Beschäftigung mit dem „Gegenstand" entzündet und nicht (nur) umgekehrt als Voraussetzung/Bedingung solcher Beschäftigung zu gelten hat. Religiöses Interesse entsteht bzw. wächst dann mit religiösen Angeboten, Begegnungen und Erfahrungen, genauer: mit deren als einleuchtend empfundener Lebensbedeutsamkeit.

(3) Religiöse Kompetenzen

Welche religiösen Kompetenzen sind denkbar und sinnvoll, wie lassen sie sich anbahnen? (Vgl. Hemel in diesem Band). Hier liegt ein Bezugspunkt zur derzeitigen pädagogischen Bildungsdiskussion ebenso nahe wie zur politisch-öffentlichen. Wenn Religiosität ein urmenschliches Potenzial (vgl. Jakobs in diesem Band) bezeichnet, das sich als Selbstbestimmung, Selbstbewusstsein, Orientierungsfähigkeit u.a., d.h. als Bildung im umfassenden Sinne zeigt, dann sollte in diesem Zusammenhang auch die Hypothese überprüft werden, dass ihre angemessene Gestaltung eine höhere Lebensqualität bedingt. Nach neurobiologischen Erkenntnissen ist musikalische Praxis für jedes Lernen höchst förderlich; ähnliches ließe sich für Religiosität erwarten.

(4) Religiöse Identifikation

Gibt es Kriterien religiöser Akzeptanz? Solche hängen heute offensichtlich in hohem Maße an den „Filtern" lebenspraktische Plausibilität und Erlebnis-Intensität. Religiöse Identifikation und Lebensorientierung sind grundsätzlich abhängig von religiösem Interesse, religiöser Entwicklung und spezifischen Anlässen. Wann und ob es dazu kommt, ist darum kaum genau anzugeben. Die Bereitschaft zu religiöser Selbstbezeichnung und -einschätzung scheint in unserem Kulturkreis deutlich rückläufig auf Grund des Relativitätsbewusstseins und des historischen Wissens (Verlust der *Selbstverständlichkeit* von Religion) und auf Grund der Distanz zu (schnellen) Identifizierungen, die in einer Welt der Möglichkeiten als hemmend und freiheitsbeschränkend empfunden werden (Verlust der *Verbindlichkeit* von Religion). Religionspädagogische Gefahr sind die Vereinnahmung auf der einen, die leere/nichtssagende Analogie auf der anderen Seite. Dieser Gefahr lässt sich nicht durch den Verzicht auf die Zuschreibung „religiös" entkommen, sondern nur durch deren explizite Handhabung. Die Konturierung der Religiosität ist im Interesse religiöser Bildung darum weiter voranzutreiben.

Literatur

Benner, D.: Bildung und Religion. Überlegungen zu ihrem problematischen Verhältnis und zu den Aufgaben eines öffentlichen Religionsunterrichts heute, in: Battke, A. u.a. (Hg.): Schulentwicklung – Religion – Religionsunterricht. Profil und Chance von Religion in der Schule der Zukunft, Freiburg i.Br. 2002, 51–70.

Fraas, H.-J.: Art. „Religiosität" in: EKL Bd. 3, Göttingen 1992, 1619–1621.

Frost, U.: Das Verhältnis von Religion und Bildung bei Schleiermacher – ein Lösungsweg für die Gegenwart?, in: Schneider, J. (Hg.): Bildung und Religion, Münster 1993, 10–27.

Frost, U.: Einigung des geistigen Lebens. Zur Theorie religiöser und allgemeiner Bildung bei Friedrich Schleiermacher, Paderborn u.a. 1991.

Hentig, H. von: Bildung. Ein Essay, München u.a. 1996.

Humboldt, W. von: Ideen zu einem Versuch, die Grenzen der Wirksamkeit des Staats zu bestimmen. Gesammelte Schriften Bd. 1: 1785–1795, hg. von Leitzmann, A., Berlin 1903, 99–254.

Neumann, D.: Die religiöse Konstante. Über den pädagogischen Umgang mit naturwissenschaftlichen Hypothesen, ZP 45 (1999), 923–939.

Nietzsche, F.: Über die Zukunft unserer Bildungsanstalten. Sechs öffentliche Vorträge, KSA 1, München u.a. 1999, 641–752.

Oelkers, J.: Religion – Herausforderung für die Pädagogik. Einleitung in den Schwerpunkt, ZP 38 (1992).

Ruff, W. (Hg.): Religiöses Erleben verstehen, Göttingen 2002.

Safranski, R.: Religiöse Sehnsucht – Sehnsucht nach Religion, in: Ruff 2002, 11–26.

Schiller, F.: Über die ästhetische Erziehung des Menschen in einer Reihe von Briefen. Sämtliche Werke Bd. 5, Erzählungen/Theoretische Schriften, hg. von Fricke, G. / Göpfert, H.G., München [5]1975, 570–669.

Schleiermacher, F.D.E.: Über die Religion. Reden an die Gebildeten unter ihren Verächtern, Werke Bd. 4, hg. und eingeleitet von Braun, O. / Bauer, J., 2. Neudruck der 2. Aufl. Leipzig 1927f., Aalen 1981, 207–399.

Religiosität als menschliches Gesicht der Offenbarung Gottes

Evangelisch-theologische Perspektiven

Martin Rothgangel

Nachstehende Ausführungen reflektieren Religiosität aus theologischer Perspektive. Grundsätzlich ist zu beachten, dass Autoren oftmals nicht den Begriff Religiosität verwenden, sondern alternative Begriffe wie „Religion", „Frömmigkeit" oder „Gottoffenheit". Im Sinne eines vorläufigen Arbeitsbegriffes wird in diesem Beitrag Religiosität als anthropologisches Korrelat von Religion als soziologischem Phänomen verstanden. Dieser Sprachgebrauch lässt sich insofern durch die sprachgeschichtliche Entwicklung stützen, als der Begriff Religiosität Ende des 18. Jahrhunderts an Bedeutung gewann „in Kontroversen über das Verhältnis eines seelischen Vermögens der Hervorbringung von Religion zu ausgebildeten Religionssystemen" (Fritsche 1992, 775). Damit tritt zugleich die Verbindung von Religiosität mit der neuzeitlichen Frage nach menschlicher Subjektivität hervor.

Aus diesen Gründen wird im Folgenden der Ausgangspunkt bei F. Schleiermacher genommen, der sich differenziert und bis in die Gegenwart hinein wirkungsgeschichtlich bedeutsam den durch die Aufklärung entstandenen theologischen Herausforderungen stellte. Im Blick auf die theologische Reflexion von Religiosität erweist es sich gleichfalls als ertragreich, ausgewählte theologische „Gegen-Entwürfe" des 20. Jahrhunderts im Blick auf Religiosität zu diskutierten, insbesondere den offenbarungstheologischen „Bruch" (K. Barth), den korrelationstheologischen Ansatz (P. Tillich) sowie die anthropologische „Wende" (W. Pannenberg). Dabei erweist sich die evangelische Diskussion als ein in sich verwobener Diskurs, in dem die jeweiligen Autoren direkt oder indirekt aufeinander Bezug nehmen. Entgegen der ursprünglichen Absicht werden somit allein evangelische und nicht auch an sich aufschlussreiche katholisch-theologische Positionen wie von K. Rahner diskutiert. Grundsätzlich wäre es weiterführend, Religiosität gleichermaßen aus katholischer bzw. orthodoxer Perspektive zu reflektieren.

1. Religiosität als Anschauung und Gefühl (F. Schleiermacher)

Friedrich Daniel Ernst Schleiermacher (1768-1834) gilt als der „evangelische Kirchenvater" des 19. Jahrhunderts. Darüber hinaus ist nach dem Einspruch der

Dialektischen Theologie gerade in jüngerer Zeit eine erneute intensive Beschäf-
tigung mit der Theologie Schleiermachers festzustellen, die seine bleibende Bedeutung anzeigt. Letzteres gilt in besonderer Weise für eine Auseinandersetzung
mit dem Phänomen Religion/Religiosität. In seinen Reden (1799) definiert
Schleiermacher Religion als „Anschauung und Gefühl" (KGA I/2, 211, 33).
Dementsprechend ist in einem ersten Schritt näher zu begründen, warum diese
Bestimmung speziell für Religiosität angemessen ist. Auf dem Hintergrund der
Schleiermacherschen Distinktionen lässt sich zudem ein differenziertes Problembewusstsein bezüglich des Sprachgebrauchs von „Religion" und „Religiosi-
tät" gewinnen.

1.1 Begriffliche Aspekte

Bereits in den Reden gebraucht Schleiermacher den Begriff Religion unterschiedlich (vgl. Albrecht 1994, 12). Die Vieldeutigkeit des Religionsbegriffs
führt Schleiermacher in seiner Glaubenslehre (1821/22) zu dem Schluss, dass
„es daher immer besser sein [wird], dieser ganzen Terminologie zu entrathen"
(KGA VII/1, 43, 29f.). Insgesamt führt er nämlich in seiner Glaubenslehre folgende Verwendungsweisen des Religionsbegriffs an:

- bzgl. Kirche als „das Ganze der einer solchen Gemeinschaft zum Grunde
  liegenden ... frommen Gemüthszustände seinem Inhalte nach" (ebd., 42,
  29-31),
- bzgl. Religiosität als „die einen verschiedenen Grad zulassende Erregbarkeit des Einzelnen durch die Gemeinschaft und seine Wirksamkeit auf
  die Gemeinschaft" (ebd., 42, 31-34),
- bzgl. natürlicher Religion, die er jedoch grundsätzlich kritisiert, da sie
  nichts über eine bestimmte Religion Hinausgehendes aufzuzeigen vermag (vgl. ebd., 42, 35-38),
- bzgl. „Religion überhaupt" (ebd., 42, 39) als „die ganze Richtung des
  menschlichen Gemüths auf die Frömmigkeit" (ebd., 43, 1) inklusive(!)
  ihrer „Aeußerungen und also dem Anstreben der Gemeinschaftlichkeit"
  (ebd., 43, 2f.),
- bzgl. der Unterscheidung von subjektiver Religion als individuell-
  persönliche Ausprägung und objektiver Religion als das Gemeinsame einer bestimmten Religion (vgl. ebd., 43, 9-21) sowie
- bzgl. der Unterscheidung von innerer Religion als „den Gesammtinhalt
  ... aller frommen Erregungen in den Einzelnen" (ebd., 43, 26f.) und äußerer Religion als „die Gliederung der ... Aeußerungen der Frömmigkeit
  in einer Gemeinschaft" (ebd., 43, 24f.).

In der zweiten Auflage der Reden deutet sich schon die Tendenz an, dass
Schleiermacher zunehmend den Begriff der Frömmigkeit dem Religionsbegriff
in bestimmten Verwendungsweisen vorzieht, als er „Religion" nicht selten durch
„Frömmigkeit" ersetzt (vgl. Albrecht 1994, 12 Anm. 18). Konzis weist C. Albrecht nach, dass Schleiermacher für seine Theorie der Frömmigkeit eine unter-

schiedliche Begrifflichkeit verwendet: In den Reden wird sie, terminologisch betrachtet, noch als Religionstheorie entfaltet, in der Glaubenslehre dann explizit als Frömmigkeitstheorie (vgl. ebd., 11) und „in der Dialektik als Theorie des ‚unmittelbaren Selbstbewusstseins = Gefühl'" (ebd., vgl. auch ebd., 5, 8). Für Schleiermacher ist somit die jeweilige begriffliche Verwendung keineswegs sakrosankt, vielmehr – wie er selbst schreibt – „gleichgültig" (Dial. 1814/15, Tl.1 § 133.3, zitiert nach Albrecht 1994, 11). In der Tat wird sich auch im Folgenden zeigen, dass gleichermaßen der mit Religiosität intendierte „Sachverhalt" auf begrifflich unterschiedliche Weise zum Ausdruck gebracht wird.

1.2 Uraffektion als bestimmendes Moment von Religiosität

Bekanntlich definiert Schleiermacher in seinen Reden das Wesen von Religion in negativer Abgrenzung von Metaphysik und Moral und markiert davon ausgehend ihre Selbständigkeit: „Ihr Wesen ist weder Denken noch Handeln, sondern Anschauung und Gefühl" (KGA I/2, 211, 32f.). Obwohl Schleiermacher an anderer Stelle das „Anschauen des Universums" (KGA I/2, 213, 34) als „allgemeinste und höchste Formel der Religion" (KGA I/2, 213, 35f.) und als „Angel meiner ganzen Rede" (KGA I/2, 213, 35) beschreibt, wird diese Wesensbestimmung sowohl durch die Um- und Neuformulierungen Schleiermachers als auch grundsätzlich durch die Grenzen einer begriffsanalytischen Interpretation der Reden relativiert (vgl. Albrecht 1994, 123). Weiterführend ist ein Interpretationsansatz, in dem Schleiermachers Religionstheorie konstitutiv auf die religiöse Uraffektion zurückgeführt wird, weil das Wesen der Religion – so die überzeugend begründete These von Albrecht – letztlich die Abstraktion entscheidender Merkmale der Uraffektion darstellt (so insgesamt Albrecht 1994, 120ff., bes. 148).

Diese wird von Schleiermacher als der „erste geheimnisvolle Augenblick" (KGA I/2, 221, 20) beschrieben, wodurch der heilige und unbeschreibliche Charakter einerseits und „die immaterielle Flüchtigkeit und Unbeständigkeit des affektiven Geschehens" (Albrecht 1994, 128) andererseits hervorgehoben wird. Dieser Affizierungsvorgang ist „die Geburtsstunde alles Lebendigen in der Religion" (KGA I/2, 222, 8f.): Jede individuell-persönliche Religion ist gebunden an einen individuell-persönlichen Ursprungsmoment. Hier liegt für Schleiermacher sowohl „das *sachlich* erste Moment der Religion überhaupt" (Albrecht 1994, 131) als auch „das *chronologisch* erste Datum jeder individuell-persönlichen Religion" (ebd.). Kriterium echter, authentischer Religiosität ist „weder die sittliche Haltung noch die charakterliche Größe, sondern die Bestimmtheit, mit der die die Uraffektion begleitenden inhaltlichen und formalen Züge sich in der individuell-persönlichen Religion des Einzelnen Ausdruck zu verschaffen in der Lage sind" (ebd., 137).

Inhaltlich betrachtet, ist diese religiöse Uraffektion „erstens Handlung des Universums am Menschen: Göttliche Schöpfungsmacht greift aktiv verändernd in den menschlichen Lebensvollzug ein und qualifiziert darin sich selbst als spezifisch göttlich und den Lebensvollzug als spezifisch menschlich. Zweitens: Die Aktivität des Universums vitalisiert die rezeptive Anlage des Menschen zur spontan zu nennenden Aufnahme, in der dem Universum nun keinerlei Aktivität mehr zukommt. Wesentliches Kennzeichen dieser Aufnahmetätigkeit des Menschen ist das Gewahrwerden der Angewiesenheit seiner religiösen Anlage auf diese Vitalisierung. Drittens: Den inhaltlichen Anlass der Affektion bildet – in abstraktester Hinsicht – die Erscheinung des Unendlichen in der Gebundenheit an Endliches. Der Ausdruck dieses Erscheinungsmodus im Subjekt besteht in dessen Gewahrwerden der Differenz zwischen Endlichem und Unendlichem. Viertens: Der resultative Fokus all dieser Wahrnehmungen von Differenz in deren Einheitspunkt wird durch die subjektive Unterscheidung des von außen in gegenständlicher Form Hinzugetretenen einerseits, von dem innerlich dispositionell Qualifizierten andererseits ausgedrückt" (ebd., 143f.).

1.3 Wesensmomente von Religiosität

Aus den Zügen der Uraffektion lässt sich, wie gesagt, das Wesen der Religion abstrahieren:[1]

a) Schleiermacher weist der Religion im innerseelischen Bereich des Menschen einen eindeutigen Ort zu. Jeder Mensch wird mit einer „religiösen Anlage geboren" (KGA I/2, 252, 9), genauer gesagt, mit einem „innerseelischen, präreflexiven Aufnahmemodus für die Religion ..., den er den religiösen Sinn nennt" (Albrecht 1994, 150) sowie „einem ebenfalls präreflexiven Gestaltungsmodus des Aufgenommenen ..., den er als Phantasie bezeichnet" (ebd.). Der innerseelische Ort beider ist das Gemüt. Daraus folgt in erkenntnistheoretischer Hinsicht, dass über das Wesen der Religion nichts gesagt werden kann, was sich nicht in der Seele des Menschen manifestiert. Die Bestimmung des Wesens von Religion vollzieht sich somit als Selbstbetrachtung.

b) Auf diesem Hintergrund wird auch die Differenz zu Denken und Handeln als den beiden anderen innerseelischen Funktionsweisen deutlich, da im Unterschied zu diesen beiden die religiöse Funktion sich von ihrem Gegenstand ergreifen lässt bzw. ihn zweckfrei ansieht. Vergleichbar damit ist die Unterscheidung zwischen Religion und Metaphysik sowie Moral: Die Metaphysik nähert sich dem Universum im Modus einer analytisch erkennenden Haltung, die Moral im Modus einer regelhaft gestaltenden Haltung; demgegenüber wird „der Habitus der Religion dem Universum gegenüber dann durch das Fehlen jeglichen Gestaltungs- und Durchdringungswillens charakterisiert: Vielmehr ist die primäre Haltung der Religion die der Sensibilität und Empfangsbereitschaft für diejenigen Handlungen, in denen das Universum sich selbst offenbart und manifestiert" (ebd., 153). Diesem charakteristischen Habitus der Religion sind eine gegenstandsbezügliche und eine selbstbezügliche Ausrichtung zu Eigen, die

---

[1]   Der von Albrecht über die nachfolgenden vier Wesensmerkmale hinaus genannte Aspekt des kontinuierlichen Charakters von Religion wird an dieser Stelle nicht dargelegt, da er für die vorliegende Themenstellung nicht relevant ist.

Schleiermacher in den Reden mit ‚Anschauung' (gegenstandsbezüglich) und ‚Gefühl' (selbstbezüglich) bezeichnet. Religion ist somit einerseits gegenüber Metaphysik und Moral selbständig, andererseits vermag Schleiermacher auch ihre notwendige Begleitfunktion für Denken und Handeln hervorheben. So kann er bezogen auf das Handeln feststellen: „Alles eigentliche Handeln soll moralisch sein und kann es auch, aber die religiösen Gefühle sollen wie eine heilige Musik alles Thun des Menschen begleiten; er soll alles mit Religion thun, nichts aus Religion" (KGA I/2, 219, 21–24).

c) Ihre besondere Realität erlangt die Religion, indem sie geschichtlich wird: „Geschichte im eigentlichsten Sinn ist der höchste Gegenstand der Religion, mit ihr hebt sie an und endigt mit ihr" (KGA I/2, 232, 38-233, 1f.). Bereits die Uraffektion, welche die individuelle Religion konstituiert, ist für Schleiermacher ein innergeschichtliches Geschehen, da sie s.E. genau datierbar ist. Am klarsten tritt der geschichtliche Charakter der Religion, welcher ihre Realität sicherstellt, in den gemeinschaftlichen Formen der Religionen hervor (vgl. Albrecht 1994, 158). Bemerkenswert in diesem Zusammenhang ist das Verhältnis zwischen Religiosität und Religion als sozialem Phänomen. Realität kann nach Schleiermacher der Religion erst zugesprochen werden, „wenn sich in den gemeinschaftlichen Religionen die je individuelle Religiosität dergestalt darstellt, dass sie ihren eigenen uraffektiv geprägten, faktisch und historisch einschlägigen Entstehungsgrund einzutragen erlaubt. Dann erst würde das Wesen der Religion seine Realität als in den individuellen religiösen Subjekten gegründet und durch die religiösen Gemeinschaft abgebildet behaupten können" (ebd., 159). Dementsprechend beurteilt Schleiermacher in der fünften Rede die gemeinschaftlichen Formen von Religion dahingehend, „ob sie a) durch innergeschichtliche individuelle Affektionen ihrerseits entstanden sind und ob sie b) durch innergeschichtliche individuelle Affektionen ihrerseits gestaltbar – und damit wiederum an die Geschichte gebunden – sind" (ebd.).

d) Mit gewichtigen Argumenten macht Albrecht geltend, dass für Schleiermacher die Formbestimmtheit als entscheidendes Strukturmerkmal von Religion zu gelten hat (vgl. ebd., 163ff.). Schleiermachers Religionsbegriff kann zwar mit den religiösen Inhalten „Unsterblichkeit" und „Gott" gefüllt werden, dies ist jedoch keineswegs notwendig der Fall. Schließlich ist es „ein wesenhafter Zug der Religion, ihre Unendlichkeit auch in der unendlichen Zahl möglicher (faktisch als gegenständliche Inhalte der Religion fungierender) Symbole dieser Unendlichkeit auszudrücken" (ebd., 163). Das Besondere dieser Formbestimmtheit, die ausgehend von der Formalstruktur der religiösen Uraffektion verstanden werden kann, bezeichnet Albrecht als „disjunktive Polarität" (ebd., 164), weil „die Pole einander in korrelativer, sich gegenseitig qualifizierender und auf einen identischen Ursprung hinweisenden Form entgegengesetzt sind. … Seinen ursprünglichen Sitz hat dieses Formprinzip in dem grundlegenden Korrelationsverhältnis zwischen dem Endlichen und Unendlichen" (ebd.). Hier ist es am deutlichsten erkennbar. Jedoch bestimmt jene disjunktive Polaritätsform auch das Verhältnis zwischen Mensch und Universum sowie zwischen Anschauung und Gefühl.

1.4 Resümierende Perspektiven

Selbst in der vorliegenden skizzenhaften Form der Darstellung tritt die Differenziertheit von Schleiermachers Denken hervor. Ein besonderer Gewinn von Schleiermachers Ausführungen besteht m.E. darin, dass er ungeachtet seiner eigenen Bedenken vielschichtig das Verhältnis von Religiosität und Religion in den Blick stellt. Auf dem Hintergrund seiner Ausführungen lassen sich in begrifflicher Hinsicht verschiedene Facetten von Religiosität als Bestimmungsgrund und Ausdrucksform von Religion erheben. Dabei tritt insofern ein Primat von Religiosität hervor, als diese als Beurteilungskriterium von Religion dient, da letztere durch Religiosität gestaltbar sein soll.

Keinesfalls darf jedoch Religiosität gegen Religion „ausgespielt" werden, vielmehr bestehen fließende Übergänge zwischen beiden, wie sie in den Unterscheidungen zwischen „innerer" und „äußerer Religion" sowie von „subjektiver" und „objektive Religion" exemplarisch hervortreten.

Mit aller gebotenen Vorsicht lässt sich feststellen, dass Religiosität bei Schleiermacher gewissermaßen als Schnittstelle zwischen der Offenbarung Gottes und Religion fungiert. Obwohl Schleiermacher dabei die Aktivität des Universums und die empfangende Seite des Menschen betont, besteht ein entscheidendes Problem darin, dass in erkenntnistheoretischer Hinsicht die Phänomene Religiosität und Religion ganz an die Selbstbetrachtung des Menschen gebunden werden. An diesem Punkt entzündet sich in aller Schärfe die Kritik Barths.

2. Religiosität als Unglaube und menschliches Gesicht der Offenbarung Gottes (K. Barth)

Kennzeichnend für die Theologie Karl Barths (1886-1968) ist es, den „'unendlichen qualitativen Unterschied' von Zeit und Ewigkeit" konstitutiv und pointiert zu berücksichtigen: „Gott ist im Himmel und du auf Erden" (Barth 1954, XIII). Gott ist Schöpfer und Leben, dagegen ist der Mensch Kreatur sowie zum Tode verurteilt und sündig. Es führt kein Weg vom Menschen zu Gott. Barth widerstreitet jegliche natürliche Gotteserkenntnis. Gottes Offenbarung findet sich weder in der Geschichte noch in der Kultur, gleichermaßen ist Gott auch nicht ausgehend vom menschlichen Geist oder Gefühl greifbar (vgl. ebd., 22f.). Dementsprechend findet die Gefühlstheologie Schleiermachers, wie generell der Kulturprotestantismus, den energischen Widerspruch Barths. Gotteserkenntnis ist allein durch die Selbstoffenbarung Gottes in seinem Wort möglich, die nur im Glauben angenommen werden kann. Offenbarung ist ein Geschehen von Gott her, selbst Glaube ist keine menschliche Möglichkeit, sondern von Gott gewirkt. Auf diesem Hintergrund sind die kritischen Töne Barths gegen Religion und implizit auch gegen Religiosität zu verstehen.

2.1 Religion/Religiosität als Unglaube

Vorab ist festzuhalten, dass Barth auch dann von Religion spricht, wenn an dieser Stelle von Religiosität als anthropologischem Phänomen gesprochen würde.[2] Barth reflektiert Religion aus dezidiert theologischer Perspektive. Dies bedeutet gemäß seines theologischen Grundansatzes, dass die „christliche Religion und alle anderen Religionen von dem her zu interpretieren [sind]…, was uns von Gottes Offenbarung gesagt ist" (KD I/2, 309). Aus dem Licht der Offenbarung betrachtet ist jedoch Religion als Unglaube zu qualifizieren: „Würde er glauben, so würde er hören; in der Religion redet er aber. Würde er glauben, so würde er sich etwas schenken lassen; in der Religion aber nimmt er sich etwas. Würde er glauben, so würde er Gott selbst für Gott eintreten lassen; in der Religion aber wagt er jenes Greifen nach Gott" (KD I/2, 330). Religion ist somit ein Werk des Menschen, sie dient seinen endlichen Zielen und Wünschen. Religion ist pointiert gesagt „die Angelegenheit des *gottlosen* Menschen" (KD I/2, 327), da der Mensch dem Offenbarungshandeln Gottes vorgreifen möchte und er „an die Stelle des göttlichen Werkes ein menschliches Gemächte" (KD I/2, 329) setzt und „an die Stelle der göttlichen Wirklichkeit, die sich uns in der Offenbarung darbietet und darstellt, ein Bild von Gott, das der Mensch sich eigensinnig und eigenmächtig entworfen hat" (ebd.). Aus diesem Grund kann Barth von der Offenbarung als Aufhebung der Religion sprechen: „Die Offenbarung knüpft nicht an die schon vorhandene und betätigte Religion des Menschen an, sondern sie widerspricht ihr, wie zuvor die Religion der Offenbarung widersprach; sie hebt sie auf, wie zuvor die Religion die Offenbarung aufhob" (KD I/2, 331).

Bei dieser Kritik steht Barth insbesondere der von Schleiermachers Gefühlstheologie ausgehende Neuprotestantismus vor Augen. Jede Theologie, die von einer religiösen Anlage des Menschen ausgeht, sieht Barth zu Recht von der Kritik Feuerbachs getroffen, welcher Religion als Projektion des Menschen beschreibt (vgl. KD I/1, 132). Auch lehnt Barth das Gefühl als Einbruchstelle der Offenbarung ab. Gefühle stehen den menschlichen Wünschen verdächtig nahe. Dagegen muss das, was offenbar ist, bewusst sein. Aus diesem Grund geschieht die Offenbarung allein im Wort.

2.2 Religion/Religiosität als menschliches Gesicht der Offenbarung Gottes

Andererseits ist Religion für Barth das unvermeidbar „menschliche Gesicht" (KD I/2, 306) der Offenbarung: „Indem Gott sich offenbart, verbirgt sich das göttlich Besondere in einem menschlich Allgemeinen, der göttliche Inhalt in einer menschlichen Form und also das göttlich Einzigartige in einem menschlich bloß Eigenartigen" (ebd., 307). Gottes Offenbarung „kann, ja sie muss auch

---

[2]   Nicht diskutiert werden an dieser Stelle die sich auf das Christentum beziehenden Aussagen von „wahrer Religion" im dritten und letzten Abschnitt von KD I/2 § 17. Auch hier ist der Bezug zur Offenbarung konstitutiv: Obwohl keine Religion wahr ist, kann die Offenbarung Gottes wahre Religion schaffen (vgl. ebd., 356).

als ‚Christentum' und also auch als Religion und also auch als menschliche
Wirklichkeit und Möglichkeit verstanden werden" (ebd., 308). Generell werden
die Religionen der „gute[n] Schöpfung Gottes" zugerechnet (KD IV/3, 850), die
Wahrheit Gottes leuchtet hier gleichnishaft auf. In den Religionen bekennt sich
die Welt dazu, dass ihr Gott „nicht nur unbekannt, sondern auch bekannt ist"
(Barth 1976, 213). Jedoch bleibt das Wahrheitszeugnis der Religionen ein ihnen
selbst verborgenes Zeugnis.

Das entscheidende Anliegen von Barth besteht auch hier darin, dass die Offenbarung nicht von der Religion, sondern die Religion von der Offenbarung her
betrachtet wird (KD I/2, 309, 321, 323): „Es ist etwas anderes, ob sich der
Glaube als eine Gestalt menschlicher Frömmigkeit versteht oder als eine Gestalt
des Gerichtes und der Gnade Gottes, die sich allerdings und sehr konkret auch
auf die menschliche Frömmigkeit in allen ihren Formen bezieht" (ebd., 309).

2.3 Der Mensch als gottoffenes Wesen

Im Blick auf Religiosität verdient es generell beachtet zu werden, dass Barth das
Sein des Menschen als ein Sein in Entsprechung zu Gott bestimmt. Der Mensch
steht als Verhältniswesen Gott gegenüber, er ist als Partner Gottes geschaffen
(vgl. KD IV/4, 20). Der Mensch ist „ein von Haus aus in … einer Beziehung zu
Gott stehendes Wesen" (KD III/2, 83), der Mensch ist „geöffnet und bezogen zu
Gott hin" (KD III/2, 84). Hinsichtlich der vorliegenden Thematik zieht dies die
bedeutsame Konsequenz nach sich, dass Barth „die Frage der Offenheit des
Menschen für Gott gar nicht unter dem Begriff der Religion [erörtert]. Denn
diese Offenheit muss nicht erst am religiösen Akt nachgewiesen werden. …
Gott-Offenheit ist eine ontologische Bestimmung, die allem menschlichen Ver-
halten, aller Religion also, vorangeht" (Krötke 1981, 27). Ungleich dem breiten
Traditionsstrom einer natürlichen Theologie, welche keinen religionslosen Menschen voraussetzen kann, ist im Sinne des Barthschen Denkansatzes „das Auf-
finden-*Müssen* von Religion in *jedem* Menschen überflüssig …; denn das Wort
Gottes knüpft nach ihm gerade nicht bei der Religiosität des Menschen an"
(Schindler 1997, 189).[3] An keiner Stelle reflektiert Barth unabhängig von der
Offenbarung den Übergang „vom gott-offenen Sein des Menschen zur faktisch
religiösen Existenz" (Krötke 1981, 29), allein das Resultat dieses Vorgangs wird
festgehalten.

Beim späten Barth tritt zusätzlich der Akzent hervor, „dass die Unerlöstheit
der Welt gleichsam vorweg von der Erlösung in Christus überholt *ist*" (Schindler 1997, 189). Wenn Christus das Licht der Welt ist, dann bedeutet Menschsein,
dass Menschen in jedem Fall „und wäre es noch mit geschlossenen, ja blinden
Augen … im Licht des Lebens stehen (KD IV/3, 560). Daraus lässt sich jedoch
keineswegs irgendeine menschliche Fähigkeit ableiten, vielmehr handelt es sich

---

[3]   Auch profanes menschliches Verhalten kann durch die Prophetie Jesu Christi zu „wahren
       Worten" werden, die „das eine Licht der einen Wahrheit … sichtbar machen" (KD IV/3,
       137f.).

hier um eine Vorherbestimmung des Menschen: „Unsere Feststellung betrifft die Präordination und Prädisposition eines jeden Menschen für das höchst besondere Ereignis seiner Berufung zum Christen. Mag man in ihr mit dem nötigen Humor und guten Willen den Wahrheitsgehalt des Satzes Tertullians von der *anima humana naturaliter christiana* wieder erkennen – so meint sie doch weder eine dem Menschen als solchem immanente Fähigkeit, ein Christ zu werden, … sie meint aber die eminent reale Bestimmung der ganzen Menschenwelt durch das Realissimum der für sie und an ihr geschehenen göttlichen Heilstat und des in ihrer Mitte offenbaren lebendigen göttlichen Heilswortes" (KD IV/3, 564).

2.4 Resümierende Perspektiven

Entgegen einem verbreiteten Vorurteil ist es keineswegs so, dass Religion/Religiosität von Barth einseitig negativ als Unglaube bestimmt wird. Vielmehr kann er sie durchaus positiv als menschliches Angesicht der Offenbarung Gottes würdigen. Gleichfalls werden die nachstehenden Ausführungen unterstreichen, dass die Barthsche Einsicht unhintergehbar ist, dass von Religion/Religiosität kein Weg hin zu Gott führt, sondern Gotteserkenntnis allein aufgrund der Offenbarung Gottes möglich ist. Insofern ist auch im Blick auf Religiosität stets die Priorität des Gottesgedankens festzuhalten. Allerdings stehen die Barthschen Ausführungen stets in der Gefahr, dass die Offenbarung Gottes unvermittelt auf den Menschen bezogen wird und sich von vornherein jeglicher Dialog z.B. mit humanwissenschaftlichen Erkenntnissen erübrigt.

Eine bleibende Frage besteht darin, ob die Kategorie des gottoffenen Menschen dem Religiositätsbegriff vorzuziehen ist. Ungeachtet der damit verbunden theologischen Interessen könnte es sich allerdings auch um eine reine Definitionsfrage handeln: Bestimmt man nämlich Religiosität so, dass der Gottesbegriff ein wesentliches Merkmal ist, dann kann man hinsichtlich der Gottoffenheit des Menschen in anderen Worten gleichermaßen von der religiösen Natur des Menschen sprechen.

3. Religiosität als Manifestation des Ergriffenseins von dem, was uns unbedingt angeht (P. Tillich)

Ähnlich wie bei Barth kann auch bei Paul Tillich (1886-1965) nur indirekt erschlossen werden, was er unter Religiosität versteht, da er diesen Begriff bestenfalls am Rande in Unterscheidung zu Religion reflektiert. Gleichwohl lassen sich aus Tillichs Reflexionen über Religion Rückschlüsse über einen theologisch gehaltvollen Begriff von Religiosität gewinnen, der bei aller ‚korrelationstheologischen' Eigenständigkeit zugleich in Auseinandersetzung mit den Positionen von Schleiermacher und Barth gewonnen ist. Dabei steht er Schleiermachers Religionsverständnis als geistiger Teilfunktion insofern kritisch gegenüber, als er „die Verbannung der Religion in die nichtrationale Ecke der subjektiven Empfindungen" (S I, 23) als einen bequemen Weg erachtet, um „den Konflikten zwischen religiöser Tradition und modernem Denken zu entgehen" (ebd.). Obwohl sich insbesondere in den frühen Schriften Tillichs auch ein Verständnis von Religion greifen lässt, das an das kritische Verständnis Barths von Religion erinnert, markiert Tillich insofern eine Differenz, als er im Unterschied zu Barth das Offenbarungsverständnis nicht christologisch verengt, was in der Konsequenz eine positivere Würdigung von Religion und implizit Religiosität ermöglicht, da diese nicht einfach der Offenbarung gegenübergestellt werden.

3.1 Begriffliche Aspekte

Tillich bestimmt den Religionsbegriff nicht ausgehend von religiösen Phänomenen, sondern strikt „theo-logisch" (vgl. Schüßler 1989, 55ff.): „Die Frage nach Gott ist möglich, weil in der Frage nach Gott ein Bewusstsein um Gott gegenwärtig ist. Dies Bewusstsein geht der Frage voraus" (S I, 240). Vergleichbar kann er an anderer Stelle feststellen: „Gott ist die Voraussetzung der Frage nach Gott" (V, 124).

Tillich kann die Formulierung „das, was uns unbedingt angeht" (ultimate concern) auch als begriffliche Näherbestimmung von Religion verwenden. Zu Recht weist W. Schüßler darauf hin, dass Tillich in seinem Sprachgebrauch insofern missverständlich ist, als er diese Wendung ebenfalls für „Glaube", „Offenbarung" und zunehmend ab 1925 für das Unbedingte, nämlich Gott, gebraucht (vgl. Schüßler 1989, 70f., 178f.). Letztgenanntes wird damit begründet, dass der Begriff „das, was uns unbedingt angeht" weniger der Gefahr der Vergegenständlichung ausgesetzt ist als „das Unbedingte" und diese Formulierung einen subjektiven sowie objektiven Aspekt besitzt, was durch „das Unbedingte" nicht zum Ausdruck gebracht wird (vgl. Schüßler 1989, 70 Anm. 4).

Insbesondere Glaube und Religion werden von Tillich oftmals geradezu synonym verwendet: Glaube kann er ganz im Sinne von Religion als „Richtung auf das Unbedingte" (S I, 331) bzw. als „die in allen Funktionen des Geistes wirksame Hinwendung zum Unbedingten des Geistes auf den unbedingten Sinn" (ebd.) definieren. Umgekehrt bestimmt er Religion ganz im Sinne von Glauben, wenn er Religion als „das Ergriffensein von dem, was uns unbedingt angeht" (IX, 94) charakterisiert.

W. Schüßler legt allerdings überzeugend dar, dass sich eine Präzisierung bei Tillich dahingehend findet, dass er Religion im weiteren Sinne als „das Ergriffensein von einem Unbedingten, das sich in verschiedenen Formen manifestiert" (Schüßler 1989, 179; E IV, 63) bestimmt und in diesem Zusammenhang feststellt, dass „diese Definition auch auf den engeren Begriff der Religion" (ebd.) zutrifft, in der allerdings „die Erfahrung des Heiligen eine direkte" (ebd.) ist. Dementsprechend kann man mit Schüßler präzise den Tillichschen Religionsbegriff als „die *Manifestation* des Ergriffenseins von dem, was uns unbedingt angeht" (ebd.) wiedergeben, während „Glaube [sc. in formaler Hinsicht als das]

Ergriffensein durch das, was uns unbedingt angeht" (S III, 155) näher bestimmt werden kann.

3.2 Religion im weiteren und engeren Sinne

Grundlegend für das Religionsverständnis von Tillich ist seine Unterscheidung von Religion im engeren und weiteren Sinn. Dabei bestimmt er Religion im engeren Sinn als „ein System spezieller Symbole, Riten und Emotionen, die auf ein höchstes Wesen gerichtet sind" (IX, 86). Hier wird das Heilige direkt erfahren, z.B. an „einem heiligen Ort oder einer heiligen Zeit, einer heiligen Person oder einem heiligen Buch, Bild oder Sakrament" (Henel 1975, 63). Solche direkten Begegnungen mit dem Heiligen finden in der Regel im Kontext religiöser Gemeinschaften wie der Kirche statt (vgl. ebd.).

Demgegenüber erscheint die Religion im weiteren Sinn als die „Dimension des Unbedingten in den verschiedenen Funktionen des menschlichen Geistes. Sie ist – metaphorisch gesprochen – die Dimension der Tiefe, der unausschöpflichen Tiefe des Seins, die in diesen Funktionen indirekt erscheint. Direkt begegnen wir in diesen Bereichen etwas anderem, etwa der Wahrheit, dem moralischen Imperativ, der Gerechtigkeit oder der ästhetischen Ausdruckskraft. In diesen allen ist das Heilige gegenwärtig, aber indirekt. Es ist im Profanen verborgen und wird durch die Strukturen des Profanen als heilig erfahren" (ebd.). Dementsprechend ist die Religion im weiteren Sinne überall gegenwärtig, „nämlich in der Tiefe aller Funktionen des menschlichen Geisteslebens" (V, 40). Letztlich ist sie auch „das Fundament für die Religionen im engeren Sinn und ihr Richter" (Henel 1975, 64), Kultur wie Religion im engeren Sinn „wurzeln in der Religion im umfassenden Sinn" (V, 42).

Religion im weiteren Sinne ist vom Ziel der Theonomie geleitet, in dem letztlich der Unterschied zwischen heilig und profan sowie damit die Religion im engeren Sinne aufgehoben wird. Theonomie als Essentialbild der Religion im weiteren Sinne ist eschatologisch zu verstehen, „ihre Erwartung liegt jenseits der Zeit, im Ewigen" (E IV, 153).

Als Ziel der Religion im engeren Sinne benennt Tillich „die Religion des konkreten Geistes, die auf den Ausgleich der in jeder Religion sich findenden Elemente des Sakramentalen und des Prophetischen gerichtet ist" (Schüßler 1989, 145). Das Verständnis dieser beiden Elemente leitet Tillich konsequenterweise nicht aus einzelnen Religionen, sondern aus dem Gottesgedanken ab. Dies ist unter Berufung auf Tillich (S I, 304), stringent herausgearbeitet von Schüßler (ders. 30 u.ä.): Gott als das, was uns unbedingt angeht, ist immanent und transzendent, konkret und unbedingt. Aus der Konkretheit Gottes folgt der sog. sakramentale Religionstyp: „Das sakramentale Denken sieht das Heilige in einem Konkreten, an Ort und Zeit Gebundenen, in einem sinnlich Wahrnehmbaren wie dem Brot des Abendmahls, heiligen Gebäuden und Personen, heiligen Handlungen und Ämtern. Die Gegenwart des Heiligen wird hier und jetzt an einem Ding erfahren" (E IV, 98). Dagegen ist der prophetische Religionstyp aus der Unbedingtheit Gottes abgeleitet und macht deutlich, dass das Bedingte nicht mit dem Unbedingten identisch ist. Umgekehrt bedarf der prophetische Religionstyp des sakramentalen, da die prophetische Kritik ohne das sakramentale Element nichts Geformtes besitzt, wogegen sie sich richten kann. Diese prophetische Kritik – sie ist im besonderen Maße im protestantischen Prinzip enthalten (vgl. VIII, 163f.) – richtet sich gegen die sakramentale Vergegenständlichung und Dämonisierung.

3.3 Die Ambivalenz von Religiosität/Religion

Auf dem Hintergrund der voranstehenden Ausführungen stellt sich die Frage, warum sich neben der Religion im weiteren Sinn, die in allen Funktionen des Geisteslebens präsent ist, die Religion im engeren Sinn als eine besondere Sphäre entwickelt hat. Tillich sieht dies darin begründet, „dass der Mensch seinem wahren Wesen tragisch entfremdet ist" (V, 42). Das Nebeneinander von Religion und Kultur ist für Tillich „die große Offenbarung der Wesenswidrigkeit der Welt" (IX, 36). Nach Tillich sollten Kultur und Religion nicht nebeneinander oder gar gegeneinander stehen, vielmehr stellt essentiell „Religion … die Substanz der Kultur, und Kultur … die Form der Religion" (ebd., 101) dar.[4]

„Die Religion ist [zwar] heilig, insofern sie auf Manifestationen des Heiligen selbst, nämlich des Grundes des Seins, beruht" (S III, 120). Insofern die Religion jedoch eine menschliche Angelegenheit darstellt, ist sie wie das gesamte menschliche Leben ambivalent – und dies auf besondere Weise: „[A]ls eine Funktion des menschlichen Geistes und als ein Bereich menschlicher Betätigung steht auch die Religion unter der Dialektik der Zweideutigkeit des Lebens. Die Zweideutigkeiten sind in der Religion sogar tiefer als in den anderen Dimensionen, da die religiöse Dimension die tiefste und umfassendste ist" (IX, 293f.). Dabei besteht entsprechend der Religion im weiteren und engeren Sinne eine zweifache Ambivalenz im Bereich des Religiösen, nämlich zwischen heilig und profan (vgl. Religion im weiteren Sinne) sowie zwischen göttlich und dämonisch (vgl. Religion im engeren Sinne).

Die erste Ambivalenz besteht darin, dass jeder religiöse Akt von profanisierenden Elementen begleitet wird (vgl. S III, 121), wobei Tillich hier wiederum

---

[4] An anderer Stelle kann Tillich diesen Gedanken um den Aspekt der Moralität erweitern und die essentielle Einheit von Moralität, Kultur und Religion herausstellen: „In der essentiellen Einheit gibt es keinen moralischen Akt, der nicht zugleich ein Akt der Kultur und der Religion wäre…. Und in der essentiellen Einheit der drei Funktionen gibt es keinen kulturellen Akt, der nicht gleichzeitig ein Akt der Selbst-Transzendierung wäre…. Und in der essentiellen Einheit der drei Funktionen gibt es keinen religiösen Akt, der nicht gleichzeitig ein Akt der moralischen Selbst-Integration und des kulturellen Sich-Schaffens wäre" (S III, 117). Dabei ist zu beachten, dass Religion nicht einfach eine selbstständige Funktion neben Moralität und Kultur darstellt, vielmehr eine Qualität dieser beiden anderen geistigen Funktionen: „In allen Funktionen des menschlichen Geistes bringt die Religion die Dimension des Unbedingten zur Geltung" (VIII, 317) bzw. „die Dimension der Tiefe" (V, 39).

zwischen einer institutionellen und einer kritisch-reduktiven Profanisierung unterscheidet (vgl. Schüßler 1989, 92ff.). Am Rande sei bemerkt, dass gerade am Beispiel der institutionellen Profanisierung gezeigt werden kann, dass Tillichs Überlegungen zu Religion auch auf Religiosität bezogen werden können: Institutionalisierung beschränkt sich nämlich nach Tillich keineswegs auf die sog. institutionelle Religion, da auch Religiosität von institutionellen Ausdrucksformen, wie z.B. rituellen Handlungen, geprägt ist und grundsätzlich „das Leben in allen Formen seiner Selbstverwirklichung ‚organisiert' ist" (S III, 121). Die institutionelle Profanisierung wird dahingehend kritisiert, dass die Religion hier nicht „das Endliche in Richtung auf das Unendliche transzendiert", sondern zu einem Aspekt der endlichen Wirklichkeit wird: „einer Reihe von Vorschriften, nach denen man sich richten muss, einer Reihe von Lehrsätzen, die anerkannt werden müssen, einer Machtgruppe mit allen Implikationen der Machtpolitik" (ebd.).

Die kritisch-reduktive Form der Profanisierung ist darin begründet, „dass Kultur die Form der Religion ist und Moralität der Ausdruck ihres absoluten Ernstes" (ebd., 122). Dies kann dazu führen, dass Religion auf Kultur bzw. Moralität reduziert wird „und die religiösen Symbole ausschließlich als Schöpfungen der kulturellen Tätigkeit" (ebd., 122) gedeutet werden. Jedoch kann auch diese Variante der Profanisierung bestenfalls Religion im engeren Sinne überwinden, jedoch nicht die Religion im weiteren Sinne, „die als eine Qualität in allen Funktionen des Geistes immer gegenwärtig ist – die Qualität des Unbedingten" (ebd., 144).

Die zweite Ambivalenz besteht in der Gefahr der Dämonisierung, die Tillich treffend von der Profanisierung unterscheidet: „Das Dämonische widerstrebt nicht der Selbst-Transzendierung, wie es das Profane tut, sondern verfälscht die Selbst-Transzendierung, indem es einen bestimmten Träger der Heiligkeit mit dem Heiligen selbst identifiziert" (ebd., 125). Kennzeichnend für das Dämonische ist „[d]er Anspruch eines Endlichen, unendlich und von göttlicher Größe zu sein" (S III, 125). „Das Dämonische [sc. der Anspruch des Bedingten, unbedingt zu sein] bevorzugt gerade das Heilige als seinen Wohnsitz" (Schüßler 1989, 96).

Im Kontext der Religion und der Religiosität führt die Dämonisierung dazu, dass jegliche Kritik ausgeschlossen wird und der eigene religiöse Standpunkt absolut gesetzt wird.

Resümierend kann auch im Blick auf Religiosität festgehalten werden: „Soweit die Religion auf Offenbarung beruht, ist sie unzweideutig, soweit sie Aufnahme der Offenbarung ist, ist sie zweideutig. Dies gilt von allen Religionen …. Religion ist das Geschöpf der Offenbarung und zugleich deren Verzerrung" (S III, 127).

3.4 Resümierende Perspektiven

Die Tillichschen Ausführungen besitzen für eine theologische Reflexion von Religiosität das Potenzial, dass man daraus einen kritischen Maßstab für die Beurteilung von Religiosität/Religion gewinnen kann. Die entsprechenden Kriterien leiten sich ab aus dem Ziel der Religion im weiteren Sinne, der Theonomie, sowie dem Ziel der Religion im engeren Sinne, der Religion des konkreten Geistes. Diese beiden Ziele von Religion im weiteren und engeren Sinne sind zugleich ein Maßstab zur Beurteilung für jede Erscheinung des Religiösen, in ihrer Dynamik befindet sich jede Religion, aber auch das persönliche religiöse Leben, da es unter der gleichen Polarität steht wie die öffentliche Religion (vgl. III, 151; VIII, 150).

Allerdings würde es im Sinne Tillichs einen entscheidenden Fehler darstellen, wenn man die Religion im weiteren Sinne auf subjektive Religiosität und die Religion im engeren Sinne auf öffentliche Religion einseitig beziehen würde. Vielmehr umfassen sowohl die Religion im weiteren als auch im engeren Sinne beide Momente (vgl. E IV, 110). Die Gegenüberstellung von Religiosität und öffentlicher Religion besitzt ihren Sinn nach Tillich allein in der „notwendige[n] religiöse[n] Kritik an jeder Form von Religion, der persönlichen wie der gemeinschaftlichen" (S III 241f.; vgl. Schüßler 1989, 103).

Die Isolierung von Religiosität und damit die Aufhebung der öffentlichen Religion ist nach Tillich ein Unding, „da der Mensch nur in der Begegnung mit der anderen Person Person werden kann und da die Sprache der Religion – selbst wenn sie lautlose Sprache ist – von der Gemeinschaft abhängig ist" (ebd., 241). Somit bleibt alle ‚subjektive Religiosität' ein Reflex der Gemeinschafts-Tradition ... Es gibt nicht derartiges wie ‚private Religion'" (ebd.; vgl. VIII, 127f.).

4. Religiosität als notwendige Dimension menschlicher Natur (W. Pannenberg)

Mit dem theologischen Entwurf von Wolfhart Pannenberg (geb. 1928) wird insofern eine Weiterführung des Tillichschen Ansatz vorgestellt, als Pannenberg gleichermaßen die berechtigten Aspekte der konträren theologischen Ansätze von Schleiermacher und Barth aufzugreifen und in einem eigenen originären theologischen Entwurf zu integrieren versteht. Allerdings vermag Pannenberg über Tillich hinaus auch konsequent humanwissenschaftliche Aspekte zu berücksichtigen.

Entscheidend für die Hinwendung Pannenbergs zur Anthropologie ist, dass s.E. hier die Entscheidung darüber fällt, „ob das Reden von Gott theoretischen Wahrheitsgehalt beanspruchen kann oder als irrationaler Ausdruck anderweitig – etwa psychologisch oder sozialpsychologisch – zu erklärender menschlicher Einstellungen zu beurteilen ist" (Pannenberg 1972, 16). Eine Theologie, die sich der atheistischen Religionskritik stellt, muss sich auf das anthropologische Terrain begeben, da dort die gedanklichen Auseinandersetzungen um die Gottesthematik nicht ohne Grund angelangt sind (vgl. ebd., 18; vgl. dazu auch ders. 1986, bes. 87f.).

In diesem Sinne wird im Folgenden zu zeigen sein, wie Pannenberg den Humanwissenschaften sowie der philosophischen Anthropologie aufzuweisen sucht, dass sie defizitär vorgehen, wenn sie die religiöse Thematik „allenfalls am Rande, wenn überhaupt" (ders. 2000, 260) behandeln.

4.1 Religion und menschliche Natur

Pannenberg unterscheidet drei verschiedene Weisen des humanwissenschaftlichen bzw. anthropologischen Umgangs mit der religiösen Thematik: Manche Autoren wie Claude Lévi-Strauss verdrängen die religiöse Thematik vollständig, andere wie Helmuth Plessner behandeln religiöse Aspekte „als Randerscheinungen, in denen sich eine Grundstruktur menschlicher Wirklichkeit äußert, die in anderer, rein profaner Sprache beschreibbar ist" (ebd.). Und schließlich kann Jürgen Habermas als ein Vertreter der dritten Variante genannt werden, nach der die Religion letztlich „eine Übergangserscheinung in der Menschheitsentwicklung" (ebd., 261) darstellt.

Nach Pannenberg steht jedoch die diesen drei Positionen zugrunde liegende These, „dass sich der Mensch von Anfang an, seiner Natur nach, als ein rein profanes Wesen begreifen lasse, … im Widerspruch zu dem Material, das Paläontologie, Ethnologie und Kulturgeschichte zugänglich gemacht haben" (ebd., 262).

Auf diesem Hintergrund führt Pannenberg exemplarisch drei Befunde an, welche die Notwendigkeit der religiösen Thematik für das Menschsein aufzeigen: Erstens sind die seit der Altsteinzeit nachgewiesenen Totenbestattungen ein wichtiges Indiz dafür, dass seit Beginn der Menschheit „Religion zum Menschsein … [gehört], und zwar als entscheidendes Kriterium für die Abgrenzung des Menschlichen vom Vormenschlichen" (ebd.). Zweitens kann die allgemein anerkannte religiöse Basis aller Kulturen genannt werden (vgl. ebd., 262f.). Drittens ist der Zusammenhang von Spracherwerb und der Entwicklung kindlichen Spielverhaltens zu beachten, wobei die Ergriffenheit des Spielenden von seinem Gegenstand für Pannenberg darauf hinweist, „dass die Sprache aus einer im Ursprung religiösen Ergriffenheit entsteht" (ebd., 265).

Pannenberg räumt an dieser Stelle ein, dass die drei genannten Belege für den Zusammenhang von Religion und Menschsein nicht die Möglichkeit ausschließen, dass Religion zu Beginn der Geschichte der Menschheit ausschlaggebend war, der heutige Mensch jedoch sich von seinen religiösen Ursprüngen entfernt habe (vgl. ebd.). Dem setzt er aber entgegen, dass es sich umgekehrt eher um eine Verdrängung der religiösen Thematik zu handeln scheint, die letztlich nicht ohne negative Folgen bleibt. Pannenberg verweist hier erstens auf „das in der säkularen Kulturwelt sich ausbreitende Gefühl von Entfremdung und

Sinnleere" (ebd.) sowie zweitens auf den Legitimitätsverlust sozialer Institutionen, die letztlich durch „die Ablösung des modernen Staates von der Religion
als Maßstab seiner Ordnung" (ebd., 266) bedingt ist. „Die Modernisierung der
Gesellschaft überlässt nämlich alle Sinngehalte des Lebens der Beliebigkeit pri-
vater Aneignung ... Das öffentliche Leben wird von allen Bindungen an verpflichtende Sinngrundlagen abgelöst" (ebd., 267). Die Konsequenz dessen ist,
„dass die Menschen rebellisch werden, weil der Mensch ohne verpflichtenden
Sinn nicht leben kann" (ebd.). Das bedeutet letztlich, dass der Mensch nicht ohne Religion leben kann. Somit ist es gegenwärtig weniger eine Frage, wie lange
Religion noch existiert – sie wird nicht verschwinden, vielmehr, „wie lange eine
säkulare Gesellschaft überleben kann, die sich von ihren religiösen Wurzeln gelöst hat" (ebd., 268).

Es ist im Blick auf Religiosität als anthropologisches Phänomen bemerkenswert, dass Pannenberg schließlich auf der lebensgeschichtlichen Ebene eines jeden einzelnen Menschen zu zeigen sucht, dass auch in der säkularen Welt
eine „nur religiös zu nennende Ergriffenheit ... zumindest implizit gegenwärtig
und wirksam" (ebd.) ist. Dies geschieht insbesondere unter Rückgriff auf die
Theorie der psychosozialen Entwicklung von E. Erikson, wobei das so genannte
Grundvertrauen eine entscheidende Rolle spielt (vgl. ebd., 269). Dieses ist für
eine gesunde Persönlichkeitsentwicklung grundlegend und meint die Offenheit
des Kindes auf seine es umgebende Umwelt hin, „eine Erwartung von Halt,
Nahrung und Förderung" (ebd.). Gleichwohl ist zu bedenken, dass das Kind in
dieser Phase sich noch nicht bewusst von seiner Mutter unterscheidet, sondern
mit ihr in einer „symbiotischen" Lebenssphäre verbunden ist, wobei das Kind
gewissermaßen ekstatisch, d.h. außerhalb seiner selbst existiert (vgl. ebd.). Pannenberg stellt auf diesem Hintergrund die Frage, was diese gemeinsame Lebenssphäre eigentlich ist und gelangt von da aus zu einem unbestimmten Ganzen,
„das von Anfang an alle Abgrenzungen übersteigt, weil es vor allen Abgrenzungen liegt und sich nur manifestiert in bestimmten Dingen und Erscheinungen,
die erst allmählich als solche unterschieden werden" (ebd.). „Demnach vertritt
die Mutter zu Beginn der kindlichen Entwicklung ... [letztlich] Gott" (ebd.),
„den letzten bergenden und tragenden Horizont für das Leben des Kindes"
(ebd.). Jedoch kann die Mutter dem ihr entgegen gebrachten Vertrauen nicht
unbegrenzt entsprechen. „Insofern findet die symbiotische Ekstase der menschlichen Anfänge und das so rührend umfassende Vertrauen des Kindes erst in
Gott seinen eigentlichen Anhalt und Boden" (ebd., 269f.).

Mit dieser Argumentation sieht Pannenberg keinen Gottesbeweis erbracht,
jedoch dies, dass „der Mensch ... von Natur aus religiös [ist]. Religion – in welcher Form auch immer – ist eine notwendige Dimension seines Lebens, und wo
sie verkümmert, muss man mit folgenreichen Verformungen der dem Menschen
möglichen Entfaltung seines Lebens rechnen" (ebd., 270). Dabei geht die Angewiesenheit des Menschen auf Religion aller religiösen Erfahrung voraus. „Sie
gehört – wie verdeckt auch immer – zur ‚Natur' des Menschen. ... Strittig kann
dann nur noch sein, ob die Religion eine unvermeidliche, weil mit der Natur des

Menschen gegebene, Illusion ist oder ob die unheilbar religiöse Natur des Menschen das Siegel seiner Herkunft von seinem Schöpfer ist. Der christliche Glaube lehrt uns das letztere" (ebd.).

4.2 „Der gottbezogene Mensch"[5]

Obwohl Pannenberg Religion als eine notwendige Dimension des menschlichen Lebens bestimmt und in einem „Atemzug" von Religion und Religiosität sprechen kann, ist es vermutlich kein Zufall, dass er zwar eingehend Religion, nicht jedoch explizit Religiosität reflektiert. Vielmehr spricht Pannenberg bezüglich der anthropologischen Dimension bevorzugt vom weltoffenen bzw. exzentrischen Wesen des Menschen und wendet sich – wie oben dargelegt – konkretisierend der psychosozialen Theorie von Erikson zu (vgl. Pannenberg 1988, 171).

Ein entscheidender Grund für die Fokussierung auf den Religionsbegriff besteht wohl darin, dass Pannenberg sowohl einer Ablösung des Gottesgedankens vom Religionsbegriff als auch einer rein anthropologischen Bestimmung des Religionsbegriffs widerstreitet (vgl. ebd., 151ff.). In diesem Sinne kritisiert er an Schleiermacher, dass jener Gott als eine religiöse Anschauung unter anderen bestimmt (vgl. ebd., 152) und Religion als „eigene Provinz im menschlichen Gemüt" (ders. 1996, 360) zu begründen sucht, weil sich dies psychologisch relativieren lässt.

Dabei sind anthropologische Bestimmungen des Religionsbegriffs nicht einfach verkehrt. Schließlich beschreiben sie Aspekte des Menschseins, „die in Verbindung mit religiösen Inhalten auftreten" (ders. 1988, 152). Allerdings kommt wie bei funktionalen Religionsbegriffen unzureichend zum Ausdruck, woher diese Wirkungen stammen (vgl. ebd., 153). In diesem Sinne trägt auch „der Rückgriff auf die religiöse Erfahrung für die Klärung des Redens von Gott wenig [aus] …, weil dieses Wort umgekehrt eines der wichtigsten Interpretamente für die Verständigung über den Inhalt religiöser Erfahrung ist" (ebd., 80). Die Relevanz des Redens von Religion und religiöser Erfahrung besteht nach Pannenberg vielmehr darin, „ob und welche Realität dem Gottesgedanken entspricht" (ebd.). In der Entfaltung dessen zeigt sich, dass Pannenberg im Blick auf Religion u.a. auf die Religionsgeschichte rekurriert, jedoch wie gesagt nicht eigens über den Begriff ‚Religiosität' reflektiert, sondern das menschliche Bewusstsein vom Endlichen in seinem Verhältnis zum Unendlichen bedenkt und darüber hinaus auf die Beschreibung der menschlichen Lebensform als „weltoffen" und „exzentrisch" abhebt (ders. 1996, 360),

Die strukturelle Weltoffenheit des Menschen impliziert dessen Verwiesenheit auf Gott und konkretisiert sich in der Schrankenlosigkeit des Grundvertrauens (ebd., 227).

---

[5]   So der treffende Titel von F.-J. Overbeck: Der gottbezogene Mensch. Eine systematische Untersuchung zur Bestimmung des Menschen und zur ‚Selbstverwirklichung' Gottes in der Anthropologie und Trinitätstheologie Wolfhart Pannenbergs (Münsteraner Beiträge zur Theologie 59), Münster 2000.

Dabei ist Pannenberg im Anschluss an Schleiermachers Religionsverständnis daran gelegen, dass die religiöse Dimension der Wirklichkeit keinen Sonderbereich im Verhältnis zur Alltagswirklichkeit darstellt, sondern es sich „um eine tiefere und sachgemäßere Wahrnehmung der alltäglich begegnenden Wirklichkeit endlicher Dinge und Begebenheiten" (ders. 1999, 133; vgl. ders. 1988, 154f.) handelt. Vom jungen Schleiermacher wurde dieser Vorgang beschrieben als ein Handeln „des Universums, das sich im Bewusstsein des Menschen zur Geltung bringt vermittels des endlichen Gegenstandes, in welchem nun das Unendliche ,angeschaut' wird". Gerade in diesem Punkt, der Entstehung religiösen Bewusstseins, sieht Pannenberg eine bleibende Leistung Schleiermachers.

Daran anknüpfend entfaltet Pannenberg sein eigenes Verständnis: „Religiöses Bewusstsein macht die Sinnganzheit ausdrücklich zum Thema, die in aller alltäglichen, an einzelnen Bedeutungserlebnissen orientierten Sinnerfahrung implizit vorausgesetzt ist. Dabei hat es Religion vor allem mit der Sinnganzheit der natürlichen und sozialen Welt begründenden und vollendenden göttlichen Wirklichkeit zu tun, und so nur indirekt mit der Sinnganzheit der Welt selber" (ders. 1999, 110f.). An dieser Stelle werden Nähe und Differenz zu Schleiermacher deutlich: Wie für Schleiermacher ist auch für Pannenbergs Religionsverständnis die Vermittlung von Endlichem und Unendlichem konstitutiv (vgl. ebd., bes. 160, 173), im Unterschied zu diesem hält er jedoch pointiert am Gottesgedanken fest – als eine von aller endlichen Wirklichkeit, in der sie offenbart wird, unterschiedene Wirklichkeit, die personhaft dem Menschen gegenübertritt und ihn in Anspruch nimmt (vgl. ebd., 139).

Nicht zuletzt nimmt Pannenberg mit dieser Modifikation berechtigte Kritikpunkte Barths an Schleiermachers Religionsverständnis auf, insbesondere die Vorrangstellung der göttlichen Wirklichkeit gegenüber einem anthropozentrisch reduzierten Religionsbegriff (vgl. ebd., 160–172, bes. 160; 173–184, bes. 173). In diesem Sinne kann er auch auf die moderne Religionswissenschaft verweisen, die „[e]ntgegen der Auffassung der Religion als eines rein anthropologischen Phänomens, als Ausdruck und Schöpfung des menschlichen Bewusstseins … Religion mit Recht als ,eine doppelseitige Größe'"(ders. 1988, 157) beschreibt, die Gottheit und Mensch umfasst, wobei der Gottheit in diesem Verhältnis Priorität zukommt.

4.3 Resümierende Perspektiven

Als ausgesprochen positiv bei Pannenbergs theologischem Ansatz ist seine Anschlussfähigkeit an philosophische wie humanwissenschaftliche Positionen hervorzuheben. Dabei versteht er es vorzüglich, eine Vielzahl verschiedenster Gesichtspunkte aufzugreifen und aus theologischer Perspektive zu integrieren. Sein Dialog mit den Humanwissenschaften ist keineswegs so gestaltet, dass er einseitig deren Ergebnisse rezipiert, vielmehr sucht er umgekehrt auch das Ungenügen einer Ausblendung des Gottesgedankens in den Human- und Naturwissenschaften aufzuzeigen.

Grundsätzlich gibt es zu denken, dass Pannenberg den Religiositätsbegriff zwar gelegentlich verwendet, jedoch nicht eigens reflektiert, sondern bevorzugt von Religion, von Gott- bzw. Weltoffenheit des Menschen bzw. adjektivisch von einer ‚religiösen‘ menschlichen Natur sprechen kann. Entscheidende Motive seinerseits bestehen in seinen berechtigten Bedenken gegen einen anthropologisch reduzierten Religionsbegriff sowie in der Priorität des Gottesgedankens. Allerdings sprechen diese Aspekte keineswegs gegen den Religiositätsbegriff als solchen. Vielmehr kann gleichermaßen deutlich zum Ausdruck gebracht werden, dass für einen theologisch gehaltvollen Religiositätsbegriff die Priorität von Gottes Selbstoffenbarung konstitutiv ist und Religiosität nicht isoliert von Religion als soziologischem und theologischem Phänomen adäquat zu verstehen ist.

5. Religiosität – eine vernachlässigte Kategorie

Abgesehen von Schleiermacher ist festzuhalten, dass Religiosität eine in der systematischen Theologie weitgehend unterbestimmte Kategorie darstellt. Dies hat zur Folge, dass unzureichend das Verhältnis von Religiosität als anthropologischem Phänomen und Religion als soziologischem Phänomen reflektiert wird. Gegenwärtige Herausforderungen wie die Phänomene „civil religion" oder „cultural religion" (vgl. Pirner in diesem Band) könnten präziser bezüglich ihrer anthropoligischen Konsequenzen theologisch gewürdigt werden, wenn dafür Religiosität als begriffliche Bezugskategorie ernst genommen würde. Gleichfalls könnten Ergebnisse der Neurowissenschaften oder neue Konzepte wie „creditionen" aus theologischer Perspektive reflektiert und theologische „Kurzschlüsse" wie eine so genannte „Neurotheologie" kritisch hinterfragt werden.

Ungeachtet dieses Desiderats lassen sich auf dem Hintergrund der obigen systematisch-theologischen Reflexionen auch weiterführende Aspekte benennen, die in den folgenden Punkten dargelegt werden.

5.1 Religiosität und Religion

Der vorliegende Arbeitsbegriff, mit dem Religiosität als anthropologisches Korrelat von Religion als soziologischem Phänomen verstanden wird, bewährte sich als heuristisches Instrumentarium, weil damit auch weiterführende theologische Einsichten bezüglich Religiosität bei Autoren gewonnen werden konnten, die undifferenziert allein von Religion sprechen oder alternative Begriffe wie Frömmigkeit, Glaube oder Gottoffenheit bevorzugen.

Allerdings lässt sich insbesondere auf dem Hintergrund der Schleiermacherschen Distinktionen der vorliegende Arbeitsbegriff von Religiosität als anthropologischem Phänomen begrifflich differenzieren: Erstens kann Religiosität als „die einen verschiedenen Grad zulassende Erregbarkeit des Einzelnen" verstanden werden. Dabei ist im Sinne Tillichs kritisch zu bedenken, dass Religiosität nicht einseitig als affektives Phänomen bestimmt wird, vielmehr als

Dimension des Unbedingen in den verschiedenen Funktionen des menschlichen Geistes. Zweitens kann Religiosität qua ‚individuelle Religiosität' als persönlich-individuelle Ausprägung des Allgemeingehaltes von Religionsgemeinschaften bestimmt werden (‚individuelle Religiosität' – ‚objektive Religion') und schließlich kann Religiosität qua ‚innere Religiosität' als Gesamtmenge der frommen Erregungen definiert werden im Unterschied zur Teilmenge derjenigen Aspekte, die kommuniziert werden (‚innere Religiosität' – ‚äußere Religion').

Darüber hinaus machen die Ausführungen Schleiermachers darauf aufmerksam, dass gewissermaßen eine ‚komplementäre Polarität' zwischen Religiosität als anthropologischem und Religion als soziologischem Phänomen besteht. In dieser Hinsicht vertreten alle diskutierten Autoren die Ansicht, dass die anthropologische Dimension des Religiösen nicht von der soziologischen Dimension isoliert werden darf.

Gerade Pannenbergs Kritik an einer anthropologischen Reduzierung des Religionsbegriffs – wobei Pannenberg wohlgemerkt die anthropologische Dimension des Religiösen keineswegs leugnet, sondern vielmehr die religiöse Natur des Menschen begründet – spricht m.E. für eine bewusste Verwendung des Religiositätsbegriffs als anthropologische Kategorie – unter der Voraussetzung, dass Religion als soziologisches Korrelat sowie Gott als theologische Kategorie nicht als unabdingbare Bezugspunkte von Religiosität aus dem Blick geraten. Dies widerstreitet einer ‚schleichenden' anthropologischen Aushöhlung des Religionsbegriffs und spricht für eine bewusste Reflexion der anthropologischen Dimension des ‚Religiösen', ohne diese wiederum absolut zu setzen.

5.2 Religiosität und Glaube

Beide Kategorien können in ihrer jeweiligen Verwendung gewissermaßen als ‚Lackmustest' für die theologische Position des jeweiligen Autors herangezogen werden. So lässt sich die vermittelnde Weise des korrelationstheologischen Ansatzes von Tillich auch an seiner den theologischen Kontroversen enthobenen Bestimmung dieser Begriffe entnehmen. Einerseits kann er beide Begriffe identisch verwenden, andererseits bedeutet näher betrachtet Religion/Religiosität die Manifestation des Ergriffenseins von dem, was uns unbedingt angeht, während er Glaube als Ergriffensein von dem, was uns unbedingt angeht, bestimmt.

Pannenbergs Position steht stellvertretend für Theologen, die den Religionsbegriff favorisieren. Ein entscheidender Grund besteht für Pannenberg darin, dass s.E. Glaube als subjektiver einzuschätzen ist. Die Gegenposition dazu bildet der theologische Ansatz von Barth, der den Glaubensbegriff bevorzugt. Dabei kann Glaube sogar als Gegenbegriff zu Religion/Religiosität fungieren, wenn Barth Religion als Unglaube charakterisiert: Religion sei letztlich ein aktives Handeln des gottlosen Menschen, Glaube hingegen ein ‚sich-Schenkenlassen' des Eintretens Gottes für uns Menschen.

Jedoch könnte – jenseits theologischer Beweggründe – der Glaubensbegriff im Vergleich zum Religiositätsbegriff den Vorzug besitzen, dass er sich auf religiöse wie nichtreligiöse Menschen beziehen lässt. Zumindest würden sich nach dem alltäglichen Sprachgebrauch nicht wenige Menschen zwar als nicht-religiös einstufen, jedoch umgekehrt konzidieren, dass sie einen bestimmten (Lebens-) Glauben besitzen.

Sicherlich muss der wissenschaftliche Sprachgebrauch keineswegs dem alltäglichen folgen. Auch sei an das pragmatische Sprachverständnis von Schleiermacher erinnert, der diesen Themenbereich in ganz unterschiedlicher Terminologie zum Ausdruck bringen konnte. Daraus lässt sich die Konsequenz ziehen, dass man sich selbst als ‚nicht-religiös‘ verstehende Menschen aus theologischer Perspektive als ‚religiös‘ qualifizieren kann, wenn man den theologisch unbestrittenen Gottesbezug bzw. die Gottoffenheit eines jeden Menschen als Religiosität bestimmt.

5.3 Religiosität und Gottesgedanke

Ein bemerkenswertes Resultat der voran stehenden theologischen Reflexion von Religiosität ist die Bedeutung des ‚theo-logischen‘ im engeren Sinne des Wortes. Obwohl in der Kritik an Schleiermacher oftmals unzureichend bedacht wird, dass dieser gleichfalls ein vorgängiges Handeln des Universums zur Entstehung von Religiosität voraussetzt und als Wesensmerkmal von Religiosität ihre Empfangsbereitschaft bestimmt, lässt sich dennoch problematisieren, dass Schleiermacher erkenntnistheoretisch die Bestimmung des Wesens von Religion/Religiosität an die Selbstbetrachtung bindet und der Gottesgedanke nicht notwendig für den Begriff des Universums ist.

Weiterführend in diesem Zusammenhang sind besonders die theologischen Ansätze von Tillich und Pannenberg, die beide auf je unterschiedliche Weise Religion – und damit Religiosität – als eine grundlegende theologische Kategorie bestimmen, ohne die berechtigten Anliegen des Barthschen Ansatzes bei der Selbstoffenbarung Gottes aufgeben.

So ist nach Tillich der Religionsbegriff vom Gottesbegriff abzuleiten und nicht etwa umgekehrt der Gottesbegriff vom Religionsbegriff. Selbst eine Philosophie der Religionen wird nach Tillich ihrem Gegenstand nur dann gerecht, wenn sie erkennt, dass Gott und nicht die Religion im Zentrum zu stehen hat. Schließlich kann Gott nur aus Gott erkannt werden.

Auch nach Pannenberg ist der Gottesbegriff eines der wichtigsten Interpretamente für den Religionsbegriff und trägt umgekehrt der Religionsbegriff für eine Näherbestimmung des Gottesbegriffs wenig aus. Z.B. verkennen funktionale Religionsbegriffe, woher die entsprechenden Wirkungen stammen. Grundsätzlich wird mit dem Gottesbegriff auf eine von aller endlichen Wirklichkeit unterschiedene Realität verwiesen, die dem Menschen personhaft gegenübertritt.

Dies zieht für die Reflexion von Religiosität die Konsequenz nach sich, dass von vornherein die Grenzen einer so genannten Neurotheologie feststehen: Genau so wenig, wie aus einer Selbstbetrachtung auf Gott geschlossen werden

kann, genau so wenig ist dies mit den Methoden der Neurobiologie möglich.
Eine Erschließung seines Wesens ist nur kraft seiner Selbstoffenbarung möglich.

5.4 Religiosität und Humanwissenschaften

Ungeachtet dessen besteht ganz im Sinne der entsprechenden Überlegungen
Pannenbergs eine entscheidende theologische Herausforderung darin, die aktuellen Forschungen der Neurobiologie bezüglich Religiosität kritisch-konstruktiv
zu begleiten. Verfolgt man die populärwissenschaftliche Diskussion, dann bewahrheitet sich in aller Schärfe seine Feststellung, dass die Auseinandersetzungen um die Gottesthematik gegenwärtig auf dem Feld der Anthropologie ausge-
tragen werden und sich die Theologie auf dieses Terrain zu begeben hat. Dabei
bleibt Theologie nur dann dialogfähig mit den Humanwissenschaften, wenn sie
bereit ist, die von ihr mit guten Gründen postulierte Gottoffenheit des Menschen
auf dem gegenwärtigen Stand der Humanwissenschaften zu konkretisieren. Mit
den Worten Pannenbergs stellt sich z.B. auch im Blick auf die Gehirnforschung
die Frage „ob und welche Realität dem Gottesgedanken entspricht"[6] bzw. die
Rede von Gott einen theoretischen Wahrheitsgehalt für sich in Anspruch zu
nehmen vermag (vgl. Pannenberg 1972, 16).

Auf diesem Hintergrund verdienen etwa auch die Überlegungen von H.-F.
Angel zu ‚Creditionen' Beachtung, da sie ein Defizit markieren können, wenn
die religiöse Thematik von Neurobiologie und Neuropsychologie nur am Rande
behandelt wird. Zugleich können seine Überlegungen als ein Beitrag dazu verstanden werden, warum die religiöse Thematik konstitutiv zum Menschsein gehört und eine Absehung davon letztlich eine wesentliche Dimension des
Menschseins ausblendet.

Literatur

Albrecht, Christian: Schleiermachers Theorie der Frömmigkeit. Ihr wissen-
    schaftlicher Ort und ihr systematischer Gehalt in den Reden, in der Glau-
    benslehre und in der Dialektik (SchlA 15), Berlin / New York 1994.
Barth, Karl: Der Römerbrief, Neunter Abdruck der 2. Auflage, Zürich 1954.
Barth, Karl: Die Kirchliche Dogmatik. Bd. I/1–IV/4. Zürich 1932–1967. (= KD
    I/1–IV/4)
Barth, Karl: Das christliche Leben. Die Kirchliche Dogmatik IV/4, Fragmente
    aus dem Nachlass. Vorlesungen 1959–1961, in: Karl Barth. Gesamtausgabe
    II. Akademische Werke 1959–1961, hg. v. Drewes, Hans-Anton / Jüngel,
    Eberhard, Zürich 1976.

[6] Ebd., 80.

Dalferth, Ingolf U., Notwendig religiös? Von der Vermeidbarkeit der Religion und der Unvermeidbarkeit Gottes, in: Stolz, Fritz (Hg.): Homo naturaliter religiosus (StRH 97), Bern u.a.1997, 193–218.

Fritsche, J.: Art. „Religiosität", in: HwPh 8, 774–780.

Krötke, W.: Der Mensch und die Religion nach Karl Barth (Theologische Studien 125), Zürich 1981.

Pannenberg, Wolfhart: Gottesgedanke und menschliche Freiheit, Göttingen 1972.

Pannenberg, Wolfhart: Anthropologie. Anthropologie in theologischer Perspektive. Religiöse Implikationen anthropologischer Theorie, Göttingen 1983.

Pannenberg, Wolfhart: Anthropologie in theologischer Perspektive. Philosophisch-theologische Grundlinien, in: Ders. (Hg.): Sind wir von Natur aus religiös?, Düsseldorf 1986, 87–105.

Pannenberg, Wolfhart: Systematische Theologie Bd. I, Göttingen 1988. (= S I)

Pannenberg, Wolfhart: Theologie und Philosophie. Ihr Verhältnis im Lichte ihrer gemeinsamen Geschichte, Göttingen 1996.

Pannenberg, Wolfhart: Sinnerfahrung, Religion und Gottesfrage (1984), in: Ders.: Philosophie, Religion, Offenbarung. Beiträge zur Systematischen Theologie Bd. 1, Göttingen 1999, 101–113.

Pannenberg, Wolfhart: Religiöse Erfahrung und christlicher Glaube (1993), in: Ders., Philosophie, Religion, Offenbarung. Beiträge zur Systematischen Theologie Bd. 1, Göttingen 1999, 132–144.

Pannenberg, Wolfhart: Die Religionen als Thema der Theologie (1989), in: Ders.: Philosophie, Religion, Offenbarung. Beiträge zur Systematischen Theologie Bd. 1, Göttingen 1999, 160–172.

Pannenberg, Wolfhart: Das Christentum – eine Religion unter anderen? (1996), in: Ders.: Philosophie, Religion, Offenbarung. Beiträge zur Systematischen Theologie Bd. 1, Göttingen 1999, 173–184.

Pannenberg, Wolfhart: Religion und menschliche Natur, in: Ders., Natur und Mensch – und die Zukunft der Schöpfung. Beiträge zur systematischen Theologie Bd.2, Göttingen 2000, 260–270.

Schindler, Alfred: Von Tertullian bis Drewermann. Ist die Seele von Natur aus christlich? Ein ungewohntes Stück Theologiegeschichte, in: Stolz, Fritz (Hg.): Homo naturaliter religiosus (StRH 97), Bern u.a. 1997, 167–192.

Schleiermacher, Friedrich: Kritische Gesamtausgabe in 5 Abteilungen, hg. v. Birkner, Hans-Joachim u.a., Berlin / New York 1985ff. (= KGA)

Schüßler, Werner: Jenseits von Religion und Nicht-Religion. Der Religionsbegriff im Werk Paul Tillichs, Frankfurt/M. 1989.

Tillich, Paul: Korrelationen. Die Antworten der Religion auf Fragen der Zeit. Ergänzungs- und Nachlassbände zu den gesammelten Werken von Paul Tillich Bd. 4, hg. v. Henel, Ingeborg C. (Hg.), Stuttgart 1975. (= E IV)

Tillich, Paul: Gesammelte Werke in 14 Bd., Stuttgart 1959ff. (= I–XIV)

Tillich, Paul: Systematische Theologie Bd. I, Stuttgart, [6]1979. (= S I)

Tillich, Paul: Systematische Theologie Bd. III. Das Leben und der Geist. Die Geschichte und das Reich Gottes, Stuttgart 1966. (= S III)

Die Bedeutung von Religiosität
im Horizont religionspädagogischer Theorie und Praxis

Martin Rothgangel / Hans-Ferdinand Angel / Ulrich Hemel

Die vorliegende interdisziplinäre Beschäftigung mit dem Phänomen Religiosität ist ein zutiefst religionspädagogisches Anliegen. Insofern spiegeln die hier in Form eigenständiger Beiträge vorgelegten Perspektiven profilierte Zugänge und Positionen religionspädagogischer Reflexion. Dadurch werden zentrale Momente religionspädagogischer Problemstellungen erkennbar. Es war ein gemeinsames Anliegen aller an der Diskussion Beteiligten, die Bedeutung von Religiosität abschließend noch einmal im Horizont religionspädagogischer Theorie und Praxis explizit zu reflektieren und weiterführende Überlegungen zu skizzieren. Dies geschieht in einem doppelten Zugang: Zum einen sollen in verdichteter Kürze Gemeinsamkeiten und Differenzen der verschiedenen Ansätze herausgestellt werden und auf diese Weise gewissermaßen der „rote Faden", der sich durch die gemeinsamen Überlegung zieht, sichtbar gemacht werden. Zum anderen sollen einige weiterführende Perspektiven eröffnet werden, die sich ergeben, wenn man Religiosität als zentrale Kategorie der Religionspädagogik versteht. Entsprechend der unterschiedlichen Akzentuierungen des Religiositätsbegriffs können hier allerdings keine homogenisierenden Erwartungen befriedigt werden. Vielmehr ist – entsprechend ihrer jeweiligen Perspektive – der Zustimmungsgrad der beteiligten Autorinnen und Autoren in unterschiedlicher Weise gegeben. Einigkeit besteht allerdings darin, dass Religiositätstheorie(n) religionspädagogische Interaktions- und Handlungskonzepte beeinflussen. Wie dies genau der Fall sein kann, der Fall sein sollte oder womöglich der Fall sein wird, war Gegenstand lebhafter Diskussion. Zu den zentralen Kontroversen gehörte die Frage, ob Religiosität ohne Bezug zu Religion adäquat erfassbar ist. Die Virulenz der Argumentation wurde gerade an diesem Punkt als besonders fruchtbar erlebt. An dieser Stelle soll lediglich auf einen Aspekt aufmerksam gemacht werden: (a) Konzipiert man Religiosität als anthropologische Größe, dann ist die biologische (biopsychologische) *Ausstattung* des Menschen ohne diesen Bezug beschreibbar: es ist dann aber die *Ausprägung* von Religiosität, die nicht ohne soziokulturellen Bezugsrahmen denkbar ist. Hier kann man analog zur Sprache argumentieren: Die neuronale Ausstattung des Menschen erlaubt ihm, Sprache zu entwickeln. Auf biologischer Ebene sind hier viele Aspekte (etwa das Vorhandensein der zwei cerebralen Sprachzentren, die Neuroplastizität des Gehirns, der Rückbau von nicht genutzten neuronalen Verbindungen im Verlauf

der ersten Lebensjahre usw.) bedeutsam, die ohne Verbindung zur sozialen Umgebung untersucht und beschrieben werden können. Die konkrete Ausprägung
von Sprache, also die Fähigkeit, eine ganz bestimmte Sprache (etwa als Mutter-
sprache) zu sprechen, ist demgegenüber nicht (!) ohne Bezug auf die soziokulturelle Umgebung zu verstehen. (b) Versteht man hingegen Religiosität überwiegend als die konkret in Erscheinung tretende Möglichkeit menschlichen Verhaltens, dann kann man diese per definitionem nicht ohne kulturspezifischen oder
gegebenenfalls religionsspezifischen Bezugsrahmen erfassen. Aus dieser Perspektive müssen dann konsequenterweise Überlegungen, die den kulturellen
und sozialen Referenzrahmen nicht ausreichend betonen, als problematisch bis
irreführend erscheinen.

Die aus derartigen Akzentsetzungen resultierenden Spannungen sind viel zu
bedeutsam, als dass man sie vorschnell übergehen dürfte. Dies festzuhalten ist
umso wichtiger, als die verschiedenen Positionen auch unterschiedliche Überlegungen für die zukünftige religionspädagogische Theorie und Praxis zur Folge
haben. Um die sachlich notwendigen Kontroversen nicht einebnen zu müssen,
stehen *vor* den Passagen die Namen der Autoren, die *schwerpunktmäßig* für sie
verantwortlich zeichnen, andererseits wurden Einwände teilweise im Modus des
Dialogs eingefügt.

1. Religionspädagogische Ausgangspunkte der interdisziplinären Diskussion
(Martin Rothgangel)

Ein Rückblick auf die verschiedenen Beiträge dieses Bandes dokumentiert, dass
die wissenschaftliche Beschäftigung mit Religiosität noch in fast allen Disziplinen – sei es religionssoziologisch, neurowissenschaftlich, entwicklungspsycho-
logisch, theologisch, religionsphilosophisch, bildungstheoretisch, theoriege-
schichtlich oder empirisch – in den Anfängen steht und oftmals ein diffuser Er-
kenntnisstand vorherrscht. Gleichzeitig wird deutlich, dass eine interdisziplinäre
Herangehensweise geboten ist, wenn man Religiosität adäquat in den Blick
nehmen möchte. Ungeachtet der Vielfalt der Perspektiven, aus denen im vorliegenden Band Religiosität bedacht wird, fehlen noch immer wesentliche Zugänge, die für eine umfassendere Betrachtung von Religiosität unverzichtbar sind.
So wäre, um drei der vordringlichsten Desiderate zu nennen, eine Reflexion von
Religiosität aus religionswissenschaftlicher und interkultureller Sicht sowie aus
Genderperspektive wünschenswert gewesen.

Bei aller Unterschiedlichkeit der einzelnen Beiträge kristallisieren sich ein
paar ganz entscheidende Themenkreise und Einsichten heraus, die sich wie ein
roter Faden durch jeweils mehrere Beiträge hindurch ziehen:

1.1 Religiosität als essentielles Thema der Moderne

Die Relevanz einer verstärkten Beachtung von Religiosität ist insbesondere dadurch gegeben, dass Begriff und Sache eng mit der Moderne und der zuneh-

menden Bedeutung des Subjekts verbunden sind. Die Ablösung von einer einseitigen Traditionsorientierung und Autoritätsbindung einerseits, umgekehrt die
fortschreitende Ausdifferenzierung der Gesellschaft und die damit einhergehende Pluralisierung sowie Individualisierung andererseits (vgl. Pirner, Jakobs,
Kunstmann) sind grundlegende soziologische Prozesse, die gleichermaßen den
religiösen Bereich prägen:

Sicherlich gab es selbst im Mittelalter oder in der frühen Neuzeit nicht einfach „das" Christentum als monolithische Größe – und dennoch war der le-
bensweltliche Kontext dieser Menschen in hohem Maße von der christlichen
Religion oder einer Konfession bestimmt. Nicht nur die Gesellschaft an sich,
sondern auch das Christentum hat sich seitdem zunehmend ausdifferenziert,
spätestens seit der Flüchtlingsbewegung von 1945 ist die Pluralität der christlichen Konfessionen in fast allen Regionen Deutschlands augenscheinlich. Darüber hinaus treten mit dem Islam und dem Judentum alternative Religionen in
das öffentliche Bewusstsein. Gleichzeitig finden sich neue Formen von Religion, die man je nach Schattierung als „civil religion", „culture religion", „Medienreligion" usw. (vgl. Pirner) bezeichnen kann. Über diese neuen Formen von
Religion hinaus haben sich – darin besteht zweifellos das Wahrheitsmoment der
an sich umstrittenen Säkularisierungstheorien – verschiedene Teilbereiche der
Gesellschaft von der Religion emanzipiert (Pirner, Jakobs). Diese gesellschaftliche Gesamtsituation aus 1) einer Pluralität von Konfessionen und Religionen, 2)
neuen Formen von Religion sowie 3) säkularisierten Teilbereichen führt beinahe
zwangsläufig zu einer „Gewichtsverschiebung von Religion zu Religiosität"
(Kunstmann), da das einzelne Subjekt zur Wahl zwischen den verschiedenen
Optionen von Religionen und Weltanschauungen gezwungen ist.

1.2 Religiosität als mehrdimensionales und facettenreiches Phänomen

Ungeachtet verschiedener Akzentuierungen wird in den Beiträgen Religiosität
als ein mehrdimensionales Phänomen verstanden. Ohne die entsprechenden religionssoziologisch orientierten Dimensionen von Religiosität z.B. nach Glock
und Stark (vgl. Jakobs) und Hemel zu wiederholen, sei an dieser Stelle das Modell von Angel in diesem Band hervorgehoben, der Religiosität als eine Art Balancefähigkeit zwischen Kognitionen, Emotionen und Creditionen bestimmt.
Die Einführung von Creditionen sowie des Konzeptes einer „inneren Stabilität"
signalisieren den innovativen Charakter dieses psychologisch-biologischen Ge-
dankenmodells. Angel selbst weist darauf hin, dass dieses allerdings einer empirischen Überprüfung bedarf. Auch ist sich Angel bewusst, dass er in seinem
Modell letztlich eine ‚nicht-religiöse' Religiosität voraussetzt, wenn er mit guten Gründen zwischen religiösen und nicht-religiösen Creditionen unterscheidet.
Gleichwohl stellt sich die Frage nach der Plausibilität einer derart widersprüchlichen Begriffsbildung. Jedoch kann ein derartiger Begriff u.U. auch in der Sache selbst begründet sein, da auch z.B. Kunstmann ganz bewusst von einer
nicht-religiösen Religiosität spricht, wenn eine letztgültige Orientierung an

„Kunst, Leistung, Moral, Besitz" erfolgt. In jedem Fall ist es angesichts der o-
ben skizzierten gesellschaftlichen Situation notwendig, von „religiösen Äquivalenten" (Kunstmann) bzw. von „analoger" und „potenzieller" Religiosität (Pirner) zu sprechen. Hier wird erkennbar, dass die traditionelle Begrifflichkeit offensichtlich nicht ausreicht, das mit Religiosität gemeinte Phänomen adäquat zu
erfassen. Bislang reichen zumindest die zur Verfügung stehenden Begriffe (der
deutschen Sprache) nicht aus, alle Aspekte des Phänomens zu beschreiben.
Denkbar ist, dass außerhalb der Wissenschaften, die in der vorliegenden Publikation rezipiert wurden, Begriffe und Denkfiguren existieren, die – in analoger
Weise wie etwa „Homöostase" im Beitrag von Angel – für eine präzisere Fassung des Religiositätsphänomens herangezogen werden können.

1.3 Stile von Religiosität

Der oben genannte zeitgeschichtliche Hintergrund der Moderne führt jedoch
keineswegs zu einer individualistischen Bestimmung von Religiosität. Vielmehr
wird in verschiedenen Beiträgen die Herausbildung von Religiositätsstilen als
überindividuelle Kategorie hervorgehoben. Auf typologische Weise lassen sich
nach Hemel vier verschiedene Religiositätsstile unterscheiden, deren Plausibilität sich m.E. zum einen aus dem vormodernen sowie zum anderen aus dem modernen Kontext herleiten lässt: In Mitteleuropa war lange Zeit – und ist es in
bestimmten Regionen bis heute – die Zugehörigkeit zum Christentum in den
meisten Fällen eine Selbstverständlichkeit und kein bewusster Entscheidungsakt
(vgl. Typ 1), allenfalls stellte sich die Frage, mit welcher Intensität man die Zugehörigkeit in eine entsprechende Frömmigkeitspraxis „umsetzen" wollte (vgl.
Typ 2). In Anbetracht der oben angesprochenen Individualisierung und Pluralisierung der (Post-)Moderne lassen sich zwei weitere – in diesem Fall entgegen-
stehende – Formen benennen, wie Menschen diese Situation bewältigen: im
Sinne einer offenen Suchbewegung, die zu einer religiösen oder nicht-religiösen
„Patchwork-Identität" führt (vgl. Typ 3 der Religiositätsstile nach Hemel) oder im
Sinne einer geschlossenen Identität – nicht zufällig ist der religiöse Fundamenta-
lismus ein Phänomen der Moderne, ein moderner Antimodernismus (vgl. Typ 4
der Religiositätsstile nach Hemel). Dementsprechend bleibt festzuhalten, dass
sich typologisch verschiedene Religiositätsstile unterscheiden lassen – gleichwohl
die Diskussion an dieser Stelle sicherlich noch nicht abgeschlossen ist.

1.4 Anthropologische und soziokulturelle Bezugspunkte

Religiosität ist eine anthropologische Kategorie. Aus diesem Grund sind psychologische Erkenntnisse bezüglich einer Entwicklung von Religiosität sowie
empirische Forschungsergebnisse aus den Neurowissenschaften unabdingbar.
Ungeachtet dessen wird in den einzelnen Beiträgen deutlich, dass neben den
anthropologischen Bezugspunkten gleichwohl soziokulturelle Aspekte für ein
angemessenes Verständnis von Religiosität bedacht werden müssen (z.B. Jakobs, Pirner, Rothgangel). Das erinnert an die abendländisch philosophische

Tradition des Personbegriffs, der sich nicht in „monadenhafter" Individualität entfalten lässt, sondern das Eingebundensein in voraus liegende und umgebende Bezüge mitbedenkt. Es wäre auf jeden Fall eine missverständliche Interpretation anthropologischer Kategorien (und im Gefolge psychologischer oder biologischer Gedankengänge), wollte man sie als losgelöst vom soziokulturellen Umfeld betrachten. Auf dem Hintergrund eines Verständnisses von Kultur „als Welt der Bedeutungen" (Pirner) und der obigen Bemerkungen zur Moderne lassen sich die soziokulturellen Bezugspunkte näher bestimmen: Nicht zuletzt die theologische Reflexion von Religiosität zeigt an, dass Religionen im Sinne von Glaubensgemeinschaften wesentliche Bezugssysteme von Religiosität darstellen (vgl. Rothgangel). Darüber hinaus weisen aber bereits theologische Ansätze wie der von Tillich darauf hin, dass der alleinige Bezug auf Religion im engeren Sinne als Glaubensgemeinschaft eine konzeptionelle Engführung von Religiosität bedeuten würde. Grundsätzlich ist aufgrund der wechselseitigen Abhängigkeiten von Religion und Kultur eine Religiositätstheorie „angewiesen auf eine Kultur- und Gesellschaftstheorie, welche eine möglichst umfassende Bandbreite und Vielfalt von ‚Religion' in den Blick zu nehmen erlaubt" (Pirner). In diesem Sinne ist es unabdingbar, auch die oben angesprochenen „neuen Formen" von Religion wie z.B. „cultural religion", „Medienreligion" und „civil religion" als Bezugspunkte von Religiosität zu bedenken, was schließlich zu den bereits angesprochenen gleitenden Übergängen von „analoger" Religiosität bis hin zu „nicht-religiöser" Religiosität führen kann.

1.5 Religiosität – begriffliche Aspekte

Vergleicht man abschließend die in den vorliegenden Beiträgen verwendeten Begriffe von Religiosität, die nicht als Definitionen, sondern als Arbeitsbegriffe verstanden werden wollen, so lassen sich gemeinsame wie unterschiedliche Akzentsetzungen feststellen. Dies ist auch dem Umstand geschuldet, dass nicht der Anspruch verfolgt wurde, eine umfassende Theorie von Religiosität auszuarbeiten, vielmehr diese im Wissen um die eingeschränkte Perspektivität geschrieben wurde. Vorgeschlagene Verständnisweisen von Religiosität lauten z.B. „Betroffenheit von und Umgang mit subjektiv Bedeutsamen" (Kunstmann), Balancefähigkeit zwischen Kognitionen, Emotionen und Creditionen (Angel) oder „biografische Sinnkonstitution, in der die Probleme von Individuation und Orientierung in der postmodernen Gesellschaft gelöst werden können" (Jakobs). Grundsätzlich geben insbesondere die theoriegeschichtlich-kulturhistorischen Überlegungen eine Vielzahl verschiedener Verständnisweisen von Religiosität zu erkennen, „die sich allen Monotonien, Monokausalitäten und Sinndeutungsmonopolen widersetzt" (Bröking-Bortfeldt). Insbesondere aufgrund „ihrer unverrechenbaren Subjektivität" ist Religiosität „ein schwer eingrenzbares Phänomen" (Kunstmann). Vieles spricht dafür, den diskursiven Charakter von Religiosität hervorzuheben (Jakobs), wobei gleichfalls zu bedenken ist, wer diesen Begriff

konstruiert: Die Möglichkeit reicht von den Wissenschaftler/innen bis hin zu
den untersuchten Individuen (Pirner).

2. Religionspädagogische Perspektiven
(Hans-Ferdinand Angel, Ulrich Hemel)

Es kann zu den besonders reizvollen Zukunftsaufgaben gehören, die gewählten
oder erarbeiteten Religiositätsbegriffe so aufeinander zu beziehen, dass die Kontur des Religiositätsbegriffs systematisch zur Geltung gebracht wird. Aber auch
ohne dass diese zukünftige Aufgabe geleistet ist, helfen die unterschiedlichen
Perspektiven, Religiosität klarer zu fassen. Sie schärfen die Konturen einer
Wahrnehmung von Religiosität, die schließlich in religionspädagogischer Interaktion zum Tragen kommen. In diesem Sinne könnte man den vorhergehenden
Beiträgen eine religionspädagogisch-propädeutische Funktion zuschreiben, die
darauf aufmerksam macht, in welchen Lebens- und Argumentationskontexten
dem Begriff kommunikative Kraft zukommt. Wenn sich im letzten Beitrag der
Blick nun ausdrücklich und explizit auf den religionspädagogischen Ertrag richtet, soll auch die Frage gestellt werden: Bringt es neue Einsichten und ist es hilfreich, wenn die Religionspädagogik ausdrücklich Religiosität (als Thema, als
Begriff, als Theorie) ins Zentrum der Beobachtung rückt? Wo ergeben sich neue
Akzentsetzungen, welche bisher schon verhandelten Themen können konziser
gefasst oder adäquater formuliert werden? Auch wenn die komplexen religionspädagogischen Diskussionssträge hier nicht ausführlicher zur Sprache kommen,
können doch richtungsweisende Wegmarken benannt werden, die möglicherweise
durch eine stärkere Integration der Kategorie „Religiosität" beeinflusst werden.

2.1 Religiosität fokussiert die Subjekte religiöser Interaktion

Eine ausdrückliche Orientierung am Phänomen Religiosität bringt den religionspädagogischen Fokus auf das Subjekt markant zur Geltung. Sie unterstützt
damit eine der tragenden Einsichten des Faches, dass in der Religionspädagogik
nicht von der Bedeutung des Subjekts abstrahiert werden darf, denn der Fokus
auf den je konkreten Menschen, auf seine Fragen, auf seine Bedürfnisse ist in
pädagogischer Hinsicht unverzichtbar. Doch worin unterscheidet sich allge-
meinpädagogisches Handeln von religionspädagogischem? Das, was die Religionspädagogik von anderen erzieherischen bzw. bildungsspezifischen Konzepten
„säkularer" Provenienz unterscheidet, ist ihr Fokus auf „Religiosität". Die Religionspädagogik kann es sich zur Aufgabe machen, die Entfaltung von Religiosität zu fördern und sie kann andererseits das Wissen über Religiosität und ihre
Ausprägungsmöglichkeiten verbreiten. Am Beispiel der heute vieldiskutierten
und strittigen Frage nach der „Wiederkehr des Religiösen" kann dies exemplarisch gezeigt werden: Während einerseits eine Art „religiöses" Interesse diagnostiziert wird, bleiben die Auswirkungen auf ein Interesse an den christlichen Angeboten offensichtlich gering. Dieser Befund lässt sich nur schlecht mit Hilfe von

Religionstheorien, wohl aber mit Hilfe der Religiositätskategorie deuten. Wenn der Mensch ein Potenzial „Religiosität" besitzt, dann tritt dies auch im Denken und Handeln in Erscheinung. Es ist jedoch keineswegs zwingend, dass dies im Kontext von Religionen geschieht. Individuelle Stile von Religiosität müssen nicht mit einer konkreten Religion in Verbindung stehen. Sobald man die Überlegungen auf die Zielfrage religionspädagogischen bzw. allgemeinpädagogischen Handelns ausweitet, könnte man religionspädagogische Intentionen von denen der Allgemeinpädagogik dadurch unterscheiden, dass es der Religionspädagogik vor allem um die gelingende Ausprägung von Religiosität zu tun ist – ein Ziel, das zumindest nicht im Vordergrund (heutiger) Allgemeinpädagogik steht.

2.2 Religiosität ist eine Anfrage an das Menschenbild einer Gesellschaft und ihrer Individuen

Der Rekurs auf die Kategorie „Religiosität" verweist auf einen größeren Kontext, nämlich die Frage nach dem zugrunde liegenden Menschenbild. „Religiosität" erfordert eine Reflexion der grundlegenden anthropologischen Konstanten. Unabdingbar gehören ja zum Menschsein das Aufwachsen und die subjektive Aneignung der eigenen Kultur mit ihren komplexen Orientierungsangeboten und vorgeprägten Sinndeutungen. Ohne solche zumindest kulturellen Sinndeutungen kann niemand leben. Umgekehrt ist es schwierig, wenn nicht unmöglich, Kulturen zu identifizieren, die nicht zugleich mit einem im engeren Sinn religiösen Sinnangebot verbunden sind und so von Generation zu Generation eine bestimmte Art von kulturell gefärbter Religiosität weiter geben. Wenn dies so ist, lässt sich fragen, welche Tragweite diese Erkenntnis für unser Bild vom Menschen hat – gleich ob die Entfaltung der Frage in eher naturwissenschaftliche, philosophische oder theologische Entfaltungen und Differenzierungen hinein führt. Orientierungsfähigkeit und Sinnbegabung sind die andere Seite von Weltdeutungszwang, aber auch erworbener Weltdeutungskompetenz. Der Mensch ist damit zwar nicht unheilbar religiös, aber von Grund auf für religiöse Sinn- und Lebensmuster offen. Solche Sinn- und Lebensmuster entfalten sich letzten Endes in einer reichhaltigen Typologie religiöser Lebensformen, angefangen bei der Zugehörigkeit zu einem religiösen Milieu über Formen religiös akzentuierter Patchwork-Identität bis hin zu geschlossenen Formen religiöser Identität, die im Extremfall Nährboden für religiösen Extremismus bieten.

Philosophisch und systematisch-theologisch von Interesse kann hier die Frage nach dem Stellenwert, dem Wahrheitsgehalt und der diskursiven Kraft religiöser Argumente werden. Jede Form theologischen und philosophischen Argumentierens setzt ja Personen voraus, die zu einer bestimmten Identität in der Auslegung ihres eigenen Lebens gekommen sind. Solche Identität ist ohne kulturelle und religiöse Hintergründe nicht vorstellbar und erst recht nicht lebbar. Wenn dies so ist, wie spiegelt sich dann die Form eines religiösen oder nicht-religiösen Lebensentwurfs in der Qualität und in der Rezeption philosophischer und theologischer Argumente? Praktische Anwendung findet diese

Frage in jeder Zeit und Kultur, angefangen bei Bartolomeo de las Casas, der Indios eine Seele und damit Menschsein zusprach, und sie hört bei der Frage nach dem Wesen einer menschlichen Person im Zusammenhang von Fragen rund um genetische Eingriffe, Abtreibung, Euthanasie und andere Herausforderungen nicht auf. Nimmt man den unverzichtbaren Zusammenhang von persönlichem Gewordensein im Spiegel religiöser und kultureller Identität und der Wirkmacht und Geltung von Argumenten ernst, lässt sich sogar vermuten, dass es tatsächlich zu den Lebenslügen moderner Gesellschaften gehört, wenn diese glauben und vorgeben, auf Religiöses verzichten zu können.

Beispielhaft sei hier das Thema religiöser Toleranz aufgeführt. Gerade vor dem Hintergrund blutiger Religionskriege leuchtet die Notwendigkeit religiöser Toleranz im Sinne des friedlichen Zusammenlebens von Menschen unterschiedlicher Religion, aber auch unterschiedlicher Formen gelebter Religiosität, unmittelbar ein. Die Toleranz des Zusammenlebens ist aber nicht mit der Intoleranz gegenüber Wahrheits- und Geltungsansprüchen zu verwechseln. Religiöse Toleranz ist nicht mit religiöser Indifferenz zu verwechseln, denn sie hebt den Wahrheits- und Geltungsanspruch von Religionen nicht auf. Die populäre und einsichtige Forderung nach einem Welt-Ethos ist mit Recht vom Grundgedanken religiöser Toleranz getragen. Ein von christlicher, jüdischer oder islamischer Religiosität geprägter Mensch kann sich zwar der Forderung nach einem Welt-Ethos anschließen. Er wird seine Kinder gleichwohl christlich, jüdisch oder islamisch erziehen – einfach weil die Verwurzelung in einer konkreten Religion oder Weltanschauung die Grundlage für eine Toleranzforderung zweiter Ordnung darstellt, wie sie beim Welt-Ethos gegeben ist. Die Frage nach Religiosität erschöpft sich daher nicht in einer Heuristik für empirische Fragestellungen. Sie führt vielmehr ins Zentrum philosophischen und theologischen Argumentierens, speziell zu den Fragen: Was ist Wahrheit? Was ist der Mensch? Wie können wir Welt und Gesellschaft heute begreifen? Welche Beleuchtungsperspektive verspricht den höchsten Erkenntniswert? Diese Fragen sind nicht trivial, und sie sind ihrerseits Frucht einer bestimmten Erkenntnisperspektive und eines bestimmten Lebensentwurfs. Sie führen zum Konkreten und Besonderen einer Person, verweisen aber auch auf das unstillbare Verlangen nach allgemeiner Erkenntnis und Wahrheit.

2.3 Religiosität verändert den Begründungszusammenhang für religiöse Erziehung wie für einen Religionsunterricht an öffentlichen Schulen

Eine stärkere Orientierung an der Kategorie „Religiosität" wird nicht ohne Einfluss auf die Begründung für religiöse Erziehung generell, aber auch für die Begründung des Religionsunterrichts im Speziellen bleiben. Wenn Eltern hierzulande fragen, warum sie ihr Kind religiös erziehen sollen, denken sie in der Regel an eine Erziehung im Sinne der christlichen Tradition. Sofern die Zustimmung zu Gestalt und Gehalt des Christentums bei den Erziehungsberechtigten brüchig ist oder völlig fehlt, wird die Entscheidung wohl eher gegen eine religiöse Erziehung ausfallen. Das ist bedauerlich, denn eine solche Entscheidung wäre Folge einer „Religions-zentrierten" Vorstellung von „religiöser" Erziehung. Wenn nämlich bei der Frage nach Sinn und Zweck religiöser Erziehung in den Blick kommt, dass es auch darum geht, mit welcher Ausgestaltung von „Religiosität" ein Kind groß werden soll, dann verschiebt sich der Fragehorizont. Selbst ohne Nähe zu einer konkreten Religion kann man dieser Frage nur schlecht ausweichen, wenn man eine „Religiositäts-zentrierte" Interpretation „religiöser" Erziehung im Blick hat. Auch wer sein Kind nicht mit Gehalt und Gestalt der christlichen Kirchen in Verbindung bringen möchte, wird sich dann nämlich Gedanken machen, ob er sich erzieherisch an der Ausgestaltung der Religiosität seines Kindes beteiligen möchte. Selbst eine dezidierte Abstinenz wird nicht dazu beitragen, dass das Kind die Potenziale, die mit dem Thema Religiosität angesprochen sind, nicht tangiert. Im Gegenteil: Die Ausprägung individueller Religiosität erfolgt dann lediglich ohne beabsichtigte elterliche Einflussnahme.

Ähnlich verlagert sich auch der Kontext für die Begründung des Religionsunterrichts, sobald nicht auf Religion, sondern auf Religiosität fokussiert wird. Wenn die Ausgestaltung von Religiosität zu den unverzichtbaren Aufgaben des Menschseins gehört – selbst wenn es im Einzelfall zu einer Entscheidung kommen mag, dieses Potenzial völlig unangetastet verwildern zu lassen – dann stellt sich die Frage nach hierfür erforderlichen Orten. Wo sind die Lernorte und Kommunikationsräume, an denen die Auseinandersetzung mit der eigenen Religiosität und ihren Entwicklungsmöglichkeiten geschehen kann? Die Frage wird nicht einfacher, sondern im Gegenteil brisanter, wenn man sich hierfür nicht auf die traditionell „religionsbestimmten" Orte wie Familie, Pfarrgemeinde oder Religionsunterricht stützen möchte. Dann stellt sich nämlich die Frage der Alternativen. Angesichts des boomenden Marktes von Lebenshilfeangeboten kann die Seriosität der einzelnen Angebote nicht eo ipso vorausgesetzt werden und die Gefahr von destruktiven Abhängigkeiten ist keineswegs auszuschließen. Selbst wenn also innerhalb der postmodernen Gesellschaften die Zustimmung zu bzw. die Begründung für einen Religionsunterricht an staatlichen Schulen brüchig werden sollte: Das dadurch entstehende Vakuum entbindet jedenfalls nicht von der Aufgabe, Wissen über Religiosität als menschliches Potenzial zu vermitteln und Kenntnisse über die Art und Weise seiner Entwicklung und individuellen Ausgestaltung bereitzustellen. Wissen darüber, wie in anderen Kulturen, in anderen historischen Epochen, in anderen Regionen und Religionen die Ausgestaltung von Religiosität betrieben, gefördert oder verhindert wird, ist in einer globalisierten Weltgesellschaft geradezu unverzichtbar. Ohne Grundkenntnisse von Denkweisen und Empfindungen religiöser Menschen (d.h. solcher mit explizit ausgeprägten Religiositätsstilen) wird es schwierig, gesellschaftliche Friktionen oder gar überregionale Konflikte zu vermeiden. Die Auseinandersetzung um die Karikaturen des Propheten Mohammed zeigt, welche Gefahren in fehlendem Wissen nicht über Religion (hier Islam), sondern auch über menschliche Religiosität lauern: Glauben ist ebenso wie Denken mit Gefühlen verbunden – und diese wurden tausendfach verletzt. Das Wissen über Struktur und Erscheinungsformen menschlicher Religiosität ist im Kontext individueller, sozialer und politischer Interaktion handlungsrelevant und deswegen unverzichtbar, selbst wenn die Interaktionspartner für sich in Anspruch nehmen, ihre eigene Religiosität nicht pflegen zu wollen und sich selbst als „nicht-religiös" deklarieren. Religiöse Kompetenz als Qualifikation ist nicht adäquat zu beschreiben, solange Wissen über Religiosität und ihre Eigenarten nicht explizit integriert ist.

2.4 Der Bezug auf Religiosität beeinflusst Ziele religiöser Erziehung

Ziele zu definieren gehört noch immer zu den wesentlichen Aufgaben religiöser Erziehung. Auch wenn die Bereitschaft, die Zielthematik theoretisch voranzutreiben, nach dem Verebben der curricularen Euphorie der 1970er Jahre merklich nachgelassen hat, steht die Zielthematik häufig Pate, etwa bei den aktuellen Diskussionen um Bildungsstandards, Qualifikationen, Qualitätskriterien und geeignete Parameter zur Evaluierung (religions-)pädagogischer Bemühungen. Versteht man Religiosität als anthropologisches Potenzial, so ergeben sich daraus zwei Zielperspektiven für Prozesse religiöser Vermittlung:
(a) Zum einen geht es darum, Individuen dafür zu sensibilisieren, dass sie dieses Potenzial haben und in unterschiedlicher Weise entfalten können. Sensibilisierung kann dabei eher kognitiv und wissensorientiert erfolgen, sie kann aber auch emotional und mit Impulsen zur Selbsterfahrung erfolgen. Eine solche Sensibilisierung bräuchte keineswegs schon auf die Aneignung oder Übernahme von spezifischen Religiositätsstilen abzuzielen. Schon das Wissen um die anthropologische Möglichkeit, Religiosität auszuprägen (oder besser, die anthropologische Unmöglichkeit, Religiosität nicht auszuprägen) könnte eine neue Zielperspektive religionspädagogischer Aufklärung sein. Martin Rothgangel hält dieses Ziel für unterbestimmt, da ein bloßes Wissen um die anthropologische Möglichkeit einer Ausprägung von Religiosität als Ziel religiöser Bildung unzureichend ist. Demgegenüber kann man die Auffassung vertreten, dass es durchaus einen Unterschied macht, ob man darüber Kenntnis hat, dass „glauben" („Creditionen" in einem nicht-religiösen Sinn) auch darauf Einfluss nimmt, wie man denkt und fühlt und umgekehrt Denken und Fühlen nicht ohne Einfluss auf „Glauben" sind. Religiöse Kompetenz hieße in dieser Hinsicht, darüber Bescheid zu wissen und konstruktiv damit umgehen zu können, dass Menschen Religiosität ausbilden können. Eine Sensibilisierung in dieser Hinsicht ist unabhängig von Religionszugehörigkeit und frei von missionarischen Ambitionen möglich. Umgekehrt ist eine solche Sensibilisierung Voraussetzung für die Ausbildung von Toleranz. Menschen, die darauf verzichten, ihre Religiosität auszuprägen, benötigen die Toleranz derer, die Religiosität ausprägen und umgekehrt. Menschen, die ihre Religiosität in den Bahnen einer Religion ausprägen, benötigen die Toleranz derer, die sie in den Bahnen anderer Religionen ausprägen. Wissen und Sensibilisierung für Religiosität ist eine unabdingbare Vorstufe für jeden interreligiösen Dialog, aber letztlich auch für das ökumenische Gespräch innerhalb der christlichen Kirchen.

(b) Daneben kann es ausdrückliches Ziel religiöser Erziehung werden, Religiosität in einem gewissen Sinne auszuprägen, ein Gedanke, der von Ulrich Hemel schon vor geraumer Zeit formuliert wurde. Dieses Ziel baut logisch (nicht auch unbedingt im konkreten Ablauf von Erziehungsprozessen) auf einer vorgängigen Sensibilisierung für Religiosität auf. Damit rückt die Frage in den Blick, wie man erreichen kann, dass es zu einer „bestimmten" Weise der Entfaltung dieses Potenzials kommen kann (ob man diese Einflussnahme tatsächlich möchte, ist nochmals eine andere Frage: auch in theologischem Sinne, da es hier auch um das Thema von Freiheit, Gnade und Rechtfertigung geht). Für die christliche / katholische / evangelische / usw. Religionspädagogik bedeutet dies, danach zu suchen, wie man eine bestimmte, eben die christliche / katholische / evangelische / usw. Ausprägung von Religiosität vermitteln und fördern kann. Das Fehlen von ausgeprägter Religiosität kann man als gleichbedeutend ansehen mit dem Verzicht auf ein urmenschliches Potenzial – auf einen Verzicht auf bestimmte Entwicklungen, Orientierungen und Sinnfindungsangebote.

Exkurs

Elementarisiert man die hier vorgeschlagene bipolare Zielsetzung im Rahmen des Modells, das Religiosität als Ausstattung des Menschen (homo sapiens sapiens) mit einer Balancefähigkeit (balancing-capacity) versteht, die Creditionen, Emotionen und Kognitionen in Einklang bringt, dann würde dies bedeuten: Ein primäres Ziel religiöser Erziehung besteht darin, über die Interdependenz von Creditionen, Emotionen und Kognitionen aufzuklären und herauszustellen, welche Bedeutung den Creditionen zukommt. Darüber hinaus müsste einsichtig gemacht werden, dass es zur Ausprägung von Religiosität gehört, eine Balance zwischen diesen Größen herzustellen. Dabei müsste es möglich sein, darüber ins Gespräch zu kommen, wie sich die Creditionen der Lernpartner-/Innen (also z.B. der Schülerinnen und Schüler) darstellen und wie sie mit deren Kognitionen und Emotionen verbunden sind. Da Creditionen ohne Bezug zu Transzendentem thematisiert werden können, kann damit auch pädagogisch-methodisch gearbeitet werden, ohne dass der Glaube an Gott ausdrücklich ins Feld geführt werden muss. Auf der genannten Theoriebasis wäre dann des Weiteren herauszuarbeiten, welche Angebote das Christentum macht, um Kognitionen, Emotionen und Creditionen in einer Weise einzuregeln, dass der Mensch eine stabile Identität entwickeln kann. Das verweist unweigerlich auch auf Inhalte von Creditionen. Um den Heilscharakter der christlichen Botschaft einsichtig machen zu können, wird es womöglich methodisch zielführend sein, bei der Frage nach der Balance anzusetzen. So könnte es etwa hilfreich sein herauszufinden, welche Phänomene und Erfahrungen des menschlichen Lebens ausgeklammert und marginalisiert werden (müssen), wenn Menschen für ihre Identität eine Balance zwischen Kognitionen, Emotionen und Creditionen suchen. Welche inhaltliche Füllung von Creditionen ist etwa erforderlich, um kognitiv und emotional mit

Fragen des Leids, der Unterdrückung, der Ungerechtigkeit, des Misserfolgs usw. umgehen zu können, ohne auf Dauer eine identitätsfördernde Balance zu verlieren?

2.5 Religiosität ist eine Kategorie, die als wissenschaftliches Konstrukt sowohl für die Geistes-, die Human- als auch die Naturwissenschaft von Interesse sein kann

Das ist ein keinesfalls nebensächlicher Aspekt, wenn man sich vor Augen führt, wie sehr es zu den historischen Entwicklungen gehört, dass heute theologische und religionspädagogische Theoriebildung außerhalb des eigenen Fachs allenfalls marginal wahrgenommen wird. Das Auseinanderklaffen zwischen Geistes- und Naturwissenschaften, denen sich etwa Psychologie und Medizin immer stärker zugehörig fühlen, führt zu einer zunehmenden Fremdheit der wissenschaftlichen Kulturen. Inwiefern der Schnittbereich „Theologie und Naturwissenschaft", der in den späten 1960er und frühen 1970er Jahren eine beachtliche Attraktivität besaß, davon tangiert wird, mag dahin gestellt sein.

Die Beiträge der hier vorgelegten Gemeinschaftspublikation zeigen, wie sehr Religiosität direkt oder dort, wo sie unter anderer Terminologie aufscheint, zumindest intentional in den Reflexionshorizont anderer Disziplinen gehört. In vieler Hinsicht scheint es sogar, dass Religiosität die (meist nicht explizit benannte) Kategorie ist, auf die sich Reflexionen über religiöse Phänomene und Erfahrungen beziehen. Der Kategorie Religiosität kann deswegen eine geradezu herausragende Bedeutung zukommen, wenn es darum geht, eine gemeinsame Theoriebasis interdisziplinärer Diskussion zu finden. Versteht man Religiosität als anthropologische Größe, erfordert es keine theoretische wie praktische Bindung an eine Religionsgemeinschaft, wenn man sich ihr wissenschaftlich nähern möchte. Auf der anderen Seite können „glaubensgebundene" Zugänge von Seiten der christlichen Theologie oder auch von Seiten anderer Religionen aufzeigen, welche Profile einer Ausprägung intendiert sind; sie können aufgrund ihres Sensoriums zudem kritisch implizite Vorannahmen anthropologisch konzipierter Religiositätskonzepte aufspüren und versprachlichen. Um beispielsweise an die anthropologische Wende der katholischen und evangelischen Theologie der zweiten Hälfte des vorigen Jahrhunderts zu erinnern: Sie ebnete den Weg, die Glaubenswahrheiten auf ihre anthropologische Relevanz hin zu befragen und zu erschließen. Als Fokus einer anthropologisch gewendeten Theologie könnte Religiosität zur Schlüsselkategorie werden, anhand derer die Relevanz des christlichen Glaubens aufzuzeigen und zu erweisen wäre.

Es gehört deswegen zu den besonders attraktiven Seiten der Kategorie Religiosität, dass sie es ermöglicht, aus christlich-theologischer Sicht (erneut) mit den Human- und Naturwissenschaften in produktiver Weise ins Gespräch zu kommen. Hierzu gehört, dass Religiosität überhaupt als Kategorie ins Gespräch gebracht wird – ein Aspekt, der gerade aufgrund des neurowissenschaftlichen Interesses an religiöser Erfahrung markante Bedeutung bekommt. Wird aber

Religiosität zur theoretischen Basis eines interdisziplinären Gesprächs, dann können Theologie, Religionswissenschaft und Religionspsychologie einen enormen Fundus an Erfahrungen und hermeneutischem Know-How in die Diskussion einbringen. Es würde sich geradezu die Möglichkeit eröffnen, dass die genannten Disziplinen einen unverzichtbaren Beitrag zur natur- und humanwissenschaftlichen Grundlagendiskussion leisten könnten – fernab jeglicher „religiöser" Vereinnahmungsversuche. Es könnte sich die Situation entwickeln, dass das Wissen aus Theologie und Religionswissenschaft auf interessierte Abnehmer stößt. Mit anderen Worten: Die Kategorie Religiosität könnte dazu beitragen, dass innerhalb der genannten Disziplinen „Exportgüter" für den interdisziplinären Austausch zur Verfügung stünden.

Dabei ist gerade an dieser Stelle nochmals (vgl. Vorwort) darauf hinzuweisen, dass für Religiosität in dem hier favorisierten anthropologischen Sinne in der heute dominierenden englischen Wissenschaftssprache kein adäquates Äquivalent zur Verfügung steht. Weder „spirituality", noch „religiousness" oder „religiosity" meinen (bislang) genau das, was mit Religiosität gemeint ist. Dies ist für die wissenschaftliche Rezeption der Kategorie Religiosität ein enormes Hemmnis. Andererseits besteht – zumindest idealiter – die Chance, „Religiosität" als deutsches Lehnwort in die englische Wissenschaftssprache zu exportieren.

2.6 Die aktuellen Diskussionen der Religionspädagogik basieren auf impliziten Religiositätsvorstellungen

In der Religionspädagogik hat der Terminus Religiosität bislang eher schleichend an Terrain gewinnen können. Das allmähliche Einsickern des Ausdrucks in die wissenschaftliche Diskussion kann als Symptom für eine zunehmende Sensibilisierung gesehen werden, der bislang allerdings die theoretische Aneignung und Auseinandersetzung fehlt. Allerdings ist es möglich, in den aktuellen Diskussionen der Religionspädagogik jeweils Vorstellungen von Religiosität zu orten, auch wenn sie nicht explizit formuliert sind. Es wird zu besonders lohnenswerten Aufgaben zukünftiger religionspädagogischer Forschung gehören, die impliziten Annahmen explizit mit Religiositätstheorien in Verbindung zu bringen. Welche Annahmen über Religiosität und ihre Entwicklung finden sich etwa im Konzept eines „Performativen Religionsunterrichts" oder einer „abduktiven Religionspädagogik" und welche Religiositätsstile werden favorisiert? Wie sehr ist Religiosität explizit Gegenstand bzw. Ausgangsbasis der aktuellen Diskussionen um „religiöse Kompetenz" oder welche Religiositätskonzepte finden Eingang in jene Kompetenzmodelle, die gegenwärtig entwickelt werden? Derartige Anfragen können an alle gängigen Konzepte und jeden einzelnen religionspädagogischen Ansatz gestellt werden. Auch die in diesem Band versammelten Beiträge brauchen davon nicht ausgenommen zu werden. Auch sie partizipieren an der bisherigen Theorielosigkeit bezüglich des Phänomens Religiosität. Deswegen ist es auch nicht erstaunlich, dass die jeweils impliziten Annahmen bezüglich des Phänomens Religiosität den Frageansatz und die zutage geförderten Ergebnisse der Beiträge beeinflussen.

Fazit

Die Auseinandersetzung mit dem Phänomen Religiosität machte in erster Linie deutlich, dass auf der einen Seite gegenwärtig mehr offene Fragen als fertige Antworten zu verzeichnen sind. Auf der anderen Seite macht „Religiosität" in einem sensiblen und urmenschlichen Bereich eine wissenschaftliche und auch eine öffentliche Diskussion darüber möglich, was zur Entfaltung, Bildung und Orientierung des Menschen auch gerade in der (Post-)Moderne unverzichtbar zu sein scheint. Der Begriff erlaubt einen Zugang zur Sache, der nicht durch partikularreligiöse Interessen, Vorurteile oder Antipathien verstellt ist und stellt darum einen bedeutsamen Gewinn für das Verständnis des Menschen und den entsprechenden interdisziplinären Dialog dar.

Autorin und Autoren

Dr. Hans-Ferdinand Angel, Professor für Katechetik und Religionspädagogik an der Katholisch-Theologischen Fakultät der Karl-Franzens Universität Graz

Dr. Martin Bröking-Bortfeldt (†), Professor für Religionspädagogik und Didaktik des Religionsunterrichts am Institut für Evangelische Theologie der Universität Regensburg

Dr. Ulrich Hemel, apl. Professor für Katholische Theologie (Religionspädagogik und Katechetik) an der Universität Regensburg

Dr. Monika Jakobs, Professorin für Religionspädagogik / Katechetik an der Universität Luzern

Dr. Joachim Kunstmann, Professor für Evangelische Theologie / Religionspädagogik an der Pädagogischen Hochschule Weingarten

Dr. Manfred L. Pirner, Professor für Evangelische Theologie / Religionspädagogik an der Pädagogischen Hochschule Ludwigsburg

Dr. Martin Rothgangel, Professor für Praktische Theologie / Religionspädagogik an der Theologischen Fakultät der Universität Göttingen

Martin Rothgangel
Edgar Thaidigsmann (Hrsg.)

Religionspädagogik als Mitte der Theologie?

Theologische Disziplinen
im Diskurs

2005. 272 Seiten. Kart.
€ 22,–
ISBN 978-3-17-018224-0

„Aus der Not des Pfarrers, Gottes Wort sagen zu sollen und doch nicht zu können, ist einst die Dialektische Theologie als neue Erschließung der Sache der Theologie entsprungen. Es ist zu fragen, ob nicht aus der Not des Religionslehrers, mit Kindern und Jugendlichen in einen Dialog über Gott und sein Eintreten für den Menschen zu kommen, ein neuer Zugang zur Sache der Theologie sich ergeben könnte, wenn man dieses ‚Eintreten für' strikt ernst nimmt."

Durch diese und neun weitere Thesen werden TheologInnen aus dem Bereich des Alten und Neuen Testaments, der Kirchengeschichte, der Systematischen Theologie und der Religionspädagogik herausgefordert, von ihrer Disziplin aus die religionspädagogische Aufgabe zu reflektieren.

Die AutorInnen:

Stefan Alkier, Reiner Anselm, Christine Axt-Piscalar, Peter Biehl, Martin Bröking-Bortfeldt, Werner Brändle, Reinhard Feldmeier, Thomas Kaufmann, Dietrich Korsch, Joachim Kunstmann, Antje Roggenkamp, Martin Rothgangel, Gerhard Sauter, Bruno Schmid, Wolfgang Schoberth, Karin Schöpflin, Ulrike Schorn, Wolfgang Schürger, Friedrich Schweitzer, Edgar Thaidigsmann, Jörg Thierfelder, Florian Wilk

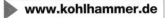

www.kohlhammer.de

W. Kohlhammer GmbH
70549 Stuttgart · Tel. 0711/7863 - 7280 · Fax 0711/7863 - 8430

Stefan Altmeyer

Von der Wahrnehmung zum Ausdruck

Zur ästhetischen Dimension
von Glauben und Lernen

2006. 424 Seiten. Kart.
€ 35,–
ISBN 978-3-17-019116-7
Praktische Theologie heute, Band 78

Immer häufiger wird in der Praktischen Theologie und Religionspädagogik beider Konfessionen die These vertreten: Zugänge zum
Glauben gelingen heute vor allem über die ästhetische Dimension, für
die es zu sensibilisieren gelte. Hauptvertreter dieser sog. ästhetischen
Wende, deren Prämissen und Konsequenzen werden im Buch vorgestellt
und kritisch beurteilt. Leitfragen sind: Was soll unter der ästhetischen
Dimension des Glaubens verstanden und wie können hier fruchtbare
religiöse Lernprozesse angestoßen werden? Theoretische und praktische Reflexionen erweitern den Blick auf ästhetische Wahrnehmungs-
und Ausdrucksakte, die elementare Bestandteile sowohl menschlicher
Lebens- wie auch Glaubenspraxis sind. Es werden Vorschläge erarbeitet,
diese zu Kernelementen religiöser Bildungsprozesse zu machen.

Der Autor:

Dr. Stefan Altmeyer ist Wissenschaftlicher Mitarbeiter am Seminar für
Religionspädagogik und Homiletik der Katholisch-Theologischen
Fakultät der Rheinischen Friedrich-Wilhelms-Universität Bonn.

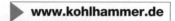

▶ www.kohlhammer.de

W. Kohlhammer GmbH
70549 Stuttgart · Tel. 0711/7863 - 7280 · Fax 0711/7863 - 8430